# 细读唐朝三百年

王小帅 著

中国出版集团公司
华文出版社

图书在版编目（CIP）数据

细读唐朝三百年 / 王小帅著. -- 北京：华文出版社，2021.5

ISBN 978-7-5075-5432-8

Ⅰ.①细… Ⅱ.①王… Ⅲ.①中国历史—研究—唐代 Ⅳ.①K242.07

中国版本图书馆CIP数据核字（2021）第039769号

细读唐朝三百年

XIDU TANGCHAO SANBAI NIAN

| 著　　　者：王小帅 |
| 出版策划：品　雅 |
| 责任编辑：曹昌虹 |
| 出版发行：华文出版社 |
| 社　　　址：北京市西城区广安门外大街305号8区2号楼 |
| 邮政编码：100055 |
| 网　　　址：http://www.hwcbs.com.cn |
| 电　　　话：总 编 室 010-58336239　　发 行 部 010-58336267　58336230 |
| 　　　　　　责任编辑 010-58336195 |
| 经　　　销：新华书店 |
| 印　　　刷：固安县保利达印务有限公司 |
| 开　　　本：710×960　1/16 |
| 印　　　张：16 |
| 字　　　数：241千字 |
| 版　　　次：2021年5月第1版 |
| 印　　　次：2021年5月第1次印刷 |
| 书　　　号：ISBN 978-7-5075-5432-8 |
| 定　　　价：48.00元 |

版权所有　侵权必究

# 目录

## 第一篇 进击的初唐

聪明的糊涂虫李渊　　　　　　　　003
大唐王朝的精神导师：王通　　　　009
威震关中的李建成　　　　　　　　014
大夏绝唱刘黑闼　　　　　　　　　019
乱世英雄"拜突厥"　　　　　　　　023
决战玄武门　　　　　　　　　　　029
攻灭东突厥　　　　　　　　　　　035
天可汗的武功　　　　　　　　　　039
贞观之治水不水　　　　　　　　　043
李世民与魏徵，感情究竟深不深　　049
如鲠在喉的高句丽　　　　　　　　052
后来居上的吐蕃　　　　　　　　　057
条条大路通长安　　　　　　　　　061

| | |
|---|---|
| 这也是唐僧 | 066 |
| 坑爹的太子 | 070 |

## 第二篇　盛世的锋芒

| | |
|---|---|
| 唐高宗不是省油的灯 | 079 |
| 挡不住的女皇 | 085 |
| 唐朝最大的版图 | 092 |
| 武周为何打仗不行 | 095 |
| 吐蕃凶猛 | 099 |
| 女皇的男宠 | 104 |
| 生不逢时的太平公主 | 110 |
| 不世之功受降城 | 115 |
| 少年英武的唐玄宗 | 119 |
| 一个造就盛唐巅峰的"奸臣" | 124 |
| 姚崇张说，相杀却不负国 | 129 |
| 战斗在安西的英雄们 | 135 |
| 忆昔开元全盛日 | 138 |
| 李林甫与杨国忠究竟谁比谁坑 | 143 |
| 帝国军魂王忠嗣 | 147 |
| 大唐，不止有诗和远方 | 153 |
| 唐朝的好学生：日本 | 156 |

## 第三篇　疲困的帝国

| | |
|---|---|
| 安禄山的绝望时刻 | 165 |
| 天赐大唐李光弼 | 169 |
| "安史之乱"中的"小人物" | 174 |
| 唐朝的内缩 | 179 |
| 苦命天子唐德宗 | 182 |
| 中兴之主唐宪宗 | 188 |
| 三朝帝师李泌 | 194 |
| 拯救国运的灵州 | 201 |
| 惹不起的宦官 | 206 |
| 牛李党争 | 212 |
| 广州通世界 | 216 |
| 八千孤寒齐下泪 | 220 |
| 山寨版贞观之治 | 225 |
| 孤胆英雄张议潮 | 228 |
| 藩镇崛起 | 232 |
| 一个盐贩子的惊人一击 | 235 |
| 掏空的帝国 | 242 |
| 白马驿的血腥绝唱 | 245 |

# 第一篇 进击的初唐

# 聪明的糊涂虫李渊

## 一、独孤天下

北周天和元年（566），长安城的唐国公府中，诞生了一名男婴，这就是后来大唐王朝的开创者李渊。李家作为当时北周最显赫的贵族之一，可以说李渊是含着金汤匙出生的，一辈子锦衣玉食自不在话下，混得好点儿，说不定还能执掌一国军政大权。命运偏偏跟年幼的李渊开了个玩笑，6岁那年，父亲李昞突然去世，家中的支柱轰然倒塌。当时，北周朝堂局势非常微妙：一方面有来自外部的军事压力；另一方面内部皇权不振，权贵倾轧严重。李家失去了主心骨，家族命运一时变得前途未卜。

6岁的李渊自然不会明白李家正面临着怎样严峻的考验，为了保住李家的富贵，母亲决定把他送到自己妹妹家抚养，等成年之后，再回来继承"唐国公"的爵位。

李渊的姨妈就是日后被人尊称为"大隋文献皇后"的独孤伽罗，此时她还是隋国公的正妻。或许她做梦也想不到，这个她亲手抚养长大的孩子未来会成为自己夫君创立的大隋王朝的掘墓人。

这里有必要介绍下独孤伽罗的娘家。独孤家能在历史上赫赫有名，靠的是三个女人——嫁给北周明帝的敬明皇后、嫁给隋文帝的文献皇后和嫁给李昞的元贞皇后，这三个家族分别开创了北周、隋、唐三个皇朝，因此独孤家一门出了三皇后，是隋唐之际最显赫的望族。

书归正传，到了姨父杨坚身边，李渊一下子搭上了命运的"高铁"：他15岁时，杨坚取代北周称帝，创立隋朝，李渊变成了皇亲国戚，仕途一片光明。隋文帝杨坚把他带在身边培养，李渊有机会近距离观察皇帝如何治理一个幅员辽阔的帝国，积累行政经验，成年后又被外派到地方为官，探查各地民情。所以说，李渊并不像后世认为的那样是个没用的"废包"，他年轻时已经是个优秀的人才了。

## 二、最熟悉的陌生人

隋文帝杨坚驾崩后，著名的暴君隋炀帝杨广继位。继位之初，杨广雄心勃勃，想有一番大作为，成为千古一帝。杨广有这个心，也有这个能力。还是皇子时，他就率领大军攻破了南朝的都城建康，结束了南北间长达四百年的分裂，之后更是常驻扬州，结交南方士人，安抚民心，把南方治理得井井有条。

据说，杨广为了亲近南方的士人，学了一口颇为标准的吴语。这在当时以正统自居的北方士人看来是件丢人的事情，放着中原官话不说，跑去学"鸟语"，简直有辱斯文。但此举大获南方士人的好评，没想到这位来自北朝的皇子居然肯折节下士，他们心悦诚服地支持起大隋的统治。

有次上朝，杨广颇为自信地对臣下说："你们都认为朕是靠血缘关系才坐上皇位的，但朕告诉你们，就算天下举办科举选皇帝，朕一样能考第一名！"

站在下面的李渊与众人一起山呼万岁，并偷偷地窥视了一下高高在上的杨广，隐隐约约觉得这位一起长大的表弟，正在变成"最熟悉的陌生人"。

杨广的霸业开始了。

与勤俭节约的杨坚不同，杨广认为父亲过于小心行事，做事缺乏大格局，他认为想要开创盛世，就要大手笔，比如开凿一条沟通南北的大运河。身在扬州多年的他深知，虽然南北双方在形式上已统一多年，但在经济、政治、思想上依旧分歧很大，如果有一条能沟通南北的大运河，南方的货物、人才能便捷地运到北方，对国家的统一是一次实质性巩固。

说干就干，新皇帝一声令下，数百万劳工投入到大运河的开凿工作中。京杭大运河全长近1800公里，放到今天用机械化操作都需要多年，更何况完全依靠人力的古代呢！可隋炀帝管不了那么多，他要做千古一帝，人生短短数十载光阴，那么多宏图霸业等着自己去完成，大运河工程必须加速！越来越多的劳工被官吏用皮鞭赶上工地，田园逐渐荒芜。

同时，杨广为了宣扬皇威，率领40万大军，沿着国境线来了场"武装游行"，向其他国家炫耀武力。结果，事与愿违，地处今天朝鲜半岛的高句丽第一个表示不服。

不服？高句丽傲慢无礼的态度瞬间激怒了隋炀帝。高傲的皇帝不容有人向他挑战，一场声势浩大的战争爆发了。隋炀帝起全国之兵亲征高句丽。在他看来，弹丸小国，天朝天兵一到，定然化为齑粉。谁料高句丽人抵抗得相当顽强，坚壁清野，硬是拖得隋军不得动弹。

杨广在前线干着急，打仗不是武装游行，要讲实力。李渊在后方负责几十万大军的粮草供给，当起了"后勤部长"。这项任务并不轻松，管着几十万人的吃喝拉撒，兵马未动粮草先行，要是运送粮食的队伍有半点儿闪失，前线士兵就要饿肚子。"后勤部长"的工作极大锻炼了李渊的能力，让他明白了战争究竟是怎么回事。

第一次征讨高句丽失败后，天下百姓已不堪重负：运河要修，战争要继续，常年离家为国服务，又不发工资，家里的田谁种？家人谁养？等到第二次征高句丽失败后，隋朝已发生了农民动乱的迹象。

隋炀帝并没有及时踩住刹车，反而一意孤行，发起了第三次战争。第三次打了个惨胜，隋炀帝回到首都长安时，没有见到欢迎王师凯旋的人群，只有遍地烽火的农民起义。

## 三、聪明的糊涂虫

隋大业九年（613），隋炀帝命令李渊率领一支军队去甘肃镇压起义。天下大乱，此行无意间给了李渊独立发展自己势力的机会。来到甘肃后，李渊对叛军采取三分镇压七分拉拢的策略，广交三教九流，这触犯了大忌，令隋炀帝起了疑心。

一次，隋炀帝让李渊前来面圣，想把他调离甘肃。心里有鬼的李渊自然不敢前往，就让自己的侄女传话给炀帝说自己病了。炀帝知道后龙颜大怒："我哥哥生病了吗？！病到不能来见朕了吗？！"显然，炀帝并不信李渊的托辞。

话传到李渊耳里，他自知大祸临头，为了自保，立刻命令关闭府门，谢绝见客，又派人携带重金前往长安贿赂朝中官员，让他们去为自己开脱，说自己是真的生病了，结交豪杰什么的都是别人为了离间他们兄弟间的感情编造出来的。

隋炀帝听后，将信将疑，下令将李渊调离甘肃，前往山西前线抵抗突厥入侵。

有了前车之鉴，来到山西的李渊对外把自己塑造成了一个胆小怕事的酒色之徒，成日饮酒作乐，醉卧美姬怀中，对天下如火如荼的群雄争霸毫不关心。这让他的二儿子李世民看在眼里，急在心里。史书记载，李世民多次劝李渊趁势起兵，逐鹿中原。李渊满不在乎地呵斥道："天下大事你个黄口小儿懂什么？拿酒来！"一副没心肝的样子。

李渊何尝不想一展胸中抱负！作为一家百年豪门的支柱，他肩负的是整个唐国公府的兴衰荣辱，稍有不慎，就有可能陷整个家族于万劫不复。其实，李渊一直在暗中观察，等待最好的时机。但在后来平定天下的过程中，李世民的功绩实在过于耀眼，立下了不世之功，掩盖了李渊的光芒，后世才认为李渊能当上皇帝完全靠有个好儿子。

如果我们仔细观察李渊在山西的行为，就会发现声色犬马只是表面，积蓄力量才是事实。他一到山西，就以迅雷不及掩耳之势大破当地的农民军，让李家有了块稳定的根据地。之后又以两千精锐骑兵，大破来犯的突厥人，在边境树立了威信。

## 四、侵掠如火

隋大业十三年（617），蛰伏多时的李渊终于看准了一个天赐良机：隋炀帝放弃长安，跑到扬州去了，北方出现了巨大的权力真空。

宝剑尘封已久，是时候出鞘了！李渊立刻召集部下，宣布了起兵的决定。部下早已蠢蠢欲动，看到李渊终于有了动作，非常高兴，于是团结一致，准备大干一场。

打仗时机很重要，蛮干不行。从天下变乱以来，一群农民军在中原混战，杀得你死我活，结果让最晚起兵的李渊捡了大便宜——仅仅花了4个月时间就攻破长安城，占据了天下正中，给自己的政权披上了一层合法的外衣，迅速与那些不入流的农民军拉开了档次。

当扬州传来隋炀帝被杀害的消息后，李渊对大隋王朝最后的一丝忠诚也烟消云散了。回想起小时候在隋国公府无忧无虑的生活，姨父姨母悉心的培养，一切好像发生在昨天一样。他现在要做的是开启一个新的时代，一个属于自己的时代！

公元618年，李渊正式在长安登基称帝，国号唐。

李渊成了唐高祖，坐镇长安，开始了一统天下的伟业：首先，消灭掉盘踞在河西走廊的薛举和李轨，稳定了长安后方；其次，灭掉北方的刘武周，尔后发动虎牢战役，双杀最强的对手王世充和窦建德；最后，如秋风扫落叶般荡平江南。他仅仅花了6年时间就统一了天下。

在统一战争过程中，李世民在前线作战，是实际干活的人；李渊负责制定战略，是"操盘手"。他们父子间没有谁高谁低，是同心协力共同开创了大唐王朝。

但"共同开创"给这个新生王朝埋下了祸患。

## 五、祸起萧墙

李渊有三个儿子：老大李建成、老二李世民和老三李元吉。按照宗法制，大唐王朝的合法继承人应该是李建成，可偏偏李世民在建国过程中立下了不世之功，唐朝开国功臣中有一大半是跟着李世民的。退一万步讲，就算李世民自己不愿意同大哥争皇位，底下的一大帮子功臣也不答应——你不当皇帝我们怎么升官发财？

李世民有这个能力，也有这个"贼胆"。首先，开国之后，李世民搞了个天策府，一听名字就知道这个机构不简单：天策，《辞源》中解释为帝王的谋略。天策府中名臣云集，秦琼、房玄龄、长孙无忌等都在此任职，这些人只听命于李世民，而不知道有朝廷，俨然一个"小朝廷"的架势。

李建成虽贵为太子，是法定皇位继承人，可由于储君的特殊地位，在平定天下的过程中，他大多数时间处在后方，负责行政性工作，很少亲临前线，在军队中自然没有威望。建唐后，支持他的人多数是手无缚鸡之力的文臣。

面对野心勃勃的弟弟，李建成很无奈，毕竟军队在人家手上，自己有的仅仅是"法律"支持。可以说，李世民想当太子的事，在长安城搞得路人皆知。

李渊在这两个儿子中扮演什么角色呢？

和稀泥。

从历史资料中，我们可以分析出，其实李渊的真实想法是偏袒李建成的。原因可能与隋朝的教训有关，亡国的隋炀帝恰恰是隋文帝的二儿子。隋文帝在选择继承人时，没有听从大臣们的建议，废掉了太子杨勇，选择了二儿子杨广，导致隋朝二世而亡。李渊如果废李建成，立李世民，岂不是和隋朝的"剧本"一模一样？

李渊还是希望两人能同舟共济。有次，李渊找李世民谈话，说："如今，天下初定，人心不稳，朕想让你去东都洛阳，去收服那里的人心，你看怎么样？"

李世民何等聪明，一听就明白了李渊的意思：李渊是怕自己在长安实力太大，威胁太子地位，故意让自己去洛阳当个藩王。

于是，李世民不动声色地回答说："儿臣愿意去洛阳。"

得到了李世民的首肯后，李渊很高兴，又找来了李建成感叹说："你弟弟答应去洛阳了，以后你可以安心在长安当皇帝了，让他在洛阳当个藩王吧！你俩就像汉景帝和梁王的关系，重新做一对好兄弟，共保大唐江山吧！"

这里李渊说的汉景帝和梁王的故事发生在汉代，汉景帝是哥哥，梁王是弟弟。当时，汉朝爆发了大规模叛乱，叛军一路势如破竹，幸亏有梁王顶住了极大的军事压力，凭一己之力守住了商丘，为汉景帝争取了3个月时间，平定了叛乱。

李渊讲这个故事，自然是希望李建成和李世民能携手共进。李建成听后则非常紧张：把李世民搞到洛阳，无疑是放虎归山，依靠他天策府的班底，很轻松就能裂土称帝，大唐会一分为二，陷入内战。论打仗，李建成无论如何都不是"战神"李世民的对手。

李渊只好打消了这个念头，继续在两人之间和稀泥，直到"玄武门之变"爆发，李世民射杀了李建成才算彻底结束。

纵观李渊的一生，他少年丧父，在小姨家长大，自小见惯了残酷的政治斗争，积累了大量经验，养成了老成稳重的性格。在生命受到威胁时，他能缩成一团，装疯卖傻；在机会降临时，他能抓住战机，动若雷霆，成就帝业。李渊能进能退，进退有据，是个大丈夫。但晚年面对二子争嫡时，他畏首畏尾，拿不出解决方案，酿成了兄弟相残的惨祸，令人唏嘘。

# 大唐王朝的精神导师：王通

说起中国历史上的贞观之治，相信有不少人知道。贞观之治是唐朝发展史上第一个高峰，正是从这里开始，"大唐"一步步变成了后人口中的"巨唐"，将中华文明的影响力发展到极致，并远播海外。

贞观之治局面的形成，除了要感谢英明神武的唐太宗李世民，还不能忘记他手下的一帮名臣，如魏徵、房玄龄、李密、杜如晦、陈叔达、李靖等。这些名臣在乱世中随李世民南征北战、出谋划策、平定天下；在开国后，又澄清吏治、大胆进言、安定民心，真是"武能上马安天下，文能提笔定乾坤"的贤臣。

可很多人不知道的是他们的老师居然是同一个人，此人去世时年仅37岁，但却名动天下，全国的读书人都以做他的学生为荣。他虽然没能亲眼见证贞观之治的辉煌，但他的思想影响了后世上千年，他就是隋朝第一大儒——王通。

## 一、百无一用是书生

王通出生于隋朝初年，家在今天的山西省万荣县，家传儒学，从小功底极好。年轻时，他与绝大多数年轻的读书人一样，心怀致君尧舜的志向来到了帝国的首都长安。依靠家里的关系，他向隋文帝呈上了《太平十二策》，论述对治国平天下的看法。尽管里面有不少意见都直中时弊，可隋文帝并未重视，只把他当作一般的读书人，给了个闲差养在身边，体现皇上重视学问。

这也难怪，隋文帝是个老成持重的人。一个从山西来的毛头小伙，刚来帝都就对朝政发表议论，缺少政治家的眼光，单凭一股书生意气指点江山，并不合时宜。想要治理好国家，需要从底层开始锻炼，一步一个脚印，理解帝国运作的潜规则，处理好复杂的利益纠葛，才能对症下药。比如李渊，从小待在隋文帝身边学习，成年后又被派往地方历练，才能在隋末乱世中游刃有余，穿梭于群雄之间，夺取天下。

偏偏王通不甘寂寞，感觉自己满肚子的学问不能学以致用，还拿着国家的俸禄，是件非常耻辱的事。于是，在长安逗留了一段日子后，王通选择辞职回乡"创业"，开始了讲学生涯。

这一别，他再也没有踏入朝堂。但他的影响力却从家乡散播开来，后来他本人也成为大唐王朝的精神导师。

## 二、三教之争

在讲学过程中，王通萌发了一个极其重要的思想：三教合一，所谓"三教"即儒、道、释。在王通提出"三教合一"之前，三教思想上存在冲突，进而引发了严重的社会问题，在南北朝时，甚至发展到了兵戎相见的地步。如果不从思想上解决三教问题，只维持政治上的统一，国家永远不可能稳定。

儒、道不必多言，是我国的传统思想。儒家自汉武帝后，逐渐成为主流思想，得到官方支持，汉以后的"读书人"多代指儒生。儒生掌握国家政权后，为人们描绘了一个美好的未来：只要以礼治国，任用君子，国家就会变得井井有条，风俗淳朴，百姓安居乐业。可到了南北朝时期，天下大乱，儒家所倡导的美好世界没有出现，人们看到的是兵荒马乱，尸横遍野，儒家正统地位受到了极大挑战。流行于民间的道教和外来的佛教反而受到了百姓和统治阶级的普遍欢迎。尤其是佛教，无论在南朝还是北朝，都得到了极高的礼遇。

与儒家相比，佛教讲究超脱，让人们从现实的苦难中暂时解脱出来，描绘了一个西方极乐世界，告诉信徒，只要信佛，死后就能摆脱轮回升入极乐世界。而儒家不能，儒家讲的是现世的学问，只关注现实，对人死后没有安排。

与道教相比，佛教组织更加严密，宏伟的佛寺、精密的佛法、虔诚的僧徒，让他们看起来像一支"正规军"；反观道教，则像起于民间的一支"草台班子"，得不到贵族的青睐。

南北朝时期，佛教地位一路上升，儒家日渐式微。这引得一些大儒强烈不满，他们开始以"华夷之辨"攻击佛教，说佛教是外来文化，正在吞噬中华文明。

大儒的攻击也并不全无道理，佛教刚刚踏入中国时，的确在很多问题上与中华文明有着明显差异。例如，儒家讲"名分"，社会上所有人都有自己的"名分"，朝廷中，君是君、臣是臣，大家遵守自己"名分"的义务，不能"越位"，所以做臣子的要跪拜皇帝。但有位叫慧远的僧人提出了反对，他说，既然和尚是出家人，自然不再受常规社会礼仪的规范，僧人见了皇帝不需要跪拜，即所谓《沙门不敬王者论》。

如果说，慧远挑战的仅仅是个礼仪问题的话，那么佛教在经济上给国家带来的则是沉重的负担。南北朝时期的僧人是不用纳税的，理由也是一样：我都"出家"了，礼拜佛祖，不受朝廷管辖了，还交什么税。相反，朝廷还要拿出大量的钱财和土地供养佛寺。

南朝的梁武帝笃信佛教，鼓励百姓投身佛门，造成国家财政每况愈下。梁武帝自己先后三次舍身佛门，急得大臣们团团转：皇帝出家了，国家怎么办？不得不从国库里又掏出上亿的钱去"赎人"。如此搞下去，国家不亡就怪了。

## 三、灭佛浩劫

第一个对佛教提出挑战的是北魏的太武帝。太武帝认为佛教隐匿人口、逃避赋税，威胁政权稳定，非常厌恶，在丞相崔浩的建议下，他决定彻底消灭佛教。

太平真君五年（444），太武帝正式下诏，要求上至王公贵族，下至平民百姓，所有僧人立刻还俗，如有不肯，满门抄斩。此令一出，天下哗然，各地佛寺纷纷拿起武器捍卫信仰，聚集了10万人起义。太武帝闻讯大怒，御驾亲征，路经长安时发现寺庙私藏武器，便杀光了寺庙所有僧人。在高压政策下，佛教进入低潮期，史称"太武法难"。

一百多年后，佛教发展又失去了控制，全国300万佛教徒，占了总人口的十分之一。北周武帝再次准备对佛教动手。首先，武帝召开了一场"学术讨论会"，让百官和学者讨论"三教"的排名。会上，道教代表和佛教代表吵了起来，道教代表指责佛教："你们名为学佛，实为淫乱，在寺庙里乱搞男女关系。"

佛教代表立刻还击："那只是极个别佛门败类，哪像你们，练什么'阴阳调和大法'，公开鼓吹性事。"

武帝见道教处于下风，打断了争吵，冷冷地说了一句："朕看今天的会就开到这儿，以后'三教'中，儒家第一，道教第二，佛教第三。"

排名一出，天下哗然，众多佛教徒向皇帝表示抗议："道教明明辩论不过我们，凭什么居于佛教之上？"武帝感到好笑。明眼人都看出来这是皇帝故意打压佛教，他们还在这里嚷嚷要公平，这不是找死吗？

于是，北周武帝下令，拆毁寺庙，烧毁经书，300万僧尼限期还俗。有位僧人气不过，在朝堂上质问武帝："你这么做，难道死后不怕下地狱吗？！"

武帝冷笑一声，豪气万丈地答道："如果百姓能因此安居乐业，朕何辞地狱之苦！"

北周武帝的灭佛运动时间之长、范围之广，给佛教发展带来了沉重打击，却大大加强了国力，为隋朝一统天下奠定了经济基础。

## 四、竖起王道大旗

隋朝建立后，为了安抚分裂带来的伤痕，隋文帝对佛教采取了听之任之的态度，毕竟佛教能吸引那么多信徒，没点儿真东西是不可能的。佛教精绝的哲学思想经过三百多年的传播，已经深深扎根于人民心中，靠行政手段一味禁绝是不可能的。必须让佛教学会与中华文明共同成长。

王通承担起了这个历史命题。作为一名大儒，王通先是深化了儒家"王道"思想。"王道"思想古已有之：战国时期，商鞅见秦孝公时，就富国强兵的问题提出了帝道、王道、霸道三策，秦孝公选择了霸道——用国家强权把老百姓编入"战争机器"，全国上下崇尚军功，以武治国。王通认为，秦国行"霸道"是因为残酷的军事斗争，不得已而为之，如果统一天下后还行"霸道"，只能像秦国一样二世而亡。隋朝既然统一了，就要行"王道"——通过思想上的潜移默化，让百姓知道礼仪、荣辱，自觉地与国家利益站在一起。

既然要做思想上的统一，取何种思想呢？儒、道、释可是分三派的。王通给出的答案是"三教合一"，跟国家统一一样，三大思想也需要来一次统一。王通认为，儒、道、释三教都有缺点：儒家喜欢空谈，不干实事；道教故弄玄虚；佛教叫人出家，脱离社会。如果以儒家为主，采其他两家之长，不但可以完善儒学，还能实现三教和谐相处，为行"王道"打下思想基础。

可惜，王通年仅37岁就去世了，未能完成"三教合一"的宏愿，况且"三教合一"谈何容易！这里面牵扯到大量的学理问题和哲学辩证，仍有漫长的路要走。但王通高举的"王道"大旗吸引了众多俊杰投奔到其门下，他们为了共同的理想——从思想上实现中华民族实质统一而奋斗。只要思想统一了，这个国家永远分裂不了，就算分裂了也必将走向统一。王通不但是大唐王朝的"精神导师"，也是中华思想史上的一位巨人。

# 威震关中的李建成

## 一、大唐"双龙"

大业十三年（617），当李渊下定决心起兵反隋时，二儿子李世民催促他应当即发兵攻打长安。李渊听后，摇了摇头，坚持要等大儿子李建成来了再发兵。

这一等就是4个月，李渊准备起兵造反的消息已传得半个太原城都知道了，无疑犯了兵家大忌。为何李渊要坚持等待李建成？李建成究竟在哪儿？为何他的到来如此重要？

此时，李建成正在太原的南边驻守。虽然没有和父亲李渊待在一起，但他观察到天下已经大乱，他们李家如果想要自保，手上必须有一支精锐的部队。所以李建成一边在当地招揽人才，一边不断派人去长安附近打探消息，以备不时之需。果然，不久之后，他接到了李渊要他赶回太原的命令。

李建成将自己在南边招募的军队一同带回了太原，李渊非常高兴，将军队一分为三，李渊、李世民、李建成各领一支。在军事会议上，李建成和李世民一起建议李渊与隋朝断绝关系，以绝突厥之患。

突厥是当时横在中国北部的一支强大的游牧民族，常年骚扰边关，劫掠财富和人口。此次大军南下，太原空虚，万一突厥乘虚而入，后果不堪设想。突厥使者提出了议和条件，如果李渊肯自立为帝，与隋朝划清界限，突厥非但不会入侵，还会赞助马匹和兵器。

李渊沉吟了一会儿，拒绝了两人的建议。"突厥人这是要把我架在火上烤，天下大大小小的义军有十几支，如果我贸然称帝，便成了众矢之的。怕隋朝没亡，我们就先被其他义军干掉了。"

"依我看，突厥问题花钱就解决了。"李渊接着说，"他们年年入侵无非图个'财'字，花点儿钱，买和平。"

李渊不愧是老练的政治家，一眼就看穿了里面的利弊，把复杂的政治问题经济化，用钱买时间，安抚突厥人。

称帝建议被否后，李建成又提议："以目前局势来看，义军争夺的焦点在山东。我多次派人到长安刺探军情，关中防守相当薄弱，隋朝将兵毫无斗志。与其扬汤止沸，不如釜底抽薪，我们应当直取长安，扶植新帝，号令诸侯。"

李建成的建议很中肯，虽然隋朝已名存实亡，但正牌皇帝隋炀帝还在扬州，李家是隋朝的臣子，如果进入长安后贸然称帝，不合君臣之道，天下人不服。不如学习曹操，换个姓杨的皇帝，自己躲在后面，挟天子以令诸侯。

## 二、西进之路

太原起兵后，唐军一路招降纳叛，顺利得出奇，直到西河。西河是进取关中的战略要地，这里驻守的都是忠于大隋的敢死之士。动之以情，晓之以理是不可能有效果了，只有硬碰硬，打一场恶战。

此战的重任落在了李建成身上。李建成仿效项羽的破釜沉舟，只让军队带了三天粮食，减轻辎重，快马轻骑，一路狂飙突进，向西河进军。隋朝守军无不胆寒，纷纷闭门自守。李建成非常重视军纪，要求手下不得劫掠，吃老百姓的东西一定要给钱，否则军法从事。

到了西河后，城内百姓已人心向唐，唯独郡守宁死不降，派出军队与李建成战于城外，被李建成的骑兵冲得七零八落，落荒而逃。当天，城中爆发内乱，郡守被人杀死，百姓开城投降。西河之战，前后9天，堪称神速，李建成威震关中。

进入关中后，霍邑守将宋老生拒绝投降，据城坚守不出，李渊父子率领先锋骑兵赶到城下。李渊让一部分骑兵前往城东安营扎寨，等待后面的增援部队，又令李建成和李世民带着骑兵围着城转悠，摆出即将攻城的架势。

宋老生登上城楼一连观察了好几天，觉得唐军人数不多，不如趁大部队没到先下手为强。于是，他率主力出城迎战，李渊率一万人诱敌，佯装败退，李建成与李世民各率一万人绕后包围宋老生，切断其后路。轻敌的宋老生不觉有诈，追着李渊一路跑，离城很远。后方突然出现唐军，他顿觉不妙，可惜为时已晚，李建成与李世民已经开始围攻霍邑城门。赶回来的宋老生进退不得，在乱军中被杀。

此战的胜利应该是父子三人同心协力的结果，但在唐史中则是另一番风貌：李渊的佯装败退被写成打不过敌军，在围攻霍邑时，李建成又莫名其妙地坠马，幸亏有李世民力挽狂澜，抓住战机，杀了宋老生，成为此战唯一的英雄。

进入帝都长安后，李渊拥立新帝杨侑。杨侑年仅13岁，是个未成年人，能懂什么？而且他名字中的"侑"字本义是辅佐的意思，辅佐谁？自然是李渊，李渊攻克长安那一刻起，已经起了当皇帝的心。

果然，第二年，杨广在扬州被部下杀害后，隋朝失去了合法性。长安的杨侑被废，李渊正式称帝，国号"唐"，封李建成为太子，李世民为秦王。从此，兄弟二人的命运发生了翻天覆地的变化。

## 三、功盖天下的弟弟

当上太子的李建成成了大唐储君，身系帝国安危，李渊倘若有何不测，他需要立刻顶上。所以建国后，李建成渐渐脱离了战场，转而与李渊一起坐镇长安，统领全局。

当时大唐的情况如何？危机四伏。

虽说大唐已经开国，但实际能统治的地区只有陕西和山西一带。天下义军比他们强很多：西面有薛举父子，北边有刘武周、宋金刚，河南有王世充，河北有窦建德，山东有徐圆朗、刘黑闼，每个都不是吃素的。

能收拾这个局面的只剩下秦王李世民。从大唐开国第一年开始，李世民率领大军南征北战，横扫中原，战无不胜，傲视群雄，仅用4年就荡平了群雄，声势如日中天。尤其是李世民在虎牢关击溃王世充和窦建德之后，解除了大唐王朝最大的威胁，回师长安时，万人空巷。皇帝李渊亲自出城迎接李世民凯旋，给了他比三公还高的官职——天策上将。

天策上将是为李世民量身定制的官职，历史上没人有过这样的荣誉。一般而言，军人能当上大将军或者大司马已是人生巅峰，李世民超越了历史上所有军人，成了开天辟地以来第一位天策上将，其威势之大可想而知。

万民欢呼之下，李建成显得没落了许多。他因为身份特殊只能困守长安，看着弟弟建功立业，功盖天下，从此两人渐行渐远，势同水火。

太子府中一位幕僚敏锐地观察到了这点，这位就是后来大名鼎鼎的直臣魏徵，当时他还是李建成的手下。

魏徵对李建成说：“现在秦王殿下已是古往今来天字第一号天策上将，他的天策府中猛将如云、谋士接踵，其志必不在当个太平王爷。”

魏徵的意思再明白不过了，如今秦王的势力已经威胁到李建成的太子之位了，我们必须展开反击。魏徵建议李建成主动请缨去山东平定那里的刘黑闼残余势力，建立军功，分化李世民的军权。李建成依计而行，大破山东叛军，得胜还朝。

这次山东之战，可以看作李建成向李世民正式"宣战"，警告他不要觊觎太子之位。

当时的太子府和天策府聚集了大量谋士和武将，形成了两个强大的利益集团，围绕太子之位展开了激烈争夺。论王法，李建成是当之无愧的太子；论功劳，李世民后来居上。大唐刚刚平定天下，兄弟二人就闹到了不可开交的地步，血溅玄武门时，李世民亲手射杀了自己的哥哥。不知道他那一刻有没有想起，他们父子三人曾在霍邑城下勠力同心击败强敌。

## 四、唐朝最大的冤案

李建成可能是被如今影视剧误解最多的历史人物之一，原因无外乎史书上说他嫉贤妒能，一门心思想搞死自己的亲弟弟李世民。这里面潜藏的一个逻辑就是：如果李建成得手了，唐朝老百姓将失去一位伟大的帝王，中国历史将走入另一个拐点，可能就没有辉煌的贞观之治了。

其实，这些都是我们站在今人的角度对唐史的解读，属于结果导向。如果把目光拉回那个特殊的历史时代，唐人的看法跟我们截然不同：李建成是法定太子，一国储君，纵使李世民功盖天下也是臣，以臣弑君，铁定谋反无疑。

为此李世民自己也背上了沉重的思想包袱，唯兢兢业业、勤勉治国，把大唐搞得有声有色，才能为政变披上一层合法的外衣——看！如果没有朕当时乾纲独断，哪有今日之辉煌？

同时，李世民很怕史官留下对自己不利的记载。史官要秉笔直书，为后代留下真实的历史，所以一般情况下记录皇帝言行的《起居注》是不会给皇帝本人看的。而李世民打破了这个传统，有次，李世民要求查看《起居注》，遭到了名臣褚遂良的反对："历史上从未有帝王要查看自己《起居注》的，殿下这么做不合规矩。"

李世民悻悻地说："如果我做了不好的事情，你们也如实记下来吗？"

褚遂良正色回答道："记录真实历史是臣的职责所在，当然要记下，即使臣不写，天下人也会写。"

碰上褚遂良这样的硬骨头，李世民无可奈何，只能从负责编写李渊和自己《帝王实录》的许敬宗下手，对李建成在大唐建国过程中的功绩进行抹杀，大肆美化玄武门之变的前因后果。两本史书记载不一，造成了对历史上真实李建成形象的不同解读。

李建成一案成为唐朝历史上最大的冤案，这场冤案的始作俑者正是大名鼎鼎的唐太宗。

# 大夏绝唱刘黑闼

看着前面密密麻麻的敌军和远处被敌军团团包围的洺水城,李世民心急如焚。几天前,守城大将本是王君廓。攻城的刘黑闼在城下修建甬道,若甬道修至城下,王君廓必然守不住城池。于是,猛将罗士信毛遂自荐,换回王君廓,他仅率两百人杀进城池,死守洺水城。

谁料天降大雪,形势十分糟糕,罗士信已经死守了八天。无论外头的李世民如何猛攻,仍然突破不了刘黑闼的防线,只能眼睁睁地看着敌军一个接一个爬上城头、守军一个接一个倒下,直至敌军大旗飘扬在洺水城上空。

被俘虏时,刘黑闼钦佩罗士信之勇,想让他为己所用,但罗士信"不屈",毅然赴死,死时年仅20岁。这是李世民在武德五年(622)遭遇的困境,但他没想到的是,刘黑闼给他造成的困境远不止损失一员猛将那么简单。

## 一、东山再起

隋朝末年,是一个英雄起于草莽的年代。窦建德原来是农民,刘武周原来是家乡土豪,高开道原来是盐户,王世充原来是移民的胡人,杜伏威原来是穷得没饭吃的小偷……而刘黑闼更是个游手好闲、整天就知道喝酒赌博的流氓无赖,其出身和刘邦有点儿类似,史书上甚至连他的出生年月都没有。

刘黑闼经常穷得吃不起饭,但他有个玩得很好、经常资助他的发小,刚好这个发小为人讲义气,乐善好施,对刘黑闼十分友善。因此,每次饿得受不了,刘黑闼就会去找发小求助。这个发小就是窦建德。

隋朝末年,天下大乱,刘黑闼和窦建德的命运紧密交织在一起。刘黑闼先后投靠过郝孝德、李密、王世充等军阀势力,但他不耻王世充为人,最后投靠已经割据河北的大夏王窦建德。刘黑闼一来就受到重用,被封为汉东郡公。刘黑闼是无赖,"素骁勇,多奸诈",最擅长带领小部队人马侦察敌情,甚至查着查着就出其不意偷袭敌营,"多所克获,军中号为神勇"。

武德四年(621),虎牢关之战爆发,窦建德被活捉,后被斩杀。老大一死,整个河北望风而降,刘黑闼选择回老家种田当农民。人生大起大落不过如此。要不是在虎牢关碰上开挂的李世民,窦建德、刘黑闼或许还能干出一番大事业。

但是唐高祖李渊犯了个错误,给了刘黑闼东山再起的机会。窦建德在长安被杀头,王世充和他手下投降的将领也被杀后,李渊又"征建德故将"入长安,范愿、董康买、曹湛、高雅贤一听,这不是让我们去长安送死吗?加上李渊在河北新任命的一批官员使用严刑峻法,搞得原本忠于窦建德的人心不自安。于是,范愿等人决定奉刘黑闼为主起兵造反。

刘黑闼没有推辞,当即"杀牛会众,举兵得百余人",率领部众攻进县城,赶走李唐官员。刘黑闼相当勇猛,连败唐将李神通、秦武通、徐世勣,又北连高开道,借来突厥骑兵,只用半年时间就"悉复建德故地"。

## 二、血战洺水城

李渊本来是不愿意动用李世民这个"核武器"的,毕竟李世民已经打败过薛举、刘武周、窦建德、王世充,立下不世之功,军功已远远超过太子李建成。无奈刘黑闼太猛了,李唐王朝的最强军神李世民不得不出场。

李世民一来,刘黑闼立即收缩防线,退回洺州老巢,洺州之战随即展开。洺州城有洺水、漳水和洺水城作为屏障,易守难攻,而且城内的刘黑闼并未遭遇大败,守得非常顽强。李世民长于野战,弱于攻城,面对坚若磐石的洺州城,他一时间也无计可施。

一场看似不起眼的小仗,却改变了整个战局。幽州总管罗艺率军助战,并在鼓城击败了刘黑闼的弟弟刘十善,刘军死伤8000余人。这场失利本无关大局,但唐军胜利的消息如同鬼魅一般飘进洺州城,刘黑闼的手下将领很慌张,驻守洺水城的李去惑甚至举城投降李世民。

洺水城位于洺州东面。此地一失，刘黑闼和东面各州失去联系，洺州成了孤城。因此，主战场随即转移到洺水城。刘黑闼出动所有力量闯过李世民的包围圈，将洺水城团团围住，并在城池东北处筑起两条甬道，强行攻城。李世民率军反扑，但刘黑闼顽强阻击，唐军无法接近。

关键时刻，罗士信出场。罗士信年方二十，勇冠三军，主动要求入洺水城死守，于是李世民让里面的王君廓突围出城、外面的罗士信突围进城，把洺水城交给罗士信。罗士信也就把命交给了大唐，一代猛将殒命于此。洺水城丢了，罗士信死了，李世民这仗败得有点儿惨，但刘黑闼也是惨胜。为了拿下洺水城，刘军筋疲力尽，当4天后李世民率军反攻时，刘军一触即溃，洺水城再次易主。

## 三、逃奔突厥

失去洺水城，刘黑闼断了粮草和援军，只能速战速决。刘黑闼虽"数挑战"，但李世民"坚壁不应"，以挫其锋，并不着急。两个月后，刘黑闼粮尽，不得不率两万人马与李世民决战。

此战，唐军全军出动。李世民布置自己擅长的骑兵战术，以轻骑兵为先锋与刘黑闼大军混战，待骑兵打开缺口后，李世民再亲率大军掩杀。以往，李世民凭借这个战术征伐天下、无往不利。但刘黑闼是世间罕见的猛将，硬是和李世民从中午打到傍晚，才"势不能支"。

关键时刻，李世民使出了撒手锏。他战前就命令军士"堰洺水上流"，此时"守吏决堰"，原本就支持不住的刘军迅速崩溃，李世民大获全胜。但是，刘黑闼未被擒获，他率两百余骑逃奔突厥。

武德五年（622），刘黑闼借突厥之力收集残部杀进河北，卷土重来。此时的李世民、李建成都在北面抵御突厥，根本无暇理会刘黑闼。李渊只好以年轻的淮阳王李道玄为主帅、史万宝为副，率军征讨刘黑闼。

双方大战于下博。李道玄是李世民的"小粉丝"，十分崇拜李世民率骑兵冲锋陷阵的战术，他和史万宝约定好："道玄帅轻骑先出犯阵，使万宝将大军继之"。但是，史万宝不听号令，"拥兵不进"，坐看李道玄孤军深入。李道玄力战不支，战死沙场，死时年仅19岁。此时史万宝想再战，但"士卒皆无斗志"，唐军大败。

下博之战后，刘黑闼又星火燎原，夺回洺州城。李渊一声叹息，这时候再派李世民去前线，再立战功，秦王府就压不住了。况且此时，正是太子之争的关键时期。

## 四、左右朝堂

一开始，李渊是更看好李世民的，起义之初甚至说过"若事成（指得天下），则天下皆汝所致，当以汝为太子"。后来李建成为此反击，结交后宫嫔妃，嫔妃们"争誉建成、元吉而短世民"，加上李世民功高震主，逐渐被李渊疏远。

李渊有意让李建成立功。同时，太子府的王珪、魏徵也劝李建成："今刘黑闼散亡之余，众不满万，资粮匮乏，以大军临之，势如拉朽，殿下宜自击之以取功名。"于是李建成自请率军讨伐刘黑闼。

此时的刘黑闼虽然表面风光，但整个河北连年战乱，根本没有粮草和军需的后勤保障。正如王珪、魏徵所说，刘黑闼已是强弩之末。李建成出兵后，只小胜几场，刘黑闼就尽显败象，"再阵，皆不战而罢"，根本组织不起军队反击。魏徵又建议"解其囚俘，慰谕遣之，则可坐视其离散矣"。河北军之所以会跟着刘黑闼一起干，很大原因是被李唐官员的严刑峻法逼的。李建成如今示以恩信，刘黑闼手下将士逃的逃、散的散，"众多亡"，有的士兵甚至"缚其渠帅以降"。

魏徵这招不战而屈人之兵，犹如釜底抽薪。刘黑闼很无奈，只好率领百余人逃亡，后被饶州刺史诸葛德威活捉，刘黑闼之乱至此平定。

《旧唐书》评价刘黑闼："勇而无谋，顾其行师，祇是狂贼，皆为麾下所杀，驭众之道谬哉。"李世民在他手上折损了大将罗士信、"小粉丝"李道玄，可谓吃尽苦头，但李世民在洺州一战已经打得刘黑闼不成气候。刘此后虽借突厥之力东山再起，也只是垂死挣扎、回光返照。

李建成此时出手平叛，不战而屈人之兵，轻松获得战功，这才是李世民吃的最大的闷亏。刘黑闼虽勇悍绝伦，给李世民造成的最大麻烦却不在战场之上，而在朝堂之内。刘黑闼死后，李唐基本统一天下，这场太子之争也由山东、河北转向宫廷内室，一场比刘黑闼之乱更血腥、更残酷的斗争随即展开。

## 乱世英雄"拜突厥"

唐朝建立初期，中国北方继匈奴、柔然后，又兴起了一个强大的少数民族政权——突厥。突厥人与其他游牧民族一样，生活在马背上，骁勇善战，成年男子出门均挎刀携弓，召之即来，来之能战，给中原政权造成了极大的军事压力。

隋炀帝曾率大军御驾亲征突厥，结果被突厥10万铁骑团团围困于雁门关，最后靠远嫁突厥的隋朝公主疏通，才免于全军覆没。唐高祖太原起兵时，首先便给突厥送礼，换取他们不南下攻打太原的承诺。唐朝建立后，高祖、太宗、高宗三人均把突厥当作最危险的敌人，其恐怖战力可见一斑。

中国北方民族成分复杂，茫茫草原上，生活着铁勒、柔然、契丹、奚、鲜卑、室韦等几十个民族，这些民族的人大都身手不凡、能征善战、吃苦耐劳，为何偏偏崛起的是突厥？其秘密竟隐藏在一次大迁徙之中。

## 一、锻奴

突厥人是铁勒人的分支。铁勒人由四十多个部落组成,分布在贝加尔湖至中亚一带,由于远离中原地区,长时间不为中原人所知。当时,中原人对铁勒人的印象仅仅停留在他们驮运物资时使用的高车,铁勒人的车比"国产车"高出很多,所以中原人就以"高车"代指铁勒。

南北朝时期,中国内部打成一团,先是南北对峙,后北方又分裂成东西魏,内战频繁,无力顾及北方草原,给铁勒人的崛起留下了巨大的空间。

当时,名不见经传的突厥人还未独立,作为铁勒九姓之一,游荡在阿尔泰山以北。可能是那里的物资过于贫乏,突厥人不断南迁,势力渗透到了吐鲁番盆地。这次迁徙,无意间改变了突厥人的命运。

突厥人发现他们的领地盛产煤炭和铁矿,特别适合打造兵器,于是他们从中亚人那里学到了锻造的本领,开始大规模冶炼起兵器来。史书记载突厥冶炼业非常发达,"夜则火光,昼日但烟",几乎全天24小时都在打造兵器。

突厥人只有十个小部落,显然用不了这么多兵器,锻造出来的兵器大部分进行"出口贸易"了,"恒充西域三十六国"。庞大的出口给突厥人带来了丰厚的回报,他们的腰包迅速鼓了起来,成了西域诸国中有名的土豪。

有钱的突厥人成了当时北方草原霸主柔然人眼中的"小肥羊"。公元5世纪初,柔然大军西征,顺手灭了弱小的突厥部族,掠夺了他们的财产,并把突厥人迁到了漠北地区充当技术工人,专门为柔然人打造兵器。由于身份低贱,突厥人被称为"锻奴"。

## 二、阿史那家族崛起

柔然的民族压迫政策没有维持多久,不甘沦为奴隶的铁勒人便纷纷举起义旗,开始了长达三十多年的反抗战争。战火烧遍了整个柔然统治地区,铁勒的副扶罗部从漠北一路拼杀,回到了根据地高昌,重新建立了高车王国。突厥人也在乱世中获得独立，在漠北复国。

西魏大统八年（542），突厥人为了扩大贸易第一次派使者来到中原，受到了西魏皇帝的接见。突厥人表示希望能用他们打造的兵器换取中原的丝绸。西魏皇帝欣然同意，并派人回访突厥。

当时的突厥统领名叫阿史那土门，他见到西魏的使臣非常高兴，认为自己只是一个小部落的酋长，竟然得到了中原天子的认可，激动地对部下说："今大国使至，我国将兴也！"

果不其然，与中原王朝发展友好关系后，阿史那土门的运气好得出奇，凭借贩卖兵器积累起来的财富，他收编了5万户前来投靠的铁勒部族，实力迅速膨胀，成为北方草原的"政治暴发户"。希望借助突厥势力的西魏直接派遣了一名公主下嫁与土门，双方结成了同盟。

有了中原大国的支持，土门的腰杆更硬了。西魏废帝元年（552），他亲率大军与柔然决战，大破柔然主力。曾经的奴隶主，经此一役，反而变成了突厥人的奴隶。志得意满的土门正式创立突厥汗国，自称伊利可汗，成为漠北草原新的霸主，阿史那家族也成为突厥人的皇族。

突厥汗国建国后，实力大增，一举荡平了北方的柔然、白匈奴、契丹、奚等敌对民族。土门死后，继承汗位的大儿子没到一年也死了，他的小儿子木杆可汗继承遗志继续西征，派遣阿史那室点密统领10万多部众征讨西域诸国。室点密战果辉煌，很快打下了西域诸国，但他本人野心膨胀，借口西域无人管理，自立为西域可汗，再也不回漠北，变成了突厥汗国中一支半独立势力。这也为日后突厥分裂为东西两部分，埋下了伏笔。

## 三、汗位之争

木杆可汗临终前，没有将汗位传给自己的儿子大逻便，而是给了兄弟佗钵可汗，佗钵可汗很是感动，临死前也对自己的儿子庵逻说："世间没有比父子亲情更可贵的东西，我的哥哥把汗位传给我，而没给他的儿子，为了报恩，我也要把汗位传给他的儿子，你不要怪我。"

大逻便刚准备继承汗位，支持庵逻的人发难说他的母亲出身低贱，没有资格。双方一时争执不下，眼看内战就要爆发。第二任可汗（土门可汗的大儿子乙息记可汗）的儿子摄图意外登场，他的父亲也没把汗位给他，而是给了木杆可汗。

摄图、大逻便、庵逻都是可汗的儿子、土门的孙子，其中摄图年龄最大，一锤定音地说："我支持庵逻，如果立大逻便，我立刻回去调兵参战！"就这样，在摄图的支持下，庵逻当上了可汗。但庵逻威信不够，镇不住下面的部落，尤其是大逻便，暗地里使坏，不服可汗之命。无奈之下，庵逻主动退位，把汗位传给了摄图，这就是大名鼎鼎的沙钵略可汗。

草原民族与中原王朝不同，因为他们的生活环境严酷，寿命往往不长，留下年幼的儿子无力领导部落。兄终弟及，选择更为强壮的弟弟继位是常有的事，但这种权力系统缺乏稳定性，正如佗钵可汗所讲：世间没有比父子亲情更可贵的东西。把权力传给儿子才是人之常情，兄终弟及是无奈之选。我国文明早期的商代前期，同时实行兄终弟及与父死子继，到后期，父死子继才成了主要继承制度。

沙钵略可汗为了搞平衡，干脆把庵逻、大逻便和另外两个叔父一起封为可汗，突厥一下子有了五个可汗。原本统一的突厥变得山头林立，埋下了灭亡的种子。

## 四、争霸中原

沙钵略可汗有位妻子是北周王朝的千金公主，北周被隋朝取代后，千金公主非常怨恨杨坚，整天吹枕边风，要沙钵略为北周复仇。

沙钵略初登汗位，地位不稳，出征隋朝既可为妻子出气又能在突厥中立威，一举两得。于是，沙钵略令数百个臣服于突厥的部落全线出击，分兵三路，从东边的幽州、中部的并州及西部的兰州同时骚扰隋朝边关。

并州是隋朝边关的重地，此地大约相当于今天山西省的北部，这里也是日后李唐王朝起家的地方。如果突厥军攻破并州，便可趁着冬季黄河结冰，踏冰渡河，直插隋朝的关中核心地区，后果不堪设想。于是，隋文帝派遣重兵驻守并州，突厥人在并州没有讨到便宜，兵败退走。

突厥在东路的幽州和西部的兰州取得大捷，尤其是兰州，整个地区被突厥人洗劫一空，寸草不生，只留下一座座空城。沙钵略可汗意犹未尽，想乘胜追击，攻破长安。刚刚建国两年的隋朝大难临头，存亡之际，骠骑将军长孙晟挺身而出，利用反间计逼退了突厥大军。

长孙晟在历史上名气不大，但他的一对儿女长孙无忌和文德皇后，在唐太宗时期可是鼎鼎大名。长孙晟出生于关陇军事贵族中的长孙家族，从小擅长骑射，成年后就在北周皇宫中当侍卫。千金公主下嫁突厥时，长孙晟是送亲队伍中的一员。

一到突厥，长孙晟的骑射本领就发挥了意想不到的作用。沙钵略可汗以为中原人只会读书，不懂骑射，后来发现长孙晟弓马比突厥人还娴熟，立刻表现出极大的兴趣，两人有了共同话题，沙钵略天天带着长孙晟打猎。有次，两人在草原上发现了两只老鹰在吃食，沙钵略拿了一支箭给长孙晟说："你也试试。"长孙晟接过弓箭，翻身上马，一箭射穿了两只老鹰。沙钵略鼓掌叫好，长孙晟的威名传遍草原，突厥贵族纷纷与他结交。因此，长孙晟对突厥内部情况了若指掌，对各个部族间错综复杂的矛盾也心知肚明。

这次突厥入侵隋朝，长孙晟利用他在突厥的人脉关系实行反间计，让人向沙钵略谎报军情，说有一群铁勒人正准备趁着汗国空虚，突袭可汗的根据地。沙钵略闻讯大惊，立刻撤军北还。隋朝躲过一劫。

第二年，隋文帝兵分八路对突厥展开全面反击。隋军在内蒙古大青山附近与突厥主力相遇，隋军发起主动进攻，沙钵略被打个措手不及，为了避免隋军攻击，他甚至脱下了自己穿的黄金战甲，逃入了大山之中。

长孙晟又发挥了外交才能，他找到了大逻便（阿波可汗），挑拨他和沙钵略的关系，许诺隋朝会支持他统一突厥，阿波可汗决定与隋朝单独议和。此举让沙钵略大为恼火，他立刻发兵攻打阿波可汗——老账新账一起算！阿波可汗不敌，一路跑到了西边，投靠了当年西征西域诸国的达头可汗。随即内战爆发，沙钵略失去了对突厥的控制，被迫与隋朝议和，突厥正式分裂成东西两部分。

## 五、隋末再兴

沙钵略后期一直与隋朝交好，不惜称臣换取隋文帝的支持，他这才有机会腾出手来收拾突厥乱局。在隋朝的支持下，沙钵略形式上统一了东突厥。

沙钵略死后，其子都蓝可汗继位，感到实力有所恢复的都蓝可汗对隋朝的态度日益傲慢，不像沙钵略那么恭敬。于是，隋文帝又支持了突厥五汗中的突利可汗攻打都蓝，突利不敌，败退至隋朝境内寻求庇护。隋文帝封他做启民可汗，让他为帝国镇守边疆。

好大喜功的隋炀帝登基后，为了震慑突厥，亲率50万大军北巡，在突厥边境大摇大摆走了一圈，并在启民可汗驻地接待了高句丽使臣，严厉警告他们不要在朝鲜半岛大肆扩张。启民可汗死后，其子始毕可汗继位。始毕可汗不像启民可汗那么顺从，引起隋炀帝不满，隋炀帝煽动他的部下造反。

始毕可汗大怒，趁着隋炀帝在雁门关巡幸时，率10万大军将其团团围住！隋炀帝颜面尽失，只能去求始毕可汗的妻子——隋朝的义成公主疏通，始毕可汗这才撤军，双方关系从同盟变成了敌对。

隋末天下大乱，始毕可汗大肆扩张势力，很快拥有百万之众，成为东突厥众汗之首。李渊多次派人送礼，让突厥骑兵助唐军攻下长安。中原割据势力窦建德、王世充、刘武周等人亦皆向始毕可汗称臣，呈现出一种乱世英雄争相向突厥人称臣的奇妙局面。

唐朝定鼎天下后，国力日盛，唐太宗李世民决意彻底解决突厥问题，于是唐军踏上了波澜壮阔的征途。

# 决战玄武门

武德九年（626）六月初四，长安太极宫，玄武门。

大唐王朝的太子李建成正在乱军之中策马狂奔，突然他听见背后传来一声高吼，"大哥！父皇传诏你入宫，为何要跑？"李建成立刻分辨出这是他二弟李世民的声音，下意识转身寻找声音的来源，却看到了令他终生难忘的一幕——亲弟弟李世民正弯弓搭箭，将箭头死死地盯住了自己的后背。

"咻"的一声，李世民没有半刻犹豫，松开了紧绷的弓弦，李建成应声落马。李世民的部将尉迟恭立刻一个箭步冲向坠马的李建成，砍下了他的人头。

震惊天下的玄武门之变，以李世民的完全胜利而告终。

## 一、李神通事件

唐高祖李渊早年丧父，所以对父子亲情看得很重。晋阳起兵时，李世民催促李渊动手，李渊不听，非要等李建成回来，父子四人团聚后再起兵，其中蕴含着深厚的父子之情。但在权力面前，这股脉脉温情显得那么脆弱。

大唐王朝建立后，朝野迅速分解成两大阵营：一方是以太子李建成为首，齐王李元吉为辅，幕后老板是高祖李渊的太子党；另一方是以天策上将李世民为首，房玄龄、杜如晦、尉迟敬德等一批功臣为辅的秦王党。从定都长安起，双方为争夺皇位摩擦不断，长安城内暗流涌动。

秦王府的李神通从晋阳起兵一路跟随李世民南征北战，立下不少战功。为了酬劳功臣，李世民下令把城外一块土地赏赐给李神通。接到命令的主事官却犯了难，因为他手上还有一份皇帝的诏令，让他把这块土地赏赐给李渊爱妃张婕妤的父亲。

当时在长安城内，李渊、李建成、李世民、李元吉均有独立发布政令的权力,下面办事的官员在接到互相冲突的命令时,往往以"谁先到,给谁办"为标准。既然李世民的命令先来了,办事官按照习惯把地划给了李神通。

这下张婕妤不满了。在太子党的暗中支持下,她在李渊面前大倒苦水,说李世民根本没把皇帝的诏令放在眼里,引得李渊龙颜大怒道:"我手敕不如汝教邪?"责备李世民越权干政。

其实,办事的官员只不过按照惯例,把先到的秦王命令给执行了,"政出多门"局面的形成不是一两天了,李渊不可能不知道,那他为什么还发这么大的火?理由只有一个:敲打李世民。李世民的势力已经影响到太子李建成的地位,李世民在某些问题上处理方式太过骄横,李渊必须小题大做,假装不知道"潜规则",杀一杀李世民的威风。"此儿久典兵在外,为书生所教,非复昔日子也",李渊言下之意是:李世民常年在外征战,现在被一群野心家包围,已经和自己不是一条心了。

## 二、杨文干事件

李神通事件表面上是父子间为一块田地的产权争吵,实际上是李渊警告李世民不要觊觎皇位,他要保证太子李建成顺利接班。然而,不甘寂寞的李世民早就对皇位蠢蠢欲动,怎么会因为李渊的一次责备就放弃?围绕在他身旁的"野心家"杜淹很快策划了一起惊天大案,想要置太子李建成于死地。

武德七年(624),李渊带着李世民和李元吉去北边仁智宫避暑,留太子李建成监国,长安城一时成了太子党的天下。李建成抓住时机,秘密命令他在庆州的老部下杨文干挑选两千名士兵入京,充当太子府的护卫,并派人给杨文干运铠甲。

送铠甲的人害怕东窗事发,半路便转头跑到了仁智宫,向李渊告发太子勾结杨文干谋反。李渊闻讯大怒,敕令李建成立刻来仁智宫说明情况。李建成接令后惴惴不安,感觉自己被人阴了。他的确让杨文干派兵来长安,但那是为了防备李世民。按规矩,太子府、秦王府都有资格配备一定数量的私兵作为护卫队。李世民为了扩充实力,秘密地在规定数量之外又养了一支800人的"特种部队",让李建成感到自己吃亏了，这才让杨文干派两千人来补充实力。

另一边在庆州，杨文干见到了天子的使者宇文颖。宇文颖斥责他意图谋反，杨文干听得一头雾水。宇文颖表面上是太子党的人，其实早被李世民收买，他这次代表天子来庆州，只有一个目的：逼反杨文干，坐实其谋反罪名。

果然，宇文颖走后，杨文干意识到自己麻烦大了，莫名其妙被卷入了谋反案，干脆一不做二不休，真的反了。

这时，躲在长安秦王府中的杜淹笑了，每一步都是按照他的计划进行的。从运送铠甲人口中得知李建成秘密扩充卫队后，他一手导演了这场"谋反案"。这次，李建成跳进黄河也洗不清了。

在太子府詹事赵弘智的建议下，李建成决定轻车简从，去仁智宫请求李渊原谅。见太子只身前来，李渊的戒心消了一部分，听李建成把事情来龙去脉一讲，说得也合情合理，毕竟李世民咄咄逼人在先，李建成想扩充卫队便在情理之中。更何况，李建成已贵为太子，天下迟早是他的，没有理由突然造反。李建成造反只有一个受益者，就是打遍天下无敌手的李世民。逼反了李建成，能平叛的只有他，以后太子自然也是他，一箭双雕。

当李世民平定了杨文干之乱，满怀欣喜回到仁智宫等着看李建成倒霉时，没想到等来的是李渊一道各打五十大板的命令：太子府王珪、秦王府杜淹，挑拨太子和秦王的兄弟之情，即令将二人逐出府中，流放外地为官。

李神通、杨文干事件彻底让李世民看清了局势：李渊铁了心要保李建成上位，靠"文斗"是无法取得胜利的，想要夺取皇位，只剩下"武斗"一条路。

## 三、血染玄武门

武德九年，李世民与李建成关系越发紧张。李建成采用了谋士魏徵的建议，对秦王府的官员采取分化的措施，既有拉拢又有排斥：听话的拉到自己身边，不听话的借故流放外地，以此剪除李世民的左膀右臂。

秦王府中人心惶惶，"谋主"房玄龄对长孙无忌说："反正现在我们同太子已势同水火,不如劝大王仿效周公,扫除乱贼。"长孙无忌是李世民的大舅子,听后深以为然:"我跟你想的一样,我们一起去和大王说。"

文官们催促李世民用武力解决问题,而李世民仍有道德上的顾虑:"骨肉相残,古今大恶。吾诚知祸在朝夕,欲俟其发,然后以义讨之,不亦可乎!"

"欲俟其发"四个字暴露了李世民的真实想法,皇位是他想要的,但他不想背上道德的负担,受人指责。所以他不断给李建成施加压力,想让对方先出手,自己好有个正当的讨伐理由。现在李建成温水煮青蛙,步步为营,一点点除掉秦王府的官员,反而让李世民这边坐不住了。

这时,武官代表尉迟敬德忍不住了:"如果大王不肯起事,现在就请让臣归隐江湖,省得太子他们动手!"长孙无忌附和道:"大王!如果你不听敬德的忠言,恐怕臣也要走了!"

李世民意识到,如果他再犹豫不决,团队将面临散伙的风险,到时他就真成了孤家寡人,任人宰割了。

当断不断反受其乱!7月2日(六月初四)清晨,李世民亲率房玄龄、长孙无忌、尉迟敬德、杜如晦、程咬金、秦叔宝等人进入长安皇宫北边的玄武门设伏。一场血腥政变不可避免地爆发了。

## 四、太子李世民

史书记载,当李世民、李建成、李元吉三兄弟在皇宫北门手足相残之时,唐高祖李渊正在宫中画舫上兴致勃勃地游玩,对一墙之隔的玄武门的情况一无所知。

直到尉迟恭一脸杀气、满身血污走到湖边说有要事禀报皇上时,李渊才觉得大事不妙。作为一名成熟的政治家,李渊看尉迟恭这身打扮,隐隐约约猜到了事情的大概,但作为一名父亲,他又不愿意承认儿子们手足相残的事实。

尉迟恭下跪呈报道:"太子李建成、齐王李元吉意图谋反,谋害陛下,已被秦王率我等忠诚之士诛杀。"

李渊心中最担心的事情还是发生了,他瘫坐在椅子上,一时六神无主,不知道怎么办才好。近臣陈叔达提议说:"秦王功盖天下,本来就该继承皇位。而李建成、李元吉嫉妒他的功劳,多次想谋害秦王,现在既然已被秦王正法,不如顺从民意立秦王为太子。"

事已至此,李渊只好准奏,立李世民为太子。

尉迟恭丝毫没有退下的意思,继续请奏道:"烦请皇上现在就下诏书公告天下,立秦王为太子,并将天下兵马全部交给秦王。"

这无疑是在逼宫了,把天下兵马交给李世民,李渊就成了光杆司令,皇帝的九五之尊也名存实亡。李渊想想很害怕:玄武门作为皇城的北门,关系到皇帝的安危,理应固若金汤,发生任何风吹草动,皇帝应该在第一时间知道。可李世民偏偏有本事,在事发前一天,把所有玄武门的守卫换成自己的人,埋伏于此,愣是没透出一点儿风声,李世民势力之大可想而知。

事实证明,李渊对大唐军队早已失去了掌控力,给不给李世民天下兵马没有实际影响,不如做个顺水人情,把太子之位和兵权一起给李世民得了。

拿到了确认自己合法性的诏书,李世民才肯进宫面见李渊。父子相见,竟谁也说不出一句话来。李世民跪倒在李渊脚边,号啕大哭。李渊除了说了些安慰的话,对于玄武门的事一个字也没提。

这场"哭戏"只是作秀,父子二人达成了政治默契:李渊交权,李世民保他平安,大唐王朝依旧一派和谐。

## 五、血缘的悲剧

李世民通过玄武门之变,扫除了所有政敌。事变发生两个月后,李渊便匆匆退位,彻底退出政治舞台,安心当太上皇去了。

雄心勃勃的李世民终于可以开创自己的万世基业,但玄武门之变给后世留下了一个巨大的后遗症——原有的政治继承秩序被打破了,继承人问题一直困扰着唐朝历任皇帝。

中国人一直把血缘看作最牢靠的关系,虎毒不食子、舐犊情深等成语显示出中华文化对血缘的重视。中国传统政治中规定继承人顺序的也是基于血缘关系。

在一个大家族中，嫡子地位高于庶子。嫡子是正妻所生的儿子，庶子是妾所生的儿子。正妻的地位高于小妾，儿子地位自然也高。所以在有嫡子的情况下，庶子是没有家族继承权的。嫡子中又以年龄长幼区分继承顺序：老大第一，老二第二，老三第三，以此类推。

李建成、李世民、李元吉都是嫡子，李建成是大哥，按照宗法制，自然他是首先的继承人。而李世民功盖天下，能力、智慧、人脉远超李建成，不甘心将继承权拱手相让，但宗法制成了李世民当皇帝的最大障碍。为了扫平障碍，李世民不得不通过非法手段，用武力强行夺位，打破了运行了千年的宗法制，给后世子孙立下了一个"榜样"。

宗法制光看血缘，不看能力，的确有欠缺，但它有维稳功能：一个人的能力高低是抽象的，没有固定的标准，而血缘不会骗人，生得早就是生得早，没有疑问，不会引发争议。

李世民亲手打开了唐朝继承人的"潘多拉魔盒"。他死之后，为了争夺皇帝大位，唐朝政变频发，可以列出一个长长的名单：

武德九年（626），玄武门之变，李世民诛太子、齐王。

天授元年（690），武则天取代李显称帝。

神龙元年（705），神龙政变，李显复辟。

唐隆元年（710），唐隆政变，李隆基与太平公主清剿韦后势力，废李重茂，李旦复辟。

先天元年（713），先天政变，李隆基称太平公主谋反，剪除其势力，李隆基上位，赐死太平公主。

元和十五年（820），宦官陈弘志谋杀唐宪宗。

宝历二年（826），宦官刘克朋杀唐敬宗。

天祐元年（904），朱温杀唐昭宗，立哀帝。

天祐四年（907），朱温建后梁，迫使唐哀帝禅位。

唐朝成了宫廷政变最多的朝代之一，这恐怕是唐太宗李世民万万没想到的吧！

# 攻灭东突厥

贞观七年（633），唐太宗仿效汉高祖刘邦在长安未央宫设宴，为其父高祖祝寿。数百名皇亲国戚、文武百官齐聚一堂。太上皇李渊坐于大殿中央主人之位，皇帝李世民陪侍在旁，态度恭谦，气氛融洽，打破了坊间对父子二人关系不和的流言。

玄武门之变后，高祖被迫退位，太宗登基，父子二人的关系变得尴尬。高祖本不愿退位，就算退位，也应由太子李建成继位。太宗的血腥政变打乱了唐朝既有的政治秩序，作为这一秩序的最大受益者的太宗怎么能让父亲满意？天下臣民对他们二人形同陌路的关系议论纷纷。为了修复父子关系，才有了七年之后的这场盛宴。

宴席上，很久没有这么热闹的高祖非常高兴，酒酣之余对坐在下面的颉利可汗说："都说突厥人善舞，请可汗跳上一曲助兴！"

无奈之下，颉利可汗当着众人的面跳起了舞，以示臣服。南蛮酋长冯智戴又借机为高祖献上祝寿诗。两位外夷君主的"献媚"将宴会的气氛推向了高潮，高祖得意地大笑："胡、越一家，自古未之有也。"

一旁的太宗趁机端起酒杯，带着所有人向高祖祝寿："今四夷入臣，皆陛下教诲，非臣智力所及！"群臣跟着山呼万岁。

高祖笑得更开心了，其实他心里明白，使四夷入臣的不是自己，是儿子李世民。四年前，颉利可汗还是带甲百万、横霸草原的雄主，如今却被软禁于长安，成了太宗的囚徒。短短四年时间，颉利可汗从云端跌落谷底，他究竟遭到了唐军怎样的痛击？

## 一、突厥来袭

前文写过，隋朝时，隋文帝利用东突厥内部矛盾，扶植"突厥五汗"中的启民可汗，以夷制夷，削弱了突厥实力，使得突厥人20年不敢进犯中原。隋炀帝时，启民可汗病逝，随着实力的恢复，他的儿子始毕可汗对炀帝没有那么尊敬，曾率10万铁骑将炀帝团团围困在雁门关，原本平静的北疆再次燃起烽烟。

唐朝新立后，突厥也经历了一次人事动荡。处罗可汗死了，他的妻子、隋朝的义成公主觉得可汗的儿子威信不足，驾驭不住部落，转而支持可汗的弟弟继位，是为颉利可汗。颉利可汗继承了始毕可汗的政策，对中原王朝采取敌视态度。他将象征王权的牙帐从漠北迁到了漠南的阴山，这里距离中原更近，其狼子野心昭然若揭。

唐高祖从颉利可汗南迁的举动中嗅出了战争的威胁。此时唐朝刚刚立国不久，国力虚弱，无力展开大规模的军事行动。唐朝派出了一支规格颇高的使节团前去拜访颉利可汗，希望通过外交手段争取和平。

唐朝使团与突厥人因为礼仪问题产生了争端：突厥人说，原先你们中原人来拜见可汗都是行跪拜礼，你们应当遵循。唐朝使团断不能接受如此屈辱的条件，据理力争："我大唐已一统四海，应与突厥平等交往。"在拜见颉利可汗的仪式上，唐朝使团"长揖不屈节"，仅仅拱手作揖表示尊敬，颉利可汗大为不快，扣下使团做人质。

唐朝与突厥的和平交涉彻底破裂。

从武德四年（621）到武德九年（626），突厥人年年入侵。从东边的幽州到西边的陇右，长达两千公里的战线上，突厥骑兵四处出击，从未消停。唐朝处于被动挨打的地位，前线损兵折将，苦不堪言。

武德七年（624），颉利可汗再次入侵，被打急眼的高祖令秦王李世民与太子李建成亲赴前线督军。擅长进攻的李世民这次遇到了麻烦——连续几天的大雨，阻断了粮道。没有足够的粮食，军队面临崩溃的危机。

为了拖延突厥大军，李世民决定亲自出马，寻求和谈机会。他带了一百骑兵来到突厥阵前，高喊道："我大唐没有对不起突厥的地方，你们为何要入寇？"颉利可汗笑而不答。这时，李世民说了一句莫名其妙的话："你们难道忘记了我们是结拜兄弟吗？"颉利可汗听得一头雾水，他未曾与李世民结拜过，何来兄弟之说？想来只有一种可能：自己的侄子突利可汗与李世民私交甚好，他们肯定私下结拜了，准备内外勾结，图谋不轨。

好一招离间计！李世民用看似平淡无奇的一句话，挑拨了颉利可汗与突利可汗的关系。生性多疑的颉利可汗见情况不对，率军撤回了阴山。

突厥政权与唐朝不同，其内部是松散的政治联盟，各部落之间没有严格的臣属关系，威风凛凛的颉利可汗只是盟主，盟主不能世袭，只凭实力说话，遵循丛林法则。对于颉利可汗来说，内部问题远比外部问题严重，所以他不敢冒险，必须优先处理内部问题。

## 二、便桥之盟

武德九年（626），玄武门之变爆发，唐太宗即位。得知唐朝内部生乱，颉利可汗立刻点兵20万大举南下，势不可当。唐朝军队接连溃退，突厥骑兵饮马渭水河畔，距离长安城仅40里之遥，长安暴露在敌人的刀锋之下，唐朝陷入了立国以来第一次大危机。

新立的太宗皇帝出城迎战。他令大军殿后，自己仅带了房玄龄等六位亲信纵马来到了渭水的便桥之上，要求见颉利可汗。临行之前，众臣劝太宗不要以身犯险，太宗说："现在国家有难，突厥进犯，是因为他们欺负我刚刚即位。如果我坚守营垒不出，以弱示人，突厥人必然来攻。我偏偏反其道行之，轻骑简从，摆出一副轻松的模样与颉利可汗会谈，并让精兵殿后，用壮盛的军容威慑他们！"

从军力上来说，唐军显然不是突厥的对手。无奈之下，太宗又玩起了心理战，虚张声势，利用信息不对称来震慑敌军。这需要很大的勇气，如果突厥人没有被吓住，当场扣下太宗，后果不堪设想。但此时，国家面临危机，这是对刚刚登基的李世民的一次大考。两年前，他曾对高祖说："愿假数年，请取可汗以报！"为了国家安定，太宗只能以身犯险。

太宗故作轻松与颉利可汗交谈，颉利可汗见河边上的唐军铠甲锃亮，士兵纪律严明，保持着高度警戒，心里暗想："唐朝非速亡之国。"于是第二天突厥与唐朝重新修订了盟约，双方"重归于好"。

太宗一生征战天下，未有大败，刚刚继承皇位就遭受这种城下之盟，其心情可想而知。"愿假数年，请取可汗以报！"誓言犹在耳边，对于自信心极强的太宗来说，无论如何都要完成誓言，彻底降服东突厥！

## 三、乘虚而入

颉利可汗撤军后，东突厥的好运气用完了。原本臣服于东突厥的薛延陀、回纥、拔野古突然反叛。草原遵循丛林法则，弱肉强食，颉利可汗盛军出击，寸土未得，让其他部族看到了东突厥外强中干的事实。颉利可汗派军征讨叛乱却铩羽而归，更倒霉的是那年冬季雪下得特别大，酿成了雪灾，冻死了很多牛羊，东突厥实力大减。

为了弥补损失，颉利可汗主动进攻唐朝，掠夺人口和牲畜。大臣们纷纷请求还击，唐太宗此时刚刚继位，地位不稳，内政大于外事，他急于处理国内的太子余党，主动放弃了这次机会。

贞观二年（628），突利可汗也反了，与颉利可汗在草原上展开对攻。贞观三年（629），薛延陀击败颉利可汗，向唐朝称臣，请求共伐东突厥。唐太宗已经处理完国内问题，终于腾出手来了。唐太宗联合薛延陀、突利可汗、拔野古、奚等部族，由名将李靖挂帅，李勣（徐世勣）、李道宗、卫孝节、柴绍、薛万淑六大北疆总兵悉数出战，在长达2000公里的边境线上展开了对东突厥的全面反击。

六路大军分头出击，看似分散了实力，实际上要在茫茫草原找到颉利可汗主力就必须撒开一张大网，分头侦查。唐军主力又是骑兵，单兵作战能力丝毫不逊色于突厥人，弱小的东突厥部族看到唐军旗帜纷纷举手投降，战况出奇的顺利。

投降的突厥人充分发挥了"带路党"作用，带领唐军前往颉利可汗的营地，李靖让其他几路军向自己靠拢，准备合围颉利可汗。颉利可汗被一场夜袭打得措手不及，根本没有抵抗便落荒而逃，躲到了铁山。这下颉利可汗算是明白什么叫墙倒众人推了，三年前他还是草原上无可置疑的霸王，现在所有人都跑到唐军帐下效力，攻守易势了！

百般无奈下，颉利可汗遣使求和。作为前线最高指挥官的李靖没有给颉利可汗机会，他一边派人谈判麻痹颉利可汗，一边秘密集结大军对颉利可汗的大营发起了致命的一波攻击。

战争呈一边倒局势，颉利可汗部瞬间崩溃，四散逃离。颉利可汗本人更是狂奔数百里后被唐军俘获，押往长安，开始了囚徒生涯。四年后，颉利可汗在长安郁郁而终。

看似不可战胜的东突厥在一年之内土崩瓦解，与其说是唐军强大，不如说是唐太宗抓住了战机，占尽天时、地利、人和。东突厥遭遇雪灾，此为天时；十几个草原部落投靠唐朝，此为人和；降军供出了颉利可汗的位置，此为地利。天时、地利、人和均在唐军处，这样的军队何愁不胜？唐太宗能在便桥忍辱负重，静待时机，体现出他除了是名出色的统帅外，也是一名优秀的政治家。

贞观五年（631），归顺唐王朝的少数民族共同尊奉唐太宗为"天可汗"，唐太宗不仅是中原人的皇帝，同样是草原民族共同的可汗。

## 天可汗的武功

唐太宗李世民改变了东方历史的进程。这位天纵英才，凭借超人的战略眼光和能力叱咤风云，纵横天下，成为大唐开国第一功臣，继位后，又率领大唐军团横扫草原，仅仅花了3年时间就征服了不可一世的东突厥，被漠北诸族尊为"天可汗"。从此唐帝国成为影响整个东方世界的大帝国，其影响力"北逾大漠，南历交趾，东至日本，西及中亚"。

李世民究竟有多能打？开国领袖毛主席曾评价他说："自古能军无出李世民之右者。"在毛主席眼里，李世民是华夏五千年历史中最会打仗的人，他用兵出神入化，因地制宜，敢于险中求胜，将骑兵战术发挥到极致。

唐太宗极其善于骑射，他曾对尉迟恭说："我拿弓，你拿槊，纵使被百万大军包围，我俩依旧能纵横其中。"太宗形容得虽然有点儿夸张，但足见他对自己骑射本领的自信。

## 一、激战虎牢关

大业十一年（615），山西汾水上漂来了一堆木片，木片上隐约写着一些文字。驻守太原的李世民打捞起木片，发现居然是隋炀帝的求救信！此时隋炀帝正被10万突厥铁骑团团围在雁门关，形势危急，不得已才出此策，通过河流传递求救信息。

此时，天下大乱之迹已显，全国各路陆续冒出小股起义军队，抗击炀帝的暴政。16岁的李世民拿着这位暴君的求救信，不知道他当时究竟是如何考虑的，或许是贵族与生俱来的那种"义"的精神，促使李世民下定决心要对炀帝尽他的"忠"。虽然皇帝是暴君，但国家有难，李世民义不容辞，率军北上救驾，开启了他传奇的军旅生涯。炀帝虽然被救出，但隋王朝如同一颗急速下降的流星，在熊熊烈火中化为灰烬。天下群雄并起，逐鹿中原。

其中，占据河北的窦建德声势最盛，此人出身农民，没受过李世民这样贵族子弟的教育，却天生带着一股豪侠之气。他的"义"与上层人物间复杂的利益纠葛不同，窦建德有的是江湖之义——四海之内皆兄弟，岂曰无衣，与子同袍！正是这种不矫作、不修饰的情感，让窦建德在下层百姓中有股特殊的号召力。他把士兵当作自己的兄弟，这也是为什么窦建德失败后，仍有余部刘黑闼为他四处征战的原因。

武德三年（620），唐高祖下诏，令秦王李世民率军东征，收复洛阳。此时洛阳正被王世充占据，王世充眼见唐军势大，派人向窦建德求援。唇亡齿寒，窦建德同意出兵，率领30万援军沿着黄河西进。

李世民必须抢在窦建德大军到达之前攻陷洛阳，而有了援军保障的王世充士气大振，死守洛阳。唐军陷入了两难，谋士劝李世民回军长安，再做打算。李世民坚定地说："不破洛阳，誓不回军！再敢有言回军者，立斩不赦！"一语稳住了人心。李世民让弟弟李元吉率主力继续围困洛阳，他自己挑选了精锐之士，直扑虎牢关，与窦建德决战。

窦建德军被困在虎牢关下一个月动弹不得，谋士凌敬说："如今，虎牢关有李世民镇守，大王不如绕道袭击唐军的后方长安、太原，并派人去联络突厥一起南下，洛阳城之围自解。"窦建德反对说："此行我们是来救王世充的，他那么相信我，我如果弃之不顾，对他就失义了。"他仍然把义看得比利益还重要。

不久，两军隔着汜水决战。李世民派大将宇文士及渡水冲阵。双方实力悬殊，唐军不超过两万人，窦建德至少有10万，这是李世民一生中最大的豪赌。宇文士及成功地把窦军阵脚打乱，敌军阵型松动，有人开始后撤。

贵为秦王的李世民大喊道："就是现在，全军出击！"他带头冲在军队的最前面，借此鼓舞士气。唐军声势大振，士兵们都以有这样一位将军而自豪！唐军从斜坡上冲下，顺势穿过平地，渡过汜水，与混乱的窦军展开了近身搏杀。

李世民则率领玄甲骑兵直扑窦建德本阵，窦建德做梦也没想到，人数如此之少的唐军居然敢主动进攻。李世民的玄甲骑兵锐不可当，很快杀到窦建德面前。窦建德慌忙上马逃跑，被玄甲骑兵所擒。窦军见主将被擒，纷纷放下武器投降。

拥有30万大军的窦建德被五花大绑到李世民面前，这位豪杰不肯跪拜。李世民装作责备地问他："我去打王世充，关你什么事？为何来送死？"窦建德不改豪气，开玩笑般回道："我怕来日你要去河北打我太麻烦了，特意送上门来。"

把生死攸关的大事看得如此轻易，也只有窦建德这种草莽豪杰做到了。在他的世界中，生死事小，失义事大。

李世民一战功成，创造了军事史上的奇迹，唐王朝最大的敌人灰飞烟灭。他率军回到长安时，唐高祖李渊率领文武百官出城五十里迎接，"军神"的名号响彻关中。

## 二、军神

虎牢关之战是李世民一生中最高光的时刻，这一仗打得凶险无比。在绝对劣势的情况下，李世民没有选择保守的撤退战略，反其道而行之，抓住战机，带头冲锋，实行"斩首战术"，突入窦建德本阵，打蛇打七寸，击溃了敌军主将，30万大军顿时作鸟兽散。

外行看热闹，内行看门道。李世民能取胜，离不开两点：第一，突出的侦查能力。要实行"斩首战术"首先要弄清窦建德人在哪里，唐军骑兵四下出击，收集战场情报。偏偏窦建德又是个把"义"字放在头顶的人，所到之处，军营四周插满"窦"字军旗，轻易让唐军知道了他的方位。在窦建德的世界观里，战争的胜负取决于军队是否是"义军"，无关战术。用义军去打丧尽人心的隋军可以，但唐军是军纪严明、战意正盛的队伍，光靠"义"的大旗无法撼动唐军军心。

第二，李世民有超人的气魄。开战之前，没人敢保证会赢。窦建德拥兵30万对李世民数万人，表面上拥有压倒性优势，结果还是败了。按照正常逻辑推论，窦建德不可能输，但战争就是一场赌博，再小的概率也有可能发生。李世民赌上自己的身家性命，放手一搏，以弱当强，这是他的超人气魄，常人难以企及。

纵观李世民军事履历，这样的"神仙仗"屡见不鲜。

19岁时，李世民攻打西秦地区。西秦的陇西士兵因长期与突厥作战，经验丰富，素以骑兵闻名天下。少年李世民偏偏不信邪，他手下也拥有一支骁勇善战的骑兵部队。两军相遇勇者胜，李世民率领两万铁骑大破西秦10万骑，一举荡平西北，稳固了唐王朝的后方。

20岁时，李世民削平河东群雄，刘武周、宋金刚悉数束手投降。正如他请战时所说："愿假臣精兵三万，必冀平殄武周，克复汾、晋。"兵不在多，而在于谁指挥，3万精兵在李世民手中能发挥出30万人的战力。

28岁当上皇帝后，李世民又展现出政治家才能，利用政治、经济、外交各种手段分化瓦解不可一世的东突厥，让他们部族内部相互猜忌。4年后，令李靖出关，发兵10万，兵分六路，在绵延两千公里的战线上，对东突厥发起全线进攻。

此时贵为天子的李世民已不能带头冲锋，但他坐镇后方，运筹帷幄，仍能遥控全局，这就是能力。一战攻灭东突厥，距离耻辱性的"便桥之盟"不过4年。

宋代司马光感叹："太宗文武之才，高出前古。……盖三代以还，中国之盛未之有也！"李世民的功绩在司马光眼中已经超越了自夏、商、周三代以来的人。李世民的文治武功世所公认，李世民被称作"军神"，当之无愧。

实事求是地看，李世民的军事能力也有短板。他善于野战，弱于攻城，一旦敌军龟缩于城中防守，如刘黑闼困守洺州城，李世民能想出的办法也不多，只能采取困城之策，耗尽敌军粮食，迫使其出战。李世民晚年亲征高句丽，战争初期辽东悉平，高句丽野战打不过唐军，很快调整策略，大军回撤，固守坚城。东北的冬季寒冷异常，唐军无法拖到高句丽守城粮尽，只能选择撤退。没能征服高句丽，给李世民留下了一大遗憾。

金无足赤，人无完人。李世民同样有弱点，没有被过度神化的人才更值得被学习。或许，李世民也清楚自己不擅长攻城，所以在高句丽的坚城下，他没有像隋炀帝一样意气用事，赌气攻城，最终遭遇大败。李世民头脑清醒，扬长避短，战局不利立刻撤退，因时而变，仍无愧军神之名。

# 贞观之治水不水

## 一、贞观长歌

唐太宗李世民在玄武门得手后，被李渊立为太子，名正言顺成了大唐王朝的合法继承人。一年后，李渊以年事已高为由宣布退位，李世民登上了梦寐以求的帝位。然而他这个皇帝当得不轻松，原因有两点：第一，作为唐王朝的第二任皇帝，有前隋为鉴，天下人都盯着他，看他是否和隋炀帝一样是个好大喜功的人；第二，李世民是通过非法政变手段上台的，亲手杀害了自己的哥哥，得位不正，如果干不好，那些心怀不满的人便会借机发难。可以说，李世民这23年皇帝做得战战兢兢、如履薄冰。

也正是李世民自己有这样的意识，所以他格外对自己要求高，创造了历史上赫赫有名的"贞观之治"。贞观之治取得了哪些成就呢？

在经济上，李世民坚持推行均田制，实现了中国农民千百年来"耕者有其田"的梦想，轻徭薄役，与民休息，纠正了隋末滥用民力的错误。唐朝人口从开国的200万户增长到380万户，几乎翻了一番。

在政治上，李世民完善了隋朝建立的"三省六部"制，确定了政府工作流程与分工，这套制度一直沿用到清末。科举制度也被固定下来，发扬光大，寒门子弟有了进入上层的渠道，巩固了封建统治的政治基础。

李世民曾看着进入考场的仕子得意地说："天下英雄尽入吾彀中矣！"这句话无意中透露出举办科举考试的真实目的：将天下有才能的人士都召集到中央来，他们就不会在地方作乱。难怪唐代有人委婉地批评李世民说："太宗皇帝真长策，赚得英雄尽白头。"这里的"赚"是骗的意思，唐代就有人看穿了李世民的心思。

李世民在军事上更是不得了，被尊称为"天策上将"的李世民是中国历史上最会打仗的皇帝，他继位之后一连串的军事行动彪炳史册。继位第四年，李世民抓住突厥内乱的时机，果断派李靖出击东突厥，灭国而还，那些被突厥欺压的弱小民族激动得尊称李世民为"天可汗"，意思是你不但是中原人的皇帝，也是我们共同的可汗。之后唐朝一发不可收拾，先后击败了吐谷浑、吐蕃、高昌、薛延陀、高句丽等国，开国万里，一举将大唐变成了世界性帝国，称雄于东方。

从以上三点，我们可以感受到"贞观之治"的丰功伟绩。李世民成了儒家理想中的皇帝——内圣外王。

或许是因为李世民的形象过于完美，引起了当代一些人的质疑，他们认为李世民为了掩盖玄武门之变的真相篡改了历史，继而"贞观之治"的记载也不足采信，李世民为了粉饰太平而夸大其词。那么真相究竟是什么？

## 二、魏徵的心病

我们知道魏徵是唐太宗时期一位赫赫有名的直臣，他以敢于指出皇帝的缺点而闻名天下，而且有很多次在公开场合，搞得李世民很没有面子。有次开会，魏徵滔滔不绝地陈诉皇帝的不当之处，李世民越听越生气，感觉魏徵尽说一些芝麻小事来挑刺，便气冲冲回到了后宫，对长孙皇后嚷嚷："我迟早要杀了魏徵那个乡巴佬！"后来经过长孙皇后的点拨，李世民才回过神来，表扬了魏徵。

俗话说，人非圣贤孰能无过。魏徵为什么要一直盯着皇帝的小错误不放呢？魏徵那么聪明的人不会连这个道理都不懂。

其实，魏徵这么做原因有两点：第一，他是太子李建成的旧部，投靠李世民后如果没有"一招鲜"，很难在新的政治集团中找到自己的位置。李世民对魏徵则既拉拢又防范：拉拢是因为魏徵是李建成集团的核心成员，现在李建成已死，要收买人心、稳定政局，魏徵正好可以当个典范养起来；防范是指不能给魏徵这样的"投降派"实权，当个负责提建议的言官挺好。魏徵看透了李世民的心思，笃定李世民不会杀他。

第二，魏徵是个有理想的人。有理想的人容易走极端，有些事明知不可为而偏要为之。他的理想是什么呢？行王道。魏徵是隋朝大儒王通的学生，接受了王通对"王道"的认识，认为皇帝只有实行王道才能保证国家的长治久安。

李世民继位几个月后，召开了一场施政政策研究大会，召集文武重臣共同商讨应该以何种政策治理国家。

这让魏徵看到了实行王道思想的机会。于是，他站起来发言说："当下老百姓刚刚经历过隋末动乱，国弱民贫，皇上应该学习三皇五帝，遵循儒家的教诲，实行王道，通过思想教育感化万民，让他们自然而然亲近大唐。"简而言之，魏徵是想让李世民实行儒家本位路线，改变南北朝以来儒家衰弱的局面。

一旁的封德彝不以为然，他是个典型的技术官僚，从来不相信光靠一张嘴皮子能治理好国家，于是站起来反对说："凡是强盛的王朝从来没听说过光用王道就能治理好的。秦代依靠霸道兼并天下，汉代是王道霸道兼用。治理国家是一件很具体的事情，不是靠书生意气。"

我们可以举两个例子来区分王道和霸道。

春秋时期，有个宋襄公，此人颇具长者风范，待人接物非常温和，凡事都讲个"礼"字，处处举着王道大旗，国家内部也搞得有声有色，有了争霸的资本。有次与楚国打仗，两军隔河相望，楚军主动出击，渡河而来。有人建议宋襄公应趁着楚军渡河时狠狠打击对手，宋襄公听后摇摇头说："这不是君子应该做的事，我听圣人说，打仗不能乘人之危，要等对方列好了阵形才能堂堂正正地一决雌雄。"结果，楚军安全渡河，摆好了阵势，打败了宋军，宋国从此沦落为三流国家。

到了汉代有个汉景帝，他是儒家信徒，表面上也整天谈王道，他的老师晁错建议他削藩，以增强中央的控制力。汉景帝听从了晁错的建议，结果七国叛乱，天下大乱，七国要求杀了晁错才肯退兵。晁错是景帝的老师，削藩也是景帝自己点头的，就算有责任，晁错也只能负次要责任。可景帝管不了那么多，下令杀了自己的老师当替罪羊。这符合王道思想吗？这是典型的霸道。

魏徵和封德彝的争论让李世民陷入了两难。从表面上来看，当然是魏徵说得更加大义凛然，用教化感召万民，偃武修文，国家最终达到大治。这个道理谁都明白，可三皇五帝谁都没见过，王道是种理想化的治理模式。封德彝说的虽然不好听，但很实用，唐朝的老百姓又不是三皇五帝时期的老百姓，人心不古，不用点儿手段是管理不好的。

自然，身为明君的唐太宗选择了看得见摸得着的"王霸之道"，也就是外儒内法。表面上他对魏徵说，以后治理国家采取王道，实际上需要权谋时，唐太宗会毫不犹豫采取非常手段。

魏徵是个聪明人，又是个理想主义者。他明白，太宗皇帝并不完美，不可能实现他的王道理想,但该做的一定要做,所以他不停地给唐太宗提意见,以求在有限的范围内实践自己的理想。

### 三、不完美的盛世

既然唐太宗有王道的一面也有霸道的一面,我们今人同样不能以完美来要求他的"贞观之治"。

在经济上,有人指出,隋朝有籍可查的户数是890万户,而贞观之治能达到的极限是380万户,不及隋朝的一半。人口数量是鉴定盛世的一个重要标志,太宗皇帝干得还不如前朝,难道不该汗颜吗?

这点我们要结合历史大背景来看,隋朝的890万户全是他们杨家父子两代人的功劳吗?非也,隋朝继承的是北周的皇权,杨坚是通过政治手段达到改朝换代目的的,中间没有大规模的战争,基本属于和平交权。唐朝则不同,天下大乱、群雄并起,加上炀帝常年苛政,人民生不如死,损失了近2000万的人口,这笔账要算还得算在隋炀帝身上。再者,隋唐两代统治者采取的经济政策也不一样。隋初,农民虚报人口、谎报年龄的现象严重,直接影响国家的税收和徭役。隋文帝于开皇五年(585)下令严格排查人口,并按体貌核查年龄,大量隐漏人口被查出,史称"大索貌阅"。初唐,唐太宗实行休养生息、藏富于民的政策,朝廷对民间很宽容,对瞒报人口睁一只眼闭一只眼。这也是从统计数字上看,初唐人口远不及隋朝的重要原因之一。唐太宗接过的是个满目疮痍的国家,急需要休养生息,指望短期内人口爆炸性增长是不可能的。

有人又说,大乱之后,人口锐减,增长是正常的,并不是靠唐太宗的个人能力。诚然,人口增长有其惯性,尤其是在土地充足的情况下,换任何人做皇帝都能保持增长,但这也需要一个安定的环境才行。以三国时期的蜀国为例,因为年年战争,蜀国灭亡时仅有90万人,庞大的军事开支让人民没有能力养育更多的孩子。晋朝因为没有处理好内部问题,传到第二代皇帝手上就乱了。内战不息,何谈盛世滋丁?

唐太宗的功绩在于创造了一个稳定的内部环境，让人民恢复生产。从内政上来说，他积极收纳各方面人才，不要小看这点，"各类人才"的内涵是保持一个安定团结的局面，吸纳各种势力进入政府，满足多元化的利益诉求。在太宗政府里，我们能看到他的老部下房玄龄、杜如晦，也能看到曾属于政敌太子党的魏徵、王珪，还有前朝的旧臣、新科的进士，甚至太宗还搞了一场"南选"，派人去南方搜罗人才进入政府。各类人群在政府里都有利益代表，反对政府的自然少了。

在凌烟阁二十四功臣中，有九个人来自曾经的敌对势力。玄武门之变后，唐太宗本可以大开杀戒，以绝后患，但他没有这么做，而是选择了拉拢，如果他没有广阔的胸襟怎么能做到？

在对外战争中，唐太宗也注重速战速决，虽军旅数出，却没有拉长战线，既减轻了人民负担，又为国家争取了良好的国际环境。尤其在对待吐蕃的问题上，能看出唐太宗的柔性。

唐朝时，位于今天西藏青海一带的吐蕃政权非常强大，他们以骑兵为主，征战四方，鲜有敌手，是唐代西边的主要威胁。贞观时，吐蕃曾派兵进攻唐朝，取得小胜，太宗得知后立刻派遣大军迎战，双方打了个平手。吐蕃强悍的战力让太宗明白这是个硬骨头，硬碰硬不划算。

当吐蕃大军又出现在边境时，为首的松赞干布宣称：娶不到唐朝公主绝不退兵，向唐朝发出了赤裸裸的战争威胁。得报后的唐太宗放下了"战神"的面子，热情接见了吐蕃使者禄东赞，许诺把文成公主嫁给松赞干布。这在外界看来，相当于签下了城下之盟。按照儒家观点，生死事小，失节事大，应该和吐蕃打到底。唐太宗权衡利弊后，能息事宁人，平息战事，善莫大焉！

贞观时代能不能成为盛世，这不是唐太宗需要考虑的问题。他要考虑的是如何组织一个高效政府，如何让老百姓安居乐业，做好这些具体的事，盛世水到渠成。

有人评价说：隋炀帝干过的事，唐太宗多半也做了。夺嫡位，修运河，打高句丽，一件没少，后世对两人的评价却天差地别，一个是暴君典型，一个是圣君榜样。光从这一点就能看出唐太宗的智慧：凡事都讲个限度，不要做超过能力的事情。理想要追求，现实更要尊重，贞观之治也是如此。

# 李世民与魏徵，感情究竟深不深

贞观十七年（643），唐王朝发生了一件大事：太子李承乾、侯君集等人相互勾结，意图谋反。事情败露后，李承乾被废，侯君集被斩，另一位大臣杜正伦也受到了牵连。杜正伦担任太子左庶子时，曾泄露和太宗的谈话，被贬为穀州刺史。李承乾事败后，杜正伦再被贬为交州都督。侯君集和杜正伦有个共同点：二人都是魏徵推荐上位的。

两人相继出问题，李世民不由得怀疑魏徵"阿党"，他觉得魏徵对他的劝诫都是为"博直名"作秀，私下魏徵暗自结党营私，干预朝政。盛怒之下，李世民立即取消魏徵之子和公主的婚约，并砸毁了魏徵的墓碑。

此时，距离魏徵去世、唐太宗说那句"魏徵没，朕亡一镜矣！"不过5个月而已！一直以来，李世民和魏徵被认为是君臣典范，贞观之治少不得他们二人的努力，他们也留下一段又一段佳话。但是，李世民为何如此绝情，竟把魏徵的墓碑砸了？两人的感情究竟深不深？

## 一、政治盟友

如果把这对君臣比喻成夫妻，那么这对夫妻是没有感情基础的。

魏徵少年丧父，家境贫寒，他的梦想是和春秋战国时期的纵横家一样：良禽择木而栖，凭口舌之利建功立业。因此，魏徵的前半生不在投靠主公，就在去投靠主公的路上：他先投靠元宝藏，元宝藏后归顺李密，他顺理成章成了李密的部下；等李密投降李唐，魏徵又成了李唐的人；魏徵后被太子李建成看中，成了太子府的人；玄武门之变后，魏徵又成为李世民的臣子。

与跟着李世民出生入死的房玄龄、杜如晦相比，魏徵和李世民明显没有感情基础。更惨的是，魏徵曾劝李建成先下手为强，把李世民杀了。李建成死后，李世民问他："汝离间我兄弟，何也？"魏徵回答："皇太子若从徵言，必无今日之祸。"

处于乱世之中，各为其主，就像韩信的谋士蒯通说的那样："秦失其鹿，天下共逐之。"魏徵作为太子的人，自然为李建成谋划，这是忠义。

刚刚经历过玄武门之变的李世民，需要魏徵这样一名从敌人阵营中投靠过来的人，既可向太子党彰显他的雅量，又能竖起"忠义"的大旗；而魏徵也需要一个明主来实现自己的政治抱负。二人只是政治需要才走到一起，并非像刘备和关、张那样意气相投、兄弟情深。

## 二、蜜月期

只不过谁也没想到，在接下来的17年里，君臣二人竟然度过了漫长的甜蜜期。魏徵曾说"愿陛下使臣为良臣，勿使臣为忠臣"，他化身成进谏机器，对李世民的任何过错不加分辨地进谏。

李世民把女儿长乐公主许配给长孙无忌的儿子。由于疼爱女儿，李世民下旨长乐公主的嫁妆要双倍于永嘉公主（李世民的妹妹），魏徵听了很不爽：永嘉公主是长公主，"长"就是尊，"或可情有浅深，无容礼相逾越"，长乐公主不能逾礼。连皇帝嫁女儿的嫁妆都要管，可见魏徵的进谏不分事大事小，也不管属不属于朝政范围。

对于魏徵，李世民是又爱又恨。有人送给李世民一只鹞鹰，李世民爱不释手，一有空就放在手臂上玩。一次，李世民玩得正高兴，魏徵来了，李世民慌忙把鹞鹰藏在怀里。魏徵故意和李世民东扯西扯，聊了好久才走，鹞鹰被憋死了。

谏诤多了，李世民很敬畏魏徵。一次，李世民准备去南山游玩，马车、随从都准备好了，但一想到魏徵知道了肯定生气，于是选择在皇宫老实待着。

李世民曾说："贞观以前……玄龄之功，无所与让。贞观之后，尽心于我……唯魏徵而已。古之名臣，何以加也！"所有唐初名臣中，单单把房玄龄和魏徵拎出来表扬，可见二人在李世民心中的地位之高。贞观十七年（643），魏徵病逝。李世民相当伤心，说出了那句千古名言："夫以铜为镜，可以正衣冠；以古为镜，可以知兴替；以人为镜，可以明得失。"并让群臣把魏徵的遗言写在手笏上，时刻警醒自己。

## 三、同床异梦

魏徵死后5个月，李世民不仅取消了魏徵之子和衡山公主的婚约，还把魏徵的墓碑给砸毁了。这一刻起，这对君臣留给后人的所有美好印象被打碎。魏徵一死，李世民为何原形毕露，翻脸比翻书还快？

直接原因有二：一是魏徵死后不久，侯君集、杜正伦都被卷入太子谋反案，前者被杀，后者被流放，李世民怀疑魏徵"阿党"。二是魏徵曾把自己进谏的文件备份整理给史官。从此，魏徵在史书上可以捞个不畏皇权的直臣形象，而李世民的英明形象因此蒙尘。

这两件事成为李世民秋后算账、砸毁魏徵墓碑的直接原因，特别是阿党事件，让李世民十分恼火。实际上，李世民很早就怀疑过魏徵。李世民即位之初，有人告发魏徵结党营私。李世民派温彦博前去调查，调查结果显示无此事，魏徵是被冤枉的，但李世民还是找了个借口敲打魏徵，让温彦博去批评他。

李世民是知人善任的明君，魏徵是敢于直言的谏臣，二人相得益彰。但是，李世民对魏徵更多的是才干和品德的欣赏，而不是互相坦诚、彼此倾心的信任，根本原因就在于二人本就不是一路人。

隋、唐时期，关中和山东是两股相互对抗的势力。隋朝建立初期，尉迟迥联合洛阳士族起兵反杨坚；李密起兵时也号召洛阳的"衣冠世胄"一起反隋；李建成讨平刘黑闼后，就把山东、河北的士族豪杰划入自己门下，李世民不甘心，后来还派心腹张亮去洛阳结交豪杰，"多出金帛，恣其所用"。争取山东士族豪杰的支持，是以关陇集团起家的李唐王朝必须做的事，而魏徵就是典型的山东豪杰。

刚投靠李唐时，不受重用的魏徵曾毛遂自荐，"自请安辑山东"，成功招降徐世勣、曹旦、齐善行等将领。投靠李世民后，魏徵再次"安辑河北"，实行宽仁政策，使河北归心。李世民看到了魏徵身上的能量，因此重用魏徵，即使在他屡屡谏诤犯上、不给自己面子的时候，李世民也只是回宫喊喊"会须杀此田舍汉"，发发怒气而已，并没有把他怎么样。

魏徵也看到了李世民在争取山东，因此，他利用自己背后的山东势力实现政治抱负，同时，他也时刻保护山东势力。比如，李世民准备东封泰山时，魏徵就坚决反对，怕关陇集团染指山东；李世民准备东征高句丽时，魏徵也反对，毕竟一旦开战，首先受荼毒的就是山东。

有了这样一层关系，二人的感情就蒙上了阴影。与其说这是一对令人赞叹的君臣模范，倒不如说二人只是在政治上互有需求。李世民曾说："人言魏徵举动疏慢，我但觉妩媚……"二人之间肯定存在君臣感情，但感情有多深呢？这个答案只有李世民自己清楚。

贞观十九年（645），魏徵已经死了两年。这一年，李世民东征高句丽失败，唐军死伤数千、战马损失十之七八。他遭遇生平最大的失败，回军时不禁喟然长叹："魏徵若在，不使我有是行也。"

李世民又想起了这位谏臣的美好，于是"以少牢祠其墓，复立碑"，亲手推倒的墓碑又被重新立了回去。

## 如鲠在喉的高句丽

贞观十八年（644），唐太宗李世民终于下定决心要亲征高句丽，起水陆大军10余万集结于幽州，准备进军辽东。诏令一出，满朝哗然。

谏议大夫褚遂良上书云：从隋朝的教训来看，军队在辽东如果战败，必定会引发更大规模的征讨，隋朝就是因此衰亡，希望陛下三思。大将尉迟敬德也抱有同样的观点：虚国远征，恐国内生变。何况高句丽蕞尔小国，打胜了不值得炫耀，打败了有伤陛下的英明（若克胜，不足为武；傥或不胜，恐为所笑）。

褚遂良、尉迟敬德，一文一武代表了朝廷大多数人的观点。然而一向虚心纳谏的唐太宗一反常态，坚持要御驾亲征，在《亲征高句丽手诏》中写道："今欲巡幸幽、蓟，问罪辽、碣……"

当时的高句丽究竟是怎样的一个国家？为何能引起"天可汗"李世民如此重视？这次远征结果又如何？

## 一、三征高句丽

隋唐时期，朝鲜半岛三足鼎立，高句丽雄踞北方，实力最强，南方的新罗、百济次之。早在汉代，汉武帝便将其纳入版图，设立了乐浪、玄菟二郡。后天下大乱，中原地区不少人避难于此，渐渐脱离了中原王朝，成了独立王国，号曰"高句丽"。

南北朝时期，高句丽发展迅猛，趁着北朝无力顾及，占领了辽东地区，势力范围突破了朝鲜半岛，成了威胁中原王朝的存在。高句丽王朝为了保住既得利益，千方百计阻止中国统一，派遣使节前往南朝交好，一南一北对北朝形成了夹击之势。隋朝大军南下灭陈的消息传到高句丽后，高句丽王高汤立刻下令整肃军备，以备隋军北伐。

隋炀帝是个好大喜功的皇帝，一心想做千古一帝，面对极不友善的高句丽，起了征伐之心。高句丽便派人去联系北方的启明可汗，希望对方在隋军进犯时能从背后捅隋朝一刀。谁料，此时隋炀帝正好在启明可汗处"访问"，启明可汗把高句丽使者绑了交给隋炀帝处置。隋炀帝见到高句丽使者非常愤怒，向高句丽发出了战争威胁："回去告诉高句丽王早日来长安拜见我，不然，我就和启明可汗去高句丽'巡视'。"

5年后，隋炀帝先后三次率大军70万御驾亲征高句丽。但由于战线过长，天气寒冷，加上山高城坚，三次远征全部失败。一征高句丽失败，山东农民反；二征高句丽失败，黄河流域反；三征高句丽失败，举国皆反，隋朝灭亡。

唐朝建立后，唐高祖李渊对高句丽采取了怀柔政策。被隋朝打了三次的高句丽也元气大伤，两国关系进入了一段蜜月期。有次，唐朝使者陈大德到访高句丽，看到了很多隋军遗孤，他们隋末从军，战败被俘，娶了高句丽人当老婆，一起被俘的人已经死了一半了，"我们非常想念国内的家人，希望能早日归国"，说完便号啕大哭起来。陈大德回国后向高祖汇报了情况，高祖致信高句丽王，让他遣返俘虏。高句丽王为表示友好，送还了数万名俘虏。

不过这段蜜月期没有维持多久，高句丽发生了内乱，主张对唐友好的高句丽王高建武被权臣盖苏文杀害。盖苏文把反对自己的大臣骗到城南，纵兵屠杀，死者达数百人之多，又率军入宫，把高句丽王剁成了几段，弃尸荒野。盖苏文自任为"莫离支"（相当于三军统帅），统御全国。据说，盖苏文骑着马上朝时，所有大臣匍匐于地，"左右莫敢仰视"。

唐朝与高句丽的蜜月期就此结束。

## 二、如鲠在喉

唐太宗继位后，唐朝国力日盛，突厥、高昌、吐蕃相继降服，唯有高句丽、百济、新罗三国闹腾不断。高句丽、百济、新罗三国的关系错综复杂。简单来说，新罗曾经趁着隋朝大军进攻高句丽的时机，侵占了高句丽方圆五百里土地，又在百济内乱时，杀了百济国王，从此和两国结下了梁子。

泉盖苏文掌权后，为了树立权威，便派人联合百济，共伐新罗。新罗是三国中汉化程度最高的国家，不少人的祖先是秦末躲避战乱跑来的，所以文字和语言与中国有些相似，号称"君子之国"。新罗跟大唐关系一直很好，现在自己被打了，唯一能做的就是跑到长安求救。

唐太宗从继位之初，便关注高句丽问题，多次向群臣表示要教训桀骜不驯的高句丽，但考虑到国家刚刚结束大乱，需要休养，征伐事宜一拖再拖。这次新罗使者的求助，给了唐朝充分的出兵理由。

唐太宗先派了使节去高句丽劝他们退兵，盖苏文狡猾地回应说："新罗侵占了我国五百里土地，我们只是讨回失地罢了。"唐朝使者冷笑一声答："那古高句丽本为我天朝领土，这笔账又该怎么算？"盖苏文听出了话外之音，礼送使者出境，唐朝与高句丽之间的战争不可避免地爆发了。

公元645年2月，唐太宗李世民抵达幽州前线检阅部队，令名将李勣为先锋渡过辽河奇袭盖州，斩敌千人，收编当地居民4万人。之后，李勣一路破敌，攻打到了辽阳，等待李世民军令。战争初期，颇为顺利。

6月，李世民亲率大军赶到辽阳与李勣会合，准备向高句丽在辽东地区防守最坚固的安市发起进攻。盖苏文闻讯，派出了15万大军前来救援。李世民在高山上扎下营寨，运用诱敌深入和四面围击的战术，击溃高句丽先锋军，光是俘虏就抓了近4万人。其余高句丽部队退守安市城，闭门不战。

7月，各路大军集结于安市城下，发起轮番攻城战。无奈安市城建于山地，易守难攻，高句丽方面又准备充足，两个月的时间，安市城岿然不动。这下，唐军彻底陷入了被动境地。加上9月的辽东天气已经转凉，从关中地区和南方调集来的20万大军适应不了东北苦寒的冬季，无奈之下，李世民只有宣布撤军，准备来年再战。

大唐第一次对高句丽的征讨以先胜后败画上了句号。李世民在撤军时怅然地说："如果魏徵还在，肯定能阻止这次北伐。"

著名历史学家胡三省指出，唐军在围攻安市城时，曾有高句丽降将提出可以突袭鸭绿江边上的乌骨城，进而攻入朝鲜本土，直取首都平壤。但遭到了长孙无忌的反对，他说："现在安市城还有十多万敌军，如果皇上越过他们去打乌骨城，粮道被截，危险太大。"由于唐太宗的御驾亲征，群臣考虑的是"万全之策"，皇帝千万不能出危险，合理的战术安排倒排在了其次，奇袭平壤终难实现，成了战败的重要原因之一。

## 三、高宗灭国

一征高句丽失败后，唐太宗或许想起了隋炀帝，御驾亲征竟遭失败，对于至圣至明的天子来说，面子上很难挂住。纵观本次出征，虽未遭到大败，但耗费甚多，辽东严寒的气候和崇山给唐军造成了很大的困扰，与其说唐军败给了高句丽，不如说唐军败给了地利。

有人说，晚年的唐太宗皇位已经坐稳，不像中年时那么虚心纳谏了，对满朝的反对声置若罔闻，一意孤行。其实，这些人不了解太宗的帝王心思。打了一辈子胜仗的唐太宗之所以冒着失败的风险也要啃下高句丽这块硬骨头，为的是不把这个威胁留给他的新太子李治。晚年的争储风波让太宗身心俱疲，他望着长于深宫之中的李治，实在放心不下，面对咄咄逼人的高句丽，这片江山李治能坐得稳吗？那就趁着自己还活着的时候，为李治把天下都平定了，这才决定亲征高句丽。

太宗毕竟不是炀帝，在失败后，没有被羞辱冲昏了头脑，他务实地接受了大臣们的建议，派遣小股部队骚扰辽东地区，使得高句丽疲于奔命，长期处于战争状态。唐朝打算用疲劳战拖垮高句丽。

唐太宗死后16年，辽东局势已发生了翻天覆地的变化。新登基的唐高宗李治趁着百济、新罗、高句丽的内战，派遣大军从海上奇袭百济，一举灭掉了高句丽的盟友百济，为彻底解决高句丽问题创造了良好的国际环境。第二年，征讨百济的大将苏定方率一支孤军从朝鲜半岛南边攻入高句丽本土，连战连捷，兵锋直指平壤，吓得高句丽君臣立刻从辽东调集大军守卫，才击退唐军。

公元666年，高句丽权臣盖苏文病死。此人在高句丽争议很大，有人认为他是弑主篡政的逆贼，有人歌颂他是"抗唐英雄"。不可否认的是，他执掌朝政期间，高句丽保持了国内的团结，百姓生活总体安定。

盖苏文的长子男生继承了"莫离支"一职，掌控全国军队。为了立威，男生带着军队巡视全国，让他两个弟弟男产、男建留守平壤。之后的剧情发展，就如戏剧一般：有人挑拨三兄弟的关系，留守平壤的两个弟弟中计，关闭城门，男生被迫退守旧都。男生一气之下派使者跑到长安求助大唐，唐高宗乐呵呵地接待了使者，表示一定帮他"夺回"平壤。

唐高宗派遣辽东安抚使契苾何力为先锋、庞同善和高侃为后援、男生之子为向导，浩浩荡荡向高句丽本土进发。9月，先锋部队大破高句丽军，把男生救了出来，两军会合，气势大振。高宗又派老将李勣、薛仁贵增兵辽东，连下十六城，同时由郭待封率领海上舰队从水路围困朝鲜半岛，三路大军对平壤呈包围之势。

总章元年（668）年九月，平壤城破，侵扰中原王朝几百年的高句丽王朝灭亡。唐朝得到了176座城市，69万户人口，设立安东都护府，正式对朝鲜半岛实行统治。

纵观隋唐对高句丽的战争，总共持续了半个多世纪，中原王朝败多胜少，最终还是依靠高句丽内乱的机会才一战功成。隋炀帝和唐太宗的御驾亲征在气势上声势浩大，但为了保证皇帝的安全，前线将领不得不采取保守策略，错失了很多战机，陷入与高句丽之间的拉锯战。辽东地区10月左右冬季来临，一直持续到来年4月，大雪纷飞使运粮、行军极为困难，进而兵败，也就不足为奇了。

就在唐王朝灭亡高句丽后，西部强敌吐蕃勃然兴起，屡次兴兵进犯。占领高句丽的唐军很快撤出，唐朝的军事重心又一次转向西部。

## 后来居上的吐蕃

吐蕃人是当今藏族人的祖先。至少从公元前4世纪起，雅鲁藏布江流域就出现了吐蕃人建立的部落文明。经过几百年的兼并，西藏地区出现了三股势力强大的部落联盟：西北部的羊同、北部的苏毗和雅鲁藏布江流域的吐蕃。其中以吐蕃势力最强，吐蕃之主称为赞普，赞普以盟主的名义每年要会盟诸部落，彰显权威，保持内部团结。

然而，贞观三年（629），因为利益分配不均，吐蕃第32代赞普朗日伦赞被旧贵族毒死，造成吐蕃内乱。一个年仅12岁的孩子被历史的车轮推上了前台，他就是日后在史书中大名鼎鼎的松赞干布。

## 一、少年英雄

12岁的松赞干布接替父亲出任赞普时，他不知道在吐蕃的东方，一个名叫大唐的国度正在策划一场空前的军事行动。继位刚刚3年的唐太宗李世民收到了东突厥内乱的消息，果断派兵出击，一举击溃了称雄北方草原多年的东突厥，一战威震西域，唐太宗被西域诸国尊称为"天可汗"。

与如日中天的唐帝国相比，此时的吐蕃微不足道，稍有不慎，脆弱的国家将陷入崩溃。本已臣服的苏毗和羊同竖起了独立的大旗，吐蕃内部旧贵族准备抢班夺权。青藏高原不相信眼泪，为了生存下去，12岁的松赞干布展现出了超人的手腕。在叔父论科耳和宰相尚囊的支持下，松赞干布在全国范围内清洗旧贵族势力，以雷霆手段斩杀了参与谋杀父亲的旧贵族，吐蕃局势稍稳。

还没来得及喘口气，四散逃离的旧贵族又在吐蕃各部落举起反旗，松赞干布的势力被限制在拉萨东部一带。这些叛徒铁了心要搞垮松赞干布家族。

贞观六年（632），经过3年的整军备战，15岁的松赞干布首次率军出征，大破旧贵族联军，迈出了复兴吐蕃的第一步。这年，铁勒酋长契苾何力主动率领6000户子民上书唐太宗请求内附，被安置在了今天的甘肃一带。

这次内乱虽然险些让吐蕃亡国，但多难兴邦，内乱也成了吐蕃崛起的契机。松赞干布深思熟虑后，决定把吐蕃的新首都迁到拉萨，远离旧贵族的势力范围，凭借着拉萨的高海拔和险峻的布达拉宫，一个属于吐蕃王国的时代到来了。

松赞干布对吐蕃的改革是全方位的：他创立了本民族的文字，让吐蕃进一步走向文明；政治制度上，模仿其他国家，建立官僚制度，分清尊卑；军事上，他把全国分成五个"茹"（相当于今天的省），下设61个"东岱"，地方长官亦是军事统帅，战事爆发，全民皆兵，带有浓厚的部落军事传统。

贞观八年（634），松赞干布令宰相尚囊出使邻国苏毗。苏毗在朗日伦赞时期就与吐蕃保持着良好关系，史料显示，朗日伦赞被刺杀的原因之一是他坚持给苏毗的新贵族分战利品，换取他们的忠诚，引来吐蕃旧贵族不满。所以，当尚囊出现在苏毗宫廷时，受到了很大礼遇，苏毗人记得朗日伦赞的恩情，表示愿意重新归顺。松赞干布利用和平手段收复了苏毗，西藏北部平定，吐蕃势力延伸到青海地区。

另一个对手羊同不愿归顺，松赞干布亲率大军出征，兵临羊同城下。慑于吐蕃实力，羊同举手投降，成为附庸国。松赞干布基本统一了西藏，这一年，他17岁，成为名副其实的少年英雄。

## 二、吐谷浑

唐朝时，青海地区有个叫吐谷浑的王国。吐谷浑与中原王朝的河西走廊接壤，时常派兵进犯。河西走廊是唐朝通往西域的重要通道，如果被吐谷浑控制，唐朝在西域多年的经营将付之东流。

松赞干布统一西藏高原这年，吐谷浑突然出兵攻打唐朝，唐太宗闻讯震怒，令名将李靖、侯君集主动出击，追着吐谷浑人打。战火很快燃烧到吐谷浑本土，吐谷浑国王出逃，死于乱军之中，唐军凯旋而还。

勃然兴起的吐蕃也打起了吐谷浑的主意，青海高原盛产马匹，拿下吐谷浑，将大大加强吐蕃军的骑兵实力。吐谷浑刚刚遭到唐军一顿"胖揍"，哪有力量再抵抗吐蕃军？吐谷浑很快败下阵来，新国王向唐朝发出了求救信，表示愿意成为属国，采用唐朝年号。

太宗非常高兴，贞观十三年（639），为了显示两国友好，太宗把西平公主嫁给吐谷浑王，两国结成亲家，太宗成了吐谷浑王的岳父。

既然吐谷浑归附了，它被吐蕃欺负，唐朝就有义务保护，太宗派出了使节前往交涉。英姿飒爽的松赞干布隆重地接待了使者，辩解说："我一直想娶一位唐朝公主，无奈吐谷浑从中作梗，有意阻拦我们两国的友好交往，这才被迫起兵。"

或许是吐蕃兴起的速度太快，唐朝上下都搞不清这个叫嚷着要娶公主的年轻人是什么来头，所以消息传到长安后，并没有得到太宗的回应。

松赞干布决定亲自去"迎亲"，让唐太宗看看自己够不够实力当他的女婿。贞观十二年（638），松赞干布率领20万大军出征吐谷浑，迅速攻占了整个青海地区，兵锋直指大唐松州。松赞干布放言说："如果我见不到公主，立刻开战。"

唐朝哪儿被人这么威胁过？松州都督韩威出兵迎战，结果大败而归。消息震惊了唐太宗，他急令侯君集率军5万增援松州。先锋牛进达搞了次夜袭，天性淳朴的吐蕃人没读过《孙子兵法》，没想到夜里睡觉时还能被打，在松州城下丢下了几百具尸体，退回了边境，扬言要继续增兵。

双方首次交手一来一回打了个平手。太宗见识到"准女婿"的实力，答应了和亲请求，松赞干布志得意满地撤军了。

## 三、文成公主

为了迎接大唐公主，松赞干布派出了由宰相禄东赞领衔的使团，奔赴长安，拜见唐太宗。禄东赞是个外交高手，曾代表吐蕃出使古印度，运用"萝卜加大棒"的策略，为松赞干布娶回了一位印度公主。

在长安，禄东赞风度翩翩，行为端庄，完全不像边陲地区来进贡的少数民族代表，让唐太宗大为欣赏。太宗甚至想把另一名公主许配给他，禄东赞拒绝了好意，得体地答谢说："臣在吐蕃已有家室，不便再娶唐朝公主，更何况我的君上还未迎娶公主，做臣子的怎敢抢先？"

从唐代著名画家阎立本的传世名作《步辇图》中，我们能一睹当年两族人民的友好往来。唐太宗端坐于步辇上，神情温和、端庄，给人一种亲近之感；另一边的禄东赞在唐朝官员的引导下肃穆而立,身体微微前倾表示谦逊。

贞观十五年(641),文成公主顺利入藏,松赞干布亲自出城迎接。文成公主为西藏带去了珍贵的医学、农业、天文等知识,促进了西藏发展,两人的婚事成了汉藏友谊美好的见证。

永徽元年(650),一代天骄松赞干布病逝,年仅33岁。他短暂的一生,如同赤焰般照亮了青藏高原的夜空,改写了一个民族的命运。此后130多年的时间,吐蕃霸业继续高速发展,成为横霸中国西部的一股势力,正如《旧唐书》所记载:"西戎之地,吐蕃是强。蚕食邻国,鹰扬汉疆!"

## 条条大路通长安

唐哀宗天祐元年(904),从长安前往洛阳的百里长途上,绵延了一条几十公里的队伍。队伍中的人:有的衣着华丽,绫罗锦缎;有的衣着朴素,粗衣麻布;有的衣衫褴褛,破破烂烂。道路两旁的农民可以轻松地从他们的衣着判断出其身份,这些人都是长安市民,虽然财富权势有所不同,但此时均是面容憔悴、形容枯槁,有气无力地向洛阳的方向行进。

队伍中穿插着骑着高头大马的士兵,他们手持皮鞭,面目狰狞,大声催促着队伍加快前进速度。这些士兵是宣武节度使朱温的手下,负责这次"迁都"。落难天子唐昭宗本不愿意离开长安城,朱温见天子不听话,便命令军队把长安皇宫全部拆除,拆下来可以搬运的材料全部装船,顺着大运河东下至洛阳,营建新宫城,搬不走的部分则付之一炬。

长安城，这座曾经拥有百万人口，繁花似锦，莺歌燕舞的世界级大都市，在军阀乱兵的烈火下化为灰烬。今天，我们去西安旅游，唐代长安建筑已难寻踪迹，留下的只有空旷的遗址，西风掠过，尽显凄美。现在，我们可以从考古和典籍记载中"复原"那座令无数中国人自豪的盛世之城，那么就随本书一起穿越回唐朝，一起梦回长安！

## 一、兴建

唐代长安城兴建于隋文帝时代。隋文帝称帝后，新朝新气象，文帝决意兴建一座新都，象征隋朝的盛大气象，告别旧时代，迎接新纪元。

北朝原本的都城是汉代延续下来的长安城，经过800年的变迁，人口增多，城市规划跟不上发展速度，城内拥挤不堪，污水横流。隋文帝得位不正，城中旧贵族势力庞大，"宫内多妖异"，建新都可以摆脱旧贵族干政。

经过一番探测，朝臣宇文恺建议于汉代长安城东南方的龙首原建都，称此地有龙脉，"龙首山川原秀丽，卉物滋阜，卜食相土，宜建都邑"。这次营建新都仅仅花了10个月时间，便大体定下了唐代长安城的基本格局。

隋开皇三年（583）建成的长安城占地84平方公里左右，规模跟现代城市比并不大，但放在古代，简直是一座"巨无霸"。同时代的东罗马帝国首都君士坦丁堡仅有12平方公里，是长安城的七分之一。800多年后，明成祖朱棣修建的北京城也仅有60平方公里。如此庞大的城市，仅仅花了10个月便大功告成。要知道，建一座城市需要征用大量民力，从全国各地运送物资，宫苑楼台、市坊街巷落成时间都要精细策划，隋代强大的国家动员能力——举全国之力办大事，可见一斑。也许，后来的隋炀帝正是看到了长安城的兴建速度，对国家动员能力过于自信，才会疯狂搞"基建"，滥用民力，激起民变，导致隋朝覆灭。

长安城的新主人是唐高祖李渊，与隋末群雄相比，李渊的战略眼光更胜一筹。当群雄忙着抢地盘扩充实力时，李渊定下了直取长安的战略，占据这座巨城，以长安为基地，号令天下，征战四方。

## 二、三大宫城

唐代长安城与后来的南方都城不同，以南京为例，南京规划不如长安精细。南京的城墙依山傍水，形状有些"怪"，而长安城四四方方，规整有致，功能区化明显。

与北京城的中心是紫禁城不一样，长安城的中心在城北的太极宫。太极宫北墙就是长安城的北墙，北墙宫门即大名鼎鼎的玄武门。通过博物馆中展示的长安城平面图，我们可以发现，李世民之所以在玄武门发动政变正是看上了玄武门地处城北，不在城中，方便调动军队，隐秘行踪。

太极宫是内宫，皇帝私人住所。太极宫南面皇城，设有中央各级政府办公室及太庙、社稷坛等祭祀场所，可以看作中央政府所在地。太极宫与皇城是典型的前朝后寝设计，符合《易经》中所言"圣人南面而听天下"，唐朝皇帝在太极宫坐北朝南，统御天下。

太极宫与皇城的规模并不大，仅占到长安城大约九分之一的面积，其他绝大部分是居民区。沿着皇城南面的朱雀门可以直通长安城南边正门：明德门是唐代长安城的正门，外国使节觐见，外朝将军得胜归朝均要从明德门入城进宫。一条名为"朱雀大道"的主干道将长安城分为东西两部分，分居在东西两城的居民聚集在朱雀大道上夹道欢迎使节、将军归朝。

朱雀大道东西两边分别有53个和55个"坊"供百姓居住。坊相当于今天的小区，只不过管理比较严格，每天晚上，坊门关闭，禁止居民外出，实行宵禁政策。长安城兴建之初，东西各有53个坊，布局平衡，唐代为了建大明宫而修路，把东城的两个坊分成四个，割出一条路，方便皇帝出行。

大明宫始建于唐太宗时，由于大明宫本不在长安城规划中，所以建在了城外，长安城的北墙是它的南墙，这点与太极宫正好相反。长安城北突出的一块就是大明宫，由于特殊的地理位置，大明宫又被称作长安城的"龙首"。

唐太宗修建大明宫本意是作为高祖退休的居所，为了不打扰百姓正常生活，只在农闲时征召少量百姓前来修建，盖了7年，也只有几座宫宇，不成规模。唐高宗继位后，身体不好，时常头痛目眩，太医说这是因为太极宫内地势低洼，气候反潮造成的。大明宫地势高，不潮湿，更适合高宗养病，于是大明宫迎来了大规模扩建，一年的工夫，大明宫规模便与太极宫不相上下，成为第二大宫室群。高宗迁居于此，久而久之，大明宫地位比太极宫要高，皇帝更喜欢在大明宫接见大臣，处理政务，这一传统一直延续到唐朝灭亡。

除了太极宫和大明宫外，唐玄宗在开元年间又兴修了兴庆宫。兴庆宫原是长安城中的"兴庆坊"，同为一百零八坊之一，玄宗还未登基时就住在兴庆坊。玄宗怀念自己做皇子时，经常与兄弟们在兴庆坊中饮酒作乐的岁月，做了皇帝后，就把兴庆坊改造成了兴庆宫，专门在这里举办皇家宴会，仙音绕梁，莺歌燕舞，飘飘欲仙。大诗人李白参加了兴庆宫的宴会后，写下了"云想衣裳花想容，春风拂槛露华浓。若非群玉山头见，会向瑶台月下逢"的名句。兴庆宫犹如云端极乐世界一样，见证了盛唐景象。可惜，安史之乱后，兴庆宫被认为是玄宗悠游废政之地，玄宗后的皇帝很少来了，逐渐被荒废。

太极宫、大明宫、兴庆宫合称"三大内"，是唐代皇帝生活工作的主要场所，普通居民不得入内。尤其是大明宫，大明宫中的主要建筑含元殿建于龙首山上，地势高耸，帝王在此可俯瞰整个长安城，百万居民尽收眼底，有君临天下之感。

## 三、市坊

除却皇室成员居住的"三大内"，长安城居民绝大部分住在坊内，坊内才是长安生活的主舞台。离宫城近的坊属于"黄金地带"，居住在其中的人非富即贵，要么是巨富商贾，要么是王侯将相。离宫城越远的坊，居住的人的层级相对越低。但这不是绝对的，中唐以后，科举大兴，越来越多的寒门子弟入朝为官，他们没有祖先的荫庇，在长安没有不动产，只能购买房价相对便宜的坊内住宅居住。

与坊相对的是市，唐代坊内没有商店，是纯生活区。长安居民要买东西，必须趁着白天前往东市或西市。中国人以"东"为尊，东市的商品较为高级，主要供住在东城的王公贵族购买；西市则更自由些，除了能买到"平民货"，还能买到外商带来的"进口商品"。

每逢傍晚，市场关门，所有人要回到自己的坊内，晚上坊内也会锁上大门，禁止外出。坊外有士兵巡逻，但坊内可以自由活动，不受限制。这种"半宵禁"政策一定程度上影响了长安经济发展。到了宋代，市坊界限彻底被打破，没有严格的管束，商店完全可以开在居民区，方便居民日常生活，晚上也不实行宵禁，居民在城内自由活动过"夜生活"。

以玄宗时临近宫城的宣阳坊为例。宣阳坊内，东西长650步，南北长350步，一横一纵两条街道呈十字形将坊内切成四块。西北块住着宰相韦巨源、大工匠杨务廉、刘希进、恩国公主；东北块住着大臣郭元振、杨贵妃家的虢国夫人、富商等；西南块住着名将高仙芝和驸马爷独孤明，并建有一座净域寺；东南块住着宰相杨国忠和韩国夫人、秦国夫人。

从居民中我们可以看出，宣阳坊绝对是长安城中的"富人区"，每个居民几乎都是在史书上留下过姓名的人物。征服西域的高仙芝、搞垮大唐的杨国忠等，在历史上他们是住一个"小区"的邻居。坊中居住面积最大的是杨国忠家，占地5万多平方米，相当于7个现代标准足球场大小，够奢侈！高仙芝家只有杨国忠家一半大，最小的韩国夫人家也有6300平方米，比一个足球场略小。

中唐的大儒韩愈，24岁就考中了进士。唐代进士可不得了，每届录取人数仅十几人，比起宋代的动辄一百多人，唐代进士难考多了。唐人有俗语"三十老明经，五十少进士"，说的是如果一个人能50岁考上进士，就算年轻有为了。韩愈24岁考上了进士，十足的高才生。

韩愈24岁到长安"上班"，无奈长安房价太高，一直买不起房，只能和我们现代的北漂一样，租房子住。那时候又没有住房贷款，韩愈靠自己存钱，直到49岁才全款买了一套房子。提房那天，韩愈很激动，写下了"辛勤三十年，以有此屋庐"的诗句，写完了还特意拿给儿子看，告诉他要珍惜现在的生活。

比韩愈小4岁的白居易刚来长安时更窘迫，他带着自己写的诗和名帖，前来拜见长安城中的名人顾况，希望他能指点一下自己的诗作。时值唐德宗年间，藩镇割据严重，长安城先后三次被攻破，社会不稳，米价飞涨。顾况看了一眼白居易的"名片",对白居易说:"长安百物贵,居大不易!"告诉年轻的白居易,长安城物价很高,在这里定居没有真本事很难。

由此可见,唐代的长安城汇集了天下精英。没有真才实学,外来人很难在高房价、高物价的长安城中生活下去。正是有这么多精英聚集于此,大唐长安才显得与众不同,成为当时世界上首屈一指的大都市。

## 这也是唐僧

武周天册万岁元年(695),一代高僧义净终于荣归故里,回到了阔别多年的祖国。刚刚出发去天竺(印度)取经时,义净正值壮年,不避惊涛,悬帆万里;等回到长安时,他已眉宇斑白,面露风霜,这一去就是整整24年。

女皇武则天听闻义净归来,亲自率领文武百官前去洛阳东门迎接,安排他的饮食起居,尽显荣宠。唐中宗更是称赞他为"梵宇之栋梁,法门之龙象"。义净在唐代佛教界的地位并不比玄奘低,他所倡导的律宗"声名极一时之盛"。

义净从天竺带回了400部梵文佛教经典,合50万余颂。他回国后,孜孜不倦地翻译佛经,完善了佛教律藏系统,被后世尊为佛家四大译经家之一。武则天授予义净"三藏法师"的称号,嘉奖其博学广知。义净和玄奘一样,同为"三藏法师"。"三藏"是佛教经典的总称,分经、律、论三部分,"经藏"是释迦牟尼定下的经典,"律藏"是佛家弟子应遵循的修道法则,"论藏"是后世高僧对佛法的理解。在唐代,精通经、律、论三方面学识的僧人才能被尊为三藏法师。今人受《西游记》影响,认为三藏法师专指玄奘,这是不对的,就如唐代的僧人都可以称"唐僧"一般,义净也是地地道道的"唐三藏"。

## 一、海道传奇

唐高宗咸亨二年(671),义净前往天竺取经时,玄奘法师已去世七年。义净从小"慕玄奘之高风",非常敬佩玄奘孤身一人,行程万里,历经艰难险阻取回真经的事迹,他发下宏愿"欲游西域……愈坚贞志"。

37岁时,义净终于等来了机会。他结识了要去广州上任的官员冯孝诠,冯孝诠笃信佛教,得知义净的志向后,热心资助他的取经事业,把义净带到了广州。唐代的广州是海上丝绸之路的重要港口,这里云集了大量从东南亚、阿拉伯半岛赶来做生意的胡人,海运发达,义净打算从广州乘船前往天竺。

刚到广州时,有不少僧人与信徒仰慕义净的志向,表示愿意追随前往,但即将登船时,大家纷纷反悔——茫茫大海,一望无际,生死未卜,没有坚定的信仰,很难舍命取经。"神州故友,索尔分飞",最终陪义净上船的只有弟子善行一人。

两个月后,义净抵达了苏门答腊,停留了6个月后继续西行,到了孟加拉,在此与中国僧人大乘灯学习梵语,为日后的译经事业打下基础。一年后,义净终于抵达天竺,正式开启了游学生涯。他遍访当地佛教寺庙,拜访名僧,虚心求教,凡十一载。

除了抄写梵文经书外,义净很留心印度僧人日常修行的方式。佛教传入中国后,分宗立派,所持戒律各不相同,没人搞得清正宗印度佛教是如何规范日常修行的。比如佛教初来时,中国僧人按照印度方式踞坐而食,踞坐在中国文化中是非常不礼貌的行为。后来证明,印度僧人其实是跏坐,并不是无礼的踞坐。如此以讹传讹的故事还有很多,对佛教的形象很不利,所以义净决意把最正宗的佛教修行方式带回中国。

## 二、无规矩不成方圆

义净法师虽然经藏、律藏、论藏无一不通，但最为出色的要数律藏，"虽遍翻三藏，而偏攻律部"。佛教传入中国一百多年后，僧徒偏重经藏的翻译工作，对次要的律典并不重视，造成了僧团制度的不完备。南方僧人崇奉《十诵律》，北方僧人遵从《四分律》，但那时佛教方兴未艾，律藏的缺失并未引起高度重视。

南北朝时期，随着僧人数量激增，没有统一规范束缚的僧侣犹如乌合之众，经常干出不法之事。佛寺中男欢女爱的事情时有发生，大大破坏了佛教的神圣性。后秦皇帝姚兴曾下令整饬混乱的佛寺纪律："大法东迁，于今为盛，僧尼已多，应须纲领，宜授远规，以济颓绪。"佛教刚刚传入中国两百年，便已堕落。

朝廷把僧侣视为不纳税的社会寄生虫，佛教与社会矛盾最尖锐时，有的寺庙甚至开始打造兵器，准备武装暴动。最终法难酿成，北朝采取暴力手段灭佛。

隋唐之后，帝国一统，佛教再兴，僧侣数量激增，同样有僧人目无规矩，肆意妄为的事例。唐高祖在《沙汰僧道诏》中说："乃有猥贱之侣，规自尊高；浮惰之人，苟避徭役。妄为剃度，托号出家，嗜欲无厌，营求不息。出入闾里，周旋闠圜，驱策田产，聚积货物，耕织为生，估贩成业，事同编户，迹等齐人。进违戒律之文，退无礼典之训。"不少僧人打着出家的名号，干着偷鸡摸狗的勾当。

义净看在眼里，急在心里，他清醒地认识到，目前无序的状况与百姓心目中僧人的理想形象大相径庭。在百姓心中，僧人应该是与世无争、清静无为的生活状态，与世俗之人截然不同。

佛教内部也产生了统一戒律、加强管理的思潮。律宗初祖道宣律师痛斥僧人乱象时说："如今有些僧人在寺庙中偷偷养着女人，贩卖奴婢，其中淫秽之事，不言自明。他们不止犯了佛教戒律，也犯了朝廷法度。"

初唐，犯戒僧人中最出名的要数玄奘法师的弟子辩机，此人才高八斗，精通佛法，被当作玄奘的接班人培养。但他借着出入宫廷讲经之便，与太宗的女儿高阳公主偷情，事败后，太宗震怒，将其腰斩。此事轰动了全国，令佛教蒙羞。

玄奘弟子尚且如此，更何况普通僧人？

义净法师从天竺带回了完备的律藏书籍，归国途中，他在苏门答腊停留了两年，撰写了一本《南海寄归内法传》，书中详细记述了印度僧人的修行方式、生活状态，并与国内僧人作对比，期望起到"徒众俨然"的效果。同时，《南海寄归内法传》是一本通俗读物，有助于普通士人了解"正宗"佛教，改变儒家对佛教的负面态度。

义净更为重要的成果是翻译"根本说一切有部律"，根本说一切有部律是义净认为最正宗的佛教修行法门。他一生翻译了18本根本说一切有部律经典，翻译之余，他身体力行，要求弟子以有部律自检，所有行为处事要符合有部律的规范，僧徒形象为之一新。

## 三、本土化与印度化

义净弘扬根本说一切有部律本是打算借此规范僧人行为的，然而后世僧人多学的是律宗改良后的《四分律》。义净的学说只是在他的时代"极一时之盛"，很快衰落，究其原因，是因为义净学说太过强调原教义。

佛教发源于印度，义净带着一颗虔诚的心认为，源头是正宗，中国本土化的佛教是"异端"，一切都要以印度为师。正是出于这样的考虑，义净才会在印度逗留长达20年之久，他不仅是在学习佛经，更是在细心观察印度僧人的生活细节。他启程归国时，没有急着翻译经书，而是在苏门答腊逗留了两年，撰写《南海寄归内法传》，介绍印度僧人的生活。

义净希望在中国复制纯正印度佛教的努力，终究是镜花水月，印度佛教文化与中国本土儒家存在不可调和的冲突。

比如跪拜问题。东晋时期，儒家官僚指责佛教徒不跪拜皇帝，是对帝国秩序的挑战。慧远大师特意撰写了一篇《沙门不敬王者论》，解释佛教徒是出家人，不受世俗约束，故不拜天子，但并未解除佛教与帝国统治者之间的矛盾。

梁武帝时，南朝佛教大兴，僧人众多，给国家财政造成了沉重负担。梁武帝本人是南朝头号佛教徒，自然不敢限制佛教发展。为了解决现实的财政问题，梁武帝"曲线救国"，提倡僧人吃素，节省开支，此举成为僧人食素的源头。

生活习惯上，印度僧人用手吃饭、袒露身体，在中国人看来，这些都是蛮夷的行为，如果全盘照搬，岂不是"以夷变华"？

义净法师提倡的原教义的困境就在这儿，佛教想要在中国生根发芽壮大，需要符合中国传统，拜皇帝，吃素食，入乡随俗。原始照搬，死搬硬套，只会引起帝国统治者、儒家知识分子、普通百姓的不悦。

唐代是佛教中国化关键时期，中国的佛造像摆脱了印度风格的"梵像"，供人礼拜的佛像面容越来越像中国人。净土宗、律宗、天台宗、三论宗等本土派别蔚为大观，更是诞生了与儒家学说合二为一的禅宗。禅宗是完全中国化的佛教宗派，禅宗所提倡的不立文字、直指人心，违背印度佛教本意，却受到唐代儒家知识分子的追捧，绵延千年，生命力依然旺盛。今天名扬世界的少林寺便是禅宗祖庭之一。

时至宋代，中国佛教已完全独立于印度，前往天竺取经的风潮退去，义净的事业随之埋没于浩瀚史海之中。

# 坑爹的太子

贞观十七年（643），唐太宗李世民召集百官商议如何处理太子李承乾谋反一案。朝会的气氛非常压抑，在场的大臣长孙无忌、褚遂良、房玄龄、马周、李勣等一言不发，他们不知道说什么才好。

前几日，太子李承乾策划暗杀自己的弟弟李泰，事败后，又怕太宗追责，干脆一不做二不休，召集亲信发动政变。可惜，唐太宗是何等人物，岂会被一个乳臭未干的小儿所败？政变还未开始，李承乾就被关进了大牢。

李世民左右为难，按照律法，谋反是大逆不道之罪，断无生路可走，但李承乾毕竟是自己的太子，杀了于心不忍。何况李承乾走到谋反这一步，他这个做父亲的同样有责任。无奈之下，李世民问计于群臣，换来的则是一片沉默。这些跟了李世民几十年的老臣，心照不宣地达成了默契：皇帝的家事少管为好。

御前一片死寂之际，突然一名掌管文书的七品小官来济出班答道："臣认为陛下要做一名慈父，让太子善终。"来济的回答非常得体，他从伦理角度给了放太子生路的理由：太子谋反也是皇帝的儿子，哪有父亲杀儿子的？

来济送来了台阶，李世民便顺着下来了，废太子李承乾为庶人，流放黔州，避免了父子相残的惨剧。后来，来济也因此被李世民赏识，青云直上，官拜宰相。

## 一、"疯癫"太子

李世民当上皇帝的第二个月，就把年仅8岁的嫡长子李承乾立为太子。李承乾小时候很可能患过小儿麻痹症，导致跛脚，但李世民依然对他疼爱有加，先后从自己身边挑选了十多位德高望重的师傅对其悉心培养。

李承乾小时候对老师极为恭敬，每天80多岁的李纲来给他讲课时，他都要出门迎接，把老师扶到座位上，行礼后才敢坐下听课。李纲极为重视对太子的孝道教育，把父子君臣之道讲得极为透彻，李承乾听完肃然起敬，腰板不觉坐得笔直。李世民非常高兴，经常拿《孝经》来考他，李承乾对答如流。

可能是兄弟相残、父子形同陌路的经历让李世民久久难以释怀，有个孝顺的太子，多少能弥补他在亲情上的缺失。

李承乾当上太子9年后，太上皇李渊驾崩，李世民服丧期间，把政务交给了17岁的太子处理。据说太子干得很不错，把事情处理得井井有条，让李世民颇为欣慰，敢把更重要的事情交给他。

这对父子的蜜月期到此戛然而止，18岁以后的李承乾突然像变了一个人，屡屡做出荒唐举动。有东宫官员举报说，太子秘密带了一群突厥人入宫，让他们在院子里搭了一个突厥式帐篷，自己天天穿着突厥衣服住在里面。问讯后，起初李世民没有啥想法，反而感觉太子好奇心强，学习突厥的骑射本领是好事，他们李家人身上本来就流淌着游牧民族的血液。日子久了，李承乾越干越来劲，干脆让突厥人帮他训练军队，在宫里搞起了"军事演戏"，双方要打到"击刺流血"他才满意，有时甚至能搞出人命。

李世民发现事情不再那么简单了，太子在宫里搞"军演"干什么？想要学自己发动"第二次玄武门之变"？为了让太子收敛些，李世民嘱咐东宫官员多劝谏太子。然而事情的发展失去了控制，李承乾与东宫官员之间的矛盾彻底爆发。

唐太宗时，政治清明，李世民以身作则，鼓励臣下给自己提意见，对于提出好意见的大臣，李世民经常重金奖赏。在这种背景下，太宗朝的大臣很敢说真话。李承乾不是唐太宗，没有那么宽阔的胸怀，每当有大臣给他提意见，他总觉得是在跟自己唱反调，而且提意见就提意见，为什么还要向李世民汇报？这不是打自己的小报告吗？

各种不利于太子的言论传到了李世民的耳朵里。有人举报说，太子整天不是骑马游玩，就是唱歌喝酒，不务正业；半年时间挥霍了七万钱给自己盖新楼、买歌姬，穷奢极欲。

最过分的是东宫官员张玄素说他是"两面派"，在皇帝面前装成忠臣孝子，下朝后便毫无顾忌地淫乐。有次，李承乾在东宫里打鼓玩，张玄素立刻制止，无奈之下李承乾只能在他面前把鼓扔了。但张玄素依旧不停给他提意见，终于把李承乾逼急了叫嚷说："你是不是有神经病？（庶子患风狂耶？）"之后，张玄素在上朝的路上被歹徒袭击，差点儿丧命，据说是太子手下干的。

太子还与自己的辅臣闹出了命案官司，满朝哗然。谁也说不清为什么曾经勤奋、谦虚的太子会变成这样。李承乾不知收敛，公开说："等我当了天子，有敢提意见的，立刻杀了，杀个五百人，我就不信他们不老实！"能说出这种疯话，难怪《剑桥中国史》中认为此时的李承乾已经精神失常。

## 二、魏王李泰

　　李世民的长孙皇后为他生了三个儿子：李承乾、李泰和李治。晋王李治性格懦弱，没啥存在感，起初是个太平王爷。不安分的是魏王李泰。

　　李泰聪明绝伦，才华横溢。他长得很胖，在以肥为美的唐代是个优势，李世民非常喜爱他，甚至怕他走路太累，特准乘轿子入宫，太子也没这种待遇。有时，父子分开时间长了，李世民还会派人把李泰接到宫里和他住一段时间。褚遂良批评太宗说："爱之逾嫡，嫡庶不分。"劝诫皇帝不要溺爱李泰而忽视了太子。

　　李世民却对此嗤之以鼻说："隋文帝时，一品官员见到皇子都战战兢兢，我听说到了本朝，三品的官员居然敢不尊重皇子，让我儿蒙受耻辱！"从此再也没人敢说李泰的不好。

　　李泰颇有才华，读书很勤奋，在皇帝的特许下设立了文学馆，为皇家编撰《括地志》。《括地志》共13万字，是一本囊括大唐各地风土民情的地理书籍，象征天下一统。李世民读后大为赞赏，立刻将其收入皇家藏书。

　　李承乾对李泰设立文学馆有点儿不满，按照唐制，文学馆是太子才有权设立的。李世民做秦王时，打破了这条传统，在府中设立弘文馆，他发动"玄武门之变"的文臣全出自弘文馆。现在李泰模仿李世民设立文学馆，是不是想培养自己的政治势力？

　　同时，李世民给李泰的"零用钱"越来越多，甚至比太子还多。李泰在长安修了一栋大宅子，此后两百年间，这座宅子成了长安城中有名的旅游景点，李白、杜甫都为其写过诗。

　　李承乾感到自己失宠了。

　　贞观十六年（642），有官员举报太子在东宫养了个乐童当男宠，有同性恋之嫌。唐太宗闻言大怒，下令立刻杀了那名男宠。从此，父子彻底反目，李承乾拒绝上朝，终日躲在东宫寻欢。李世民也对李泰做出了立他为太子的暗示。

　　第二年，李承乾密谋暗杀李泰，事败，意图逼宫，又败，下狱。

## 三、压力山大

在李承乾与李泰的冲突中,李承乾负主要责任。李泰虽然有野心当太子,但采取的方式是和平竞争。李承乾鬼迷心窍,不惜动用武力,坏了贞观年间团结稳定的政治局面,后患无穷。

李承乾从聪慧太子到大逆之徒,如何解释如此巨大的转变?一句"精神失常"未免有些单薄。学界有一种比较流行的解释是,李承乾是在李世民巨大期待的压力下走向崩溃的。

唐朝君臣充满危机感。名臣马周对唐太宗说:纵观历史,汉朝享国四百多年,魏晋南北朝时天下分崩,混战四百多年,这些王朝时间长点儿的五十多年,短的二三十年。新生的唐政权能走多远,没人知道。李世民与群臣经常讨论"国祚长久"问题,他说:"秦始皇平六国,隋炀帝富有四海,皆因骄奢淫逸,二世而亡。每次我想到这儿,都非常恐惧。"《贞观政要》中举例隋朝灭亡的记录有45处,由此可见李世民的忧患意识。

李世民把这种危机感转嫁到了太子身上,严格要求他的一举一动。希望越大,压力也越大,18岁的李承乾正处于青春期,世界观未完全成熟,很难承受如此大的压力。面对压力,他只有寄情于声色犬马来放松自己,喜欢玩对于一个正常的年轻人来说又有什么不对呢?加上东宫辅臣以要求李世民的标准要求太子,没人理解他,缺乏正确的引导,李承乾走向极端,成为"叛逆青年"也就毫不奇怪了。

## 四、太平王爷

李承乾流放后,太子之位空缺,最高兴的自然是魏王李泰了。按照他的想法,自己这么得父亲的宠,太子之位非自己莫属,但群臣不这么想,尤其是长孙无忌和褚遂良。

长孙无忌和褚遂良不再想要一个像李世民一样的雄主,而李泰性格强悍,有其父之风。如果能选择较为懦弱的太平王爷李治，将大唐的政治格局从太宗独掌乾坤过渡到君臣共治，显然更符合群臣的利益。

李泰自己走了一步臭棋，为了早日当上太子，他竟然对李世民说："等我当上皇帝，一定会杀了儿子，把位子传给弟弟李治。"他希望李世民不要听群臣的意见选李治。

李世民和群臣商议时，长孙无忌大呼不可能："难道圣上真的相信天下有人会'杀子传弟'？"真正打动李世民传位李治的则是褚遂良说的"如果陛下传位李泰，李承乾和李治必死；传位李治，李泰和李承乾都能活下来"。是啊，李治性格忠厚，当了皇帝也定不会加害自己的兄弟，李世民的悲剧不会在下一代的身上重演。

或许不争，才是"大争"。只想做个太平王爷的李治，怎么也没想到，天上会掉下来一个皇位，就像他当了皇帝之后没想到，自己会爱上父亲的女人。

## 第二篇 盛世的锋芒

## 唐高宗不是省油的灯

唐高宗在历史上一直是个被人忽略的人物。这也难怪,他之前是雄才大略的唐太宗,之后是一代女皇武则天,夹在两人中间,的确很难被认记住。而且因为女皇武则天,高宗还经常被人贴上"昏庸"的标签,没有他的纵容,武则天不会轻而易举把李唐的江山变成武周。

不过,很少人知道,唐高宗继承了太宗遗志,开创了"永徽之治"。他在位期间,平突厥,灭高句丽,定百济,将唐王朝的版图扩张到极致。用昏庸来形容唐高宗是不公正的,他性格上是有明显的弱点,但一点儿也不糊涂。他能在复杂的朝局中,建立起自己的执政团队,将大权收归到自己手中,政治手腕可见一斑。高宗只是在对待皇后武则天的态度上有些懦弱,首鼠两端,致使武氏掌权,尾大不掉。

唐高宗的执政时期可以以公元660年为界,前十年,他锐意革新,与掌权的顽固派斗争,取得胜利;后二十多年,因为身体每况愈下,不得不把一部分权力分享给武则天。那么我们不禁好奇:高宗执政的前十年,究竟采取了哪些措施打击顽固派、推进改革呢?

### 一、托孤重臣

贞观二十三年(649),唐太宗躺在病榻上奄奄一息,一生纵横天下的他还有一件放不下的心事，即帝国的继承人李治能否坐稳江山。

晚年的唐太宗过得并不顺心，尤其在继承人问题上，原来铁定的太子李承乾因行为荒唐，意图篡位而被废。他最中意的太子人选魏王李泰，又因群臣反对而作罢，剩下的只有晋王李治。知子莫若父，李世民太了解自己的这个小儿子了，李治为人心地善良，忠厚仁孝，是群臣口中太子的不二人选。但在残酷的政治斗争中，心地善良和忠厚仁孝可能会要了他的命，甚至断送大唐王朝的基业。太宗怎么能不担心？

为了让政权平稳过渡，唐太宗临死前选了一批托孤大臣，他们是长孙无忌、褚遂良、于志宁、高季辅和李勣。在太宗看来，这批老臣都是随自己出生入死打过来的老弟兄，大唐王朝有他们的一份"干股"，由他们辅佐少年天子，可保大唐万年。所以唐太宗才会对李治说："无忌、遂良在，汝勿忧天下！"

少年天子李治却不这么看，这些老臣在太宗面前唯命是从，但在他面前则是铁板一块，很快掌控了朝政。高宗处于"垂拱而治"的状态，真成了孤家寡人。没有皇帝能容忍大权旁落，更何况当时的李治还是个二十出头的热血青年。

长孙无忌和褚遂良代表了"关陇贵族"的利益。从北魏开始，宇文泰创立了"八柱国"制度，选择八名带兵的大将共同执政，隋朝的杨家和唐朝的李家都出自"八柱国"集团。八柱国集团的成员出则为将、入则为相，牢牢控制着北朝最高权力。经过北朝、隋朝的发展，八柱国集团进一步扩大成代表关陇贵族利益的集团。

高宗登基初期的宰相班子，除了李勣外，其他六人（于志宁、宇文杰、柳奭、韩瑗、崔敦礼、来济）均出自关陇集团，他们只听命于长孙无忌和褚遂良。

永徽五年（654），高宗对群下说："先帝在的时候，五品以上的官员经常上书论事，或者当面陈情，或者驳回上司的批文。为什么到今天没有这样的情况了？为什么大家都不说话了？"很明显，高宗已经发现朝堂之上出现了不正常的现象。

褚遂良则搪塞说："没有人提意见，说明吏治清明，天下太平。陛下垂拱而治即可。"犹如哄小孩一般，没有把高宗放在眼里。

唐高宗想要夺权，首选就要寻找盟友。环顾四周，他能信得过的只有李勣和武昭仪。

## 二、废王立武

武昭仪是像蛇一样的女子。刚入宫时，她还是唐太宗的女人，地位很低，但很快勾搭上了太子李治，两人有了肌肤之亲。擅长"长线投资"的她，把宝压在了下一代皇帝身上。

功夫不负有心人，等到李治登基称帝，武昭仪立刻从感业寺被接了出来，光明正大地成了高宗的昭仪。这样的女人不可能安于在后宫当一名昭仪，她的目标是母仪天下，做皇后。

被"蛇精"魅惑的高宗经不住武昭仪的哀求，起了换皇后的心思。他的原配皇后是太宗选的王皇后，两人毫无感情基础，结婚多年甚至连一儿半女也没有。唐高宗便打算以"无后"为由休了她。

一石激起千层浪！皇后乃母仪天下的第一夫人，岂是平常百姓家离婚那么简单？长孙无忌和褚遂良旗帜鲜明地反对此举，满朝文武随声附和，高宗一筹莫展。

有近臣建议高宗打感情牌，私下去找他的舅舅长孙无忌。高宗与武昭仪一起准备了丰厚的礼物，亲自去拜访长孙无忌。在酒席上，为了讨好他，高宗还封了他三个儿子为侯，可谓给足了人情。而酒席散后，长孙无忌光收钱不办事，对换皇后一事默不作声，消极反抗。

直颜犯谏的是褚遂良。在御前会议上，褚遂良义愤填膺地说："陛下想换皇后可以理解，但为什么偏偏选择出身低微的武氏？"说完，伏身叩头，直到流血。

唐高宗惊得一句话说不出来，一位六十多岁的老臣，血溅皇宫，实在骇人听闻。而坐在龙椅帘幕后面的武昭仪听出了话外之音，褚遂良在嘲讽她出生低贱，是个商人的女儿，没有关陇贵族的高贵血液。一个高亢而尖锐的声音从帘幕后传了出来："来人啊，把这个狗东西拉下去砍了！"

高宗在武昭仪的怒吼声中醒了过来，褚遂良这是在赤裸裸地威胁皇帝，挑战皇权。高宗命令御林军把他拖了出去。一旁的长孙无忌知道，这下麻烦大了，连忙叩头向高宗求情，老实人要发起火来十头牛都拉不住。原本占了上风的关陇集团被褚遂良这么一闹，立马陷入了被动。

## 三、反对派

首先唱反调的是历史学家许敬宗。此人从隋末农民起义时就投靠了李世民，算得上是根正苗红，但因为他是杭州人，跟关陇贵族不是一路，所以唐朝开国后没能进入核心权力圈，长期在外围打转，由于写得一手好文章，被任命为著作郎，负责记录唐朝历史。

唐高宗继位后，长期被关陇贵族打压的许敬宗迎来了转机，高宗特意提拔他做礼部尚书，授予其实权。有了高宗的垂青，许敬宗自然经常帮着皇帝讲话，支持换皇后，并四处奔走、大造舆论："老农民多收了两斗麦子有了钱都想换个老婆，更何况天子呢？"许敬宗话糙理不糙，男欢女爱本是人之天性，皇帝只是想换个皇后，皇帝的家事，被长孙无忌他们上升到政治高度，把事情搞得异常复杂。

如果许敬宗是为"换后"在外围造势，那么李义府就是公开挑战长孙无忌、褚遂良一党。李义府出身河北，同样与关陇贵族不对路。他年轻时学习很用功，被巡查官员发现，推荐到了中央，靠科举成了进士，负责教导当时还是太子的高宗。后来不知怎么，他得罪了长孙无忌，要被贬到外地。心急如焚的李义府来找中书舍人王德检商量对策，王德检长期负责处理中央文件，对朝局了如指掌，便建议说："如今皇上想换皇后，无奈宰相们不同意，如果你能登高一呼，公开支持皇上，定能转危为安。"

李义府立刻写好奏疏，连夜上呈皇帝，公开支持换皇后。孤独的高宗非常高兴，召见了他，撤销了外放的决定，让他仍官居原职。

许敬宗和李义府的支持让高宗有了底气，但他们毕竟是根基尚浅、手无缚鸡之力的文人，喊喊口号，站站队可以，要真把换后的事情办成，还需更有力的人支持才行，这人就是一直称病不朝的元老派人物——李勣。

"废王立武"刚提出时，高宗曾把宰相们召集到一起，开个小会探探他们的口风。结果，李勣突然就病了，没能赴会。李勣病得蹊跷，早不病，晚不病，偏偏在这时病。很明显，混了一辈子官场的李勣不想卷入"换后"的是非中。

跟许敬宗、李义府一样，李勣也不是关陇集团成员，他是山东人，早年在瓦岗寨起家，原名徐世勣，《隋唐演义》中大名鼎鼎的徐茂公的原型就是他。后来，他投靠了李世民，被赐姓李，太宗登基后为了避讳，改名李勣。

从被赐姓一事来看，唐太宗还是非常喜欢他的。李勣大半生时间都跟随太宗南征北战，深得信任，位列"凌烟阁二十四功臣"之一。太宗换太子后，特意把他留给新太子李治。

太宗病重时，突然下了道旨意，把李勣贬到了偏远的叠州。李治不解，太宗语重心长地说："李勣功劳大，在军队里很有影响力，而你对他没有恩德，我现在把他贬到远地。如果他立刻上路，你继位后就把他召回；如果他逡巡观望，不肯走，你继位后立刻杀了他。"不得不佩服太宗的帝王心思，临终前还在为儿子测试李勣的忠诚度。

换作一般人莫名其妙被贬斥，自然会火冒三丈。李勣在接到诏令的一瞬间，就看穿了太宗的心思，连家都没回，便上路走了。果然，高宗继位后，立刻召回了他，不久加封开府仪同三司。

虽然加官晋爵，但李勣的心彻底凉了——自己跟随太宗大半生，临了，太宗居然不相信他，给他出了道题。太宗为什么不测试长孙无忌和褚遂良他们？说到底，还因为李勣是外人，是山东士族。所以李勣当了宰相后，基本不说话，遇事就躲。

为了获得支持，高宗亲自来探望李勣，向他表达了对长孙无忌和褚遂良无礼行为的不满，并询问他对"换后"的意见。李勣很老到地答了一句："此陛下家事，何必更问外人！"

一语点醒梦中人。李勣看似平淡无奇的一句话，表达了两层意思：一是跟谁结婚是皇帝的私事，为什么要上升到政治层面拿出来讨论？二是我李勣也是外人，对这事没有意见，皇上你怎么决定，我都支持。

李勣这句不是表态的表态，让高宗势力大增，现在支持换皇后的文有许敬宗、李义府，武有李勣，加上褚遂良在殿上的一番胡闹，胜利的天平已倒向武则天。

永徽六年（655）十月，持续了近一年的"换后"政潮结束，唐高宗正式下诏立武则天为新皇后，王皇后废为庶人，家人流放岭南。跟着一起倒霉的还有褚遂良，这位伟大的书法家在武则天授意下被一贬再贬，从长安到桂州，又从桂州到越南，最后客死异乡。4年后，长孙无忌被诬谋反，被皇帝赐死，就此大权回到高宗手中。

## 四、盛唐序幕

斗倒了元老派兼关陇集团的领袖长孙无忌和褚遂良后，唐高宗找到了做皇帝的感觉，许敬宗、李义府等人相继拜相，加上长袖善舞的武则天，高宗朝的政治格局基本划定。

显庆五年（660），高宗患上了风疾（疑似高血压），经常头晕目眩，严重时，目不能视。此时他才32岁，正值壮年，刚到手的权力交给别人又不放心，万一再出个褚遂良怎么办？恰巧，高宗身边有个能力极强的皇后，两人经历千辛万苦才斗倒元老派，是夫妻兼政治盟友，把权力暂时交给她是最好的选择。

从660年到665年，唐军横扫天下。苏定方攻灭西突厥和百济；薛仁贵大败高句丽；刘仁轨重挫渡海而来的倭寇，日本人被收拾得服服帖帖，开始派遣唐使潜心学习中华文化；西边的铁勒、龟兹、疏勒等国相继平定。

乾封元年（666），80多岁的李勣再次跨上战马，出兵辽东，趁着高句丽内乱，一举灭国，完成了连"战神"唐太宗都未完成的伟业。

同年，唐高宗携武则天一同前往泰山封禅，敬告天地，彰显大唐取得的宏图霸业。要知道中国两千年的帝国史上，只有秦始皇、汉武帝、汉光武、唐高宗、唐玄宗、宋真宗六个人举行过封禅，这是对帝国伟业最高的肯定。

有人说，这些功劳不能记在高宗身上，其背后是掌握实权的武则天。此言差矣，唐高宗身体不好，不代表他不理朝政，病情缓解时，他仍然亲力亲为，他和武则天的关系是政治盟友。高宗活着的时候，武则天不敢放肆，她做的事情如后面提到的废太子，都符合夫妻二人的共同利益。高宗不想杀的人，武则天也杀不掉，比如废后的哥哥王方翼对高宗忠心耿耿，一直在外带兵打仗，立了不少军功。

陈寅恪先生曾指出，高宗朝时期正是我国中古社会开始革新的关键时代，"开启后数百年以至一千年之后界局"。放在这样一个历史大背景下来看，各种矛盾错综复杂：一方面，科举制度一定程度上撼动了根深蒂固的门阀制度，代表中小地主利益的进士们如李义府开始参与朝政，向关陇贵族夺权；另一方面，唐朝疆域扩展到空前规模，府兵制变得越来越不适用，均田制也因人口的膨胀难以推行，时代呼唤一次大变革。

这些沉重的任务使身体欠佳的高宗难以承受，只能留给后来的武则天和唐玄宗。高宗撩开了盛唐大幕的一角，新时代即将来临。

## 挡不住的女皇

弘道元年（683），唐高宗在洛阳贞观殿驾崩。贞观殿为隋炀帝营建东都时所建，原名大业殿，后来为了纪念"贞观之治"而改名。唐高宗一生处于太宗的"阴影"之下，连临终之地也是以他父亲的年号命名，不禁令人唏嘘。

整个东都笼罩在国丧的悲痛气氛中，紫微宫中已变成太后的武则天则正忙着调兵遣将，填补高宗留下的权力真空。太后的懿旨一道道下达：要求继位的太子李显为先帝守灵，将他与外朝的官员隔离开来；与高宗同辈的大唐宗室皇族被授予"三公"的荣衔，争取到他们的支持；同时，派遣武家的人接管御林军，并调动府兵入京戒严；召见托孤大臣裴炎，掌控行政中枢。

武则天的一套操作下来，皇族、军队、大臣均被收入囊中。等到太子守灵期满，准备接手皇位时，天下人唯以太后马首是瞻，不知有新帝。

## 一、废黜中宗

唐中宗李显很郁闷，满朝文武中没有一个自己人，自己犹如一个"橡皮图章"。以裴炎为首的宰相班子有政务要处理，第一时间会送到武则天面前，聆听懿旨，然后找中宗签字，他哪里像个君临天下的皇帝？分明是母亲手中的提线木偶。

中宗决意反击。当时朝堂上有三股势力：武则天集团、裴炎的士人集团和刘仁轨的武将集团。如果中宗聪明点儿的话，他大可利用三股势力之间的矛盾，让他们自相残杀，从而坐收渔人之利。裴炎和刘仁轨虽然暂时支持武则天摄政，但内心还是向着李唐王朝，不会眼睁睁看着武则天"胡作非为"。

迫不及待的中宗偏偏选择了风险最大的做法——夺权！他先把皇后的父亲韦玄贞从一个七品芝麻官提拔为豫州刺史，晋升封疆大吏，又让皇后的远亲韦弘敏入阁拜相，授同中书门下三品，意在打造自己的执政班底，夺宰相们的权。身为"首席宰相"的裴炎感到了威胁，于是中宗彻底把裴炎推到了武则天一边。

中宗与裴炎的矛盾公开爆发是执意要让韦玄贞出任侍中一职。唐代的侍中名列宰相班子第一位，是名副其实的"首席宰相"，等于变相赶裴炎走人。裴炎自然不同意，利用门下省的封驳之权将中宗的诏命退回，不予执行。

中宗气得大骂道："我以天下与韦玄贞何不可！而惜侍中邪！"裴炎没想到皇帝火气这么大，伏地请罪，转身就跑到武则天那里"打小报告"去了。

武则天是何等聪明之人，她对中宗的所作所为一清二楚，一直隐忍不发，就是为了挑起皇帝与宰相之间的矛盾，处于弱势的宰相必然会来投靠，她就变成了"仲裁者"。

武则天在朝臣的簇拥下，率领御林军进入大殿，宣布废黜中宗的皇位。话音未落，御林军便要将中宗从皇位上拖下来，中宗难以置信地问："朕有何罪？"

武则天冷冰冰地回答说："你要把大唐的江山送给韦氏，难道不是天大的罪吗？！"

此时，距离中宗继位仅仅55天。中宗的失败，与其说是武则天权术高超，不如说是中宗昏招迭出，他太心急要扩充自己的势力，以为只要做了皇帝，天下人就要听他的命令。殊不知，他这位新皇帝只是"政治素人"，在执政二十多年的武则天眼里，幼稚可笑，不堪一击。

## 二、扬州叛乱

废黜中宗后，武则天立了最小的儿子李旦为帝。李旦年龄小，生性懦弱，完全不适合为君。武则天要的是一位"虚君"，最不可能当皇帝的李旦意外成了唐睿宗。

唐睿宗登基后，很明智地把权力全部交给了武则天，象征性出席一些国家大典，安心当个傀儡。皇宫大殿上的皇位空悬，武则天垂帘于后，听政天下。

武则天的权势更大了。她让自己的哥哥武承嗣做了宰相，侄子武三思做了兵部尚书，罢免了一大批支持中宗的官员，并为武家建起了只有天子才能享有的七庙，祭祀武氏先人。

之前，武则天以太后身份摄政，在裴炎等外臣看来，是继承了高宗时代"二圣临朝"的传统，而此时她超越规制，建武家七庙，僭越天子的特权，借此来试探天下的反应，大有可能进一步推翻李唐，建立新朝。裴炎有些坐不住了，毕竟他是李唐的臣子，效忠皇太后可以，改投新朝不行。

与此同时，一群失意的官员正在扬州一家酒楼中聚会。当时的扬州是全国最繁华的都会之一，新修的京杭大运河将财富源源不断地输入扬州，无数文人骚客聚首于此，纵情于纸醉金迷之中。这群失意的官员大都是政治斗争中的失败者，怨恨当权的武则天。

酒过三巡后，他们越骂越起劲，不知道是谁提议干脆造反，推翻武氏，还政中宗！话刚落音，大家拍手称快，一场叛乱种子就此播下。

这群人推选李敬业做首领，李敬业是太宗朝的重臣李勣的孙子。李勣在武则天夺取皇后之位时立有大功，李家也是山东士族的首领。李敬业承袭了家里的爵位，混得却不行，被朝廷降职为柳州司马，刚好路过扬州，几杯酒下肚，想起自己老祖宗的峥嵘岁月，为大唐王朝立下汗马功劳，结合现在自己贬官的遭遇，不禁悲从中来，决意树起义旗，讨伐武氏。

曾任御使的魏思温充当军师，大名鼎鼎的诗人、初唐四杰之一的骆宾王充当"文胆"，一群失意官僚打起匡扶天下的大旗，在扬州起事，一时应者云集，竟有十万之众。

起兵前，按照规矩要写一篇声讨武则天的檄文，用来向天下昭告这场战争的正义性。骆宾王当仁不让，提笔洋洋洒洒写了一篇传诵千古的名篇——《为徐敬业讨武曌檄》。

檄文传到长安，宰相姚崇哆哆嗦嗦读给武则天听，当读到"一抔之土未干，六尺之孤安在"时，武则天竟拍手叫好，问道："这是谁的作品？"

姚崇说："骆宾王。"

武则天看了一眼姚崇，略带批评地说："如此人才没有到朝廷任职，是你们宰相的失职。"可见武则天不是糊涂人，她能赞赏敌人骂自己的作品，气量非常。

欣赏归欣赏，既然参加了叛乱就是武则天的敌人。太后一声令下，关中地区的府兵立刻被动员起来，10万人的平叛部队齐聚大运河畔，准备顺江而下，平定叛乱。

平叛部队名义上的统领是李唐皇室的李孝逸，武则天利用他在宗室中的威望向世人说明：扬州叛军没有得到李唐皇室的支持，李唐皇室支持的是自己。真正负责军事指挥的是李知十和马敬臣两位副将。

## 三、裴炎下狱

平叛部队正要出发，武则天问计于裴炎。谁料，裴炎对叛乱毫无不关心，竟回答说："太后只需还政给皇帝，叛乱自平。"

国家出了这么大的乱子，身为首席宰相的裴炎竟然趁机要挟武则天还政，武则天怎能不怒！随即将裴炎下狱，剥夺一切官衔、荣誉。众臣见老宰相下了狱，纷纷上书鸣冤，跪在武则天面前说："裴炎对大唐忠心耿耿，如果他这样的人都会谋反，那我们也是反贼呀！"

武则天说了一句意味深长的话："朕知裴炎反，知卿等不反。"

说到底，裴炎的心还是向着李唐，觉得武则天把权力攥得太紧，有谋夺李唐江山的野心，扬州叛乱正是让太后归政的好机会。当初，裴炎与武则天结成政治同盟时，他支持太后摄政，作为回报，武则天把大唐最高议政机构政事堂从中书省迁到了裴炎掌管的门下省，使裴炎的地位扶摇直上，名列宰相第一。如今，武则天野心膨胀，同盟关系破裂，两人因政治立场不同而分道扬镳，裴炎对扬州之乱不以为然，要武则天归政。

裴炎被捕后，有人劝他向武则天认个错，以他的功劳应该会得到原谅。裴炎宁死不屈，回复说："我被下狱，就没打算活着出去。"引得周围官员感动得落泪，裴炎不愧是个有政治操守、铁骨铮铮的汉子。

不久，裴炎被斩首于洛阳。

## 四、平定叛乱

李敬业竖起反旗后，谋主魏思温建议趁着士气正旺，向关中进军，向天下人宣示叛军的正义性，等到兵临城下，关中必然大乱，武氏不攻自破。

李敬业本是将门之后，他深知关中地区屯集了30多万精锐府兵，实力远在扬州之上，想靠这10万大军攻下关中，无异于痴人说梦。况且，武则天并非庸主，其能力非常，御下有术，洛阳又政局稳定，百姓富足，所以光靠喊口号，他们是赢不了战争的。于是，李敬业选择了更为稳妥的方案，跨江进攻金陵，建立一个稳定的后方，再图北上，与武氏一争高下。

金陵的守将是李敬业的叔叔李思文，两军相遇后，丝毫没有温情脉脉。李思文英勇抵抗，打得非常顽强，最终寡不敌众，败下阵来。下属要李敬业杀了这位投靠武氏的叔叔，李敬业不忍，说："既然你忠于武则天，以后你也不要姓李了，改姓武吧！"以此羞辱他。

金陵陷落后，李孝逸的平叛大军渡过了淮河，兵临扬州。李敬业率军回援，亲率主力驻守扬州高邮，让兄弟李敬猷驻兵淮阴，别将韦超驻军盱眙，三人相互援守，结成了一道稳固的防线。

李孝逸先是派遣先锋攻打李敬业，战败，便畏战不前。武则天看这位皇亲实在不中用，又派了一名大将黑齿常之前来督战。于是众将讨论到底该先击破高邮的李敬业，还是屯兵淮阴、盱眙的李敬猷和韦超。经过一番争论，李孝逸听从了黑齿常之的建议，先破实力较弱的李敬猷和韦超，再图扬州。

果然，换了战略目标后，唐军一举击破了李敬猷和韦超，在叛军稳固的防线上撕开了一道大口子，士气达到鼎盛，与李敬业决战的时机成熟！

双方在水道纵横的扬州城外展开激战。唐军利用水边的芦苇发动火攻，火势随着大风向叛军蔓延，叛军阵脚大乱，士气低落，很快崩溃，四下逃散，扬州平定。

这场起初声势浩大，云集了十万之众的叛乱，不到一年便烟消云散。从此，再也没人能阻止武则天称帝的步伐！

## 五、女皇君临天下

平定扬州后，武则天志得意满地召集群臣训话，开场说道："朕事先帝二十余年，忧天下至矣！公卿富贵，皆朕与之。"暗示群臣，她已经参与朝政二十多年，经验丰富，你们这些人心里想什么她都知道，没事不要耍小聪明。只要对她忠心耿耿，荣华富贵唾手可得。一手大棒，一手糖果，武则天的权术炉火纯青。

之后，武则天话锋一转，又谈到了这次叛乱："卿辈有受遗老臣，倔将难制过裴炎者乎？有将门贵种，能纠合亡命过徐敬业者乎？有握兵宿将，攻战必胜过程务挺者乎？此三人者，人望也，不利于朕，朕能戮之。卿等有能过此三者，当即为之，不然，须革心事朕，无为天下笑。"

武则天以裴炎、李敬业、程务挺为例，裴炎是文臣之首，李敬业是功臣之后，程务挺是当世名将，三人皆是人杰，但就是因为对武则天不忠，而身首异处。武则天借此告诫群臣：如果你们的本事没有他们大，就要老老实实效忠于我。

群臣听后，无不心惊胆寒，敢于公开反对武则天的人基本销声匿迹。

5年后的九九重阳节，一切障碍均已扫除，登基条件已成熟，武则天终于登上了帝位，成为前无古人后无来者的女皇！

回首这条血迹斑斑的称帝之路，武则天无数次举起屠刀，将反对者的人头砍下，她任用酷吏监察百官，搞得朝堂人人自危。能力在她面前并不重要，她看重的是对女皇的忠心，所以她执政时期，我们既能看到狄仁杰、张柬之这样的贤臣，也能看到来俊臣、薛怀义这样的小人。以女皇的聪明才智，她当然知道要多用贤臣，远离小人，但就因为她是个女人，抢占了男人们的权力，触犯众怒，所以非常时期，用非常手段，小人得势，在所难免。

女皇虽然残暴，但只是针对反对派。对于老百姓，她多有善政，减轻赋税，鼓励开荒，新修水利，鲜有扰民之举。大唐盛世在她手中延续，百姓安居乐业，家家富足，民间一片歌舞升平。对于老百姓来讲，她的确是位好皇帝。

# 唐朝最大的版图

唐初，经过高祖时期的休养生息，唐朝基本走出了隋末大乱带来的社会创伤，国家积累起可观的财富。贞观时，唐太宗一改对突厥委曲求全的外交态度，主动出击，横扫大漠，先后破东西突厥、平高昌、降吐谷浑，解除了帝国边疆最大的威胁。高宗奋太宗之余烈，继续开疆拓土，征讨四方，伐百济，平高句丽，全歼日本援军，设立安北、单于、安西、安东、北庭、安南六大都护府，"抚慰诸藩，辑宁外寇"，至此唐朝的疆域达1200万平方公里，达到了极盛。

东至朝鲜半岛中部，北至贝加尔湖，西至吐火罗，南至南海，插遍唐军的旗帜。大唐打下如此辽阔的疆域仅仅花了50年的时间，积三代人之功。其扩张之快，范围之广，令人惊愕，是中华民族历史上疆域空前膨胀的时期之一。

那么，我们不禁要问：为什么唐人能创造如此辉煌的丰功伟业？唐军横扫天下的秘密又在哪里？疆域扩张到极致后，为何又盛极而衰？

## 一、开疆拓土

唐王朝诞生于关中地区，李唐皇族不是传统意义上的汉人，宋代大儒朱熹就说"唐源流出于夷狄"。他们的祖先是北朝"八柱国"之一，与北朝统治者鲜卑人长期通婚，早已融入了游牧民族的基因，他们是一群胡汉混血的"新汉人"。大唐立国后，李唐虽自称"汉家天子"，以汉朝作为执政榜样，但李唐缔造的国家组织形式与汉朝已大相径庭，大唐不是汉人王朝，它是一个崭新的混血王朝。

李唐能在隋末乱世中脱颖而出，与"关中本位"政策密不可分。跟随李唐打天下的核心成员很多来自以"八柱国"为代表的关中世家豪族，这批人形成了一个强大的关陇军事贵族集团，掌控着唐朝中央政府。

以长孙无忌为例，他本人是汉化的鲜卑人，祖先跟随部落进入中原，建立北魏。北魏孝文帝实行严厉的汉化制度，经过几代人的成长，鲜卑人已无法适应北方草原的生活，完全汉化了。长孙无忌从小受儒家教育，通晓经史子集，除了名字和长相，其他方面就是个地地道道的汉人。关陇军事贵族集团成员出身大抵如此，既混血又汉化。

新生的唐朝继承了农耕文明，以农业为本。农耕国家照理说对不可耕种的土地没有什么兴趣，所以秦始皇修了万里长城把农耕文明与游牧文明分开了。汉朝要不是被匈奴扰得过不好日子，汉武帝也不会倾举国之力对匈奴穷追猛打。表面上，汉武帝取得了对匈奴的决定性胜利，代价则很沉重，年年征战，百姓无法安心务农，田园荒芜，国困民贫。对于农耕国家来说，最好的情况是风调雨顺，百姓不违农时，对游牧民族采取防御策略。

唐朝不一样，它是混血王朝，游牧民族驰骋疆场的基因让它采取更为激进的手段——主动进攻。军事上，唐朝采取府兵制，在全国建立了600多个折冲府，战端一开，折冲府中登记的男丁需奉命自备铠甲武器，前往前线报道。关中地区的折冲府数量占全国的一半，兵力雄厚，李唐皇氏随时可以征召出一支50万人的军队奔赴战场。

唐太宗李世民靠着这支雄师击败了不可一世的东突厥，彻底改变了西域政治版图。六神无主的西域胡人向来是墙头草，与东突厥残部商议后，决定给唐太宗"天可汗"的称号。从此，唐太宗有了两个头衔：对中华帝国来说，他是皇帝；对西域胡人来说，他是天可汗。唐朝在西域设立了安西都护府，实行"一国两制"，对本地胡人的生活不过多干预，给予高度自由，是为羁縻州、羁縻县，它们是大唐的"特别行政区"。

这种管理制度很松散，想当年西域胡人也是这样臣服于东突厥，现在只不过换成了大唐而已。高宗时，吐蕃兴起，大非川一战定西域，唐高宗失去了西域控制权，势力缩回河陇一带，"天可汗"的头衔依旧被保留，却变成了空名。

太宗、高宗的开疆拓土不仅是为了彰显帝王的文治武功，更是要为中原农耕区创造良好的安全环境，在农耕文明外建立起一个"绝对防御圈"。"绝对防御圈"延长了战略纵深，遏制游牧民族超强的机动力，战争爆发时，又可作为缓冲区，延缓对中原内地的冲击时间。

## 二、由攻转守

中原地区是唐王朝的核心利益区，疆域稳定，外缘"绝对防御圈"则处于变化之中。模糊的"绝对防御圈"造成了很多权力真空地带，生活在边疆的人远离长安，通过臣属和朝贡的关系享受着唐朝的保护和高度的自治。这些真空地带为唐朝与其他帝国提供了缓冲地，起到捍卫内地的作用。

天宝九年（750），唐军在今天哈萨克斯坦境内的怛罗斯与刚刚兴起的阿拉伯帝国迎头撞上。一个是东方世界的帝国，另一方是西方世界的帝国，双方势力扩张至极点，出人意料地在怛罗斯相遇。由于怛罗斯是两大帝国的缓冲区，权力真空，所以今天我们很难搞清怛罗斯的确切地点。一场恶战过后，失败的唐军撤回安西都护府，停止西进，胜利的阿拉伯军也没有东进，究其原因是两大帝国都扩张到了极致，边疆的真空地带不是各自帝国的核心利益，没有必要给自己增添敌人。

对于唐高宗来说，过于辽阔的疆域成了帝国沉重的负担，府兵制越来越无法应对动荡不安的边疆。高宗后期，西北的突厥、东北的契丹先后举起叛旗，边疆战火再起。西北阿拉伯帝国和吐蕃炽盛，东北契丹方兴未艾，唐王朝陷入两线作战的危机，财政、兵力捉襟见肘。唐朝不得不调整国防策略，在东北地区实行绥靖政策，姑息契丹、奚、新罗等政权崛起，将主力军队抽调回西北防御吐蕃。吐蕃之强，超过了唐人的认识，双方交战近百年，客观地说，唐朝处于劣势，以防御为主。唐军主力离开东北后，契丹、奚族势力扩张，至武则天时，已从小疾变成了大患，为安禄山的崛起埋下了伏笔。

唐人不守长城，为了防御长达2000公里的北方疆界，开元时，玄宗在北线设立了范阳、陇右、河西、朔方和河东五大藩镇，共计40万人，分别控制在东北方向的安禄山和西北方向的哥舒翰两人手中。士兵征召方式也从府兵变成了募兵，士兵对将帅的人身依附加强，给了安禄山叛乱的机会。开元盛世是唐朝的鼎盛时代，可对外战争表现不尽如人意，帝国的疆域也没恢复到高宗时代。从武则天到唐玄宗，象征唐代武功的六大都护府相继撤销或内迁。安史之乱后，国势衰微，内部问题自顾不暇，"绝对防御圈"前功尽弃。

从初唐的开疆拓土武功烈烈，到盛唐的转攻为守，唐朝征战或防守出发点很明确：保卫中原农耕区，而不是殖民扩张。唐人对征服地区大抵采取自治政策，不干预当地民政，为民族和谐相处做出了榜样。唐人不守长城的战略思想同样值得重视，这个混血政权继承了游牧民族战术，采取积极主动的防御策略，所以唐朝在安史之乱后，唐军撤回内地，依然能延续百年国祚。反观明末山海关陷落，内地的明军面对来势汹汹的八旗军手足无措，长城在保卫内地的同时也禁锢了明人战术。"万里长城万里空"，只有开放胸怀，吸取不同文化的优点，不断变革，才是一个王朝长治久安的制胜法宝。

# 武周为何打仗不行

乾封二年（667），唐军在东北战场高句丽取得了突破性胜利，趁着高句丽内乱，唐军一马平川攻入朝鲜半岛。这一时期唐朝的版图扩张到了极致，西域、漠北、东北广大区域被纳入唐朝的势力范围。

盛极而衰是封建王朝无法摆脱的宿命。乾封二年后，高宗身体越来越差，武则天权力开始膨胀，朝廷内部权力斗争愈发残酷，内重外轻，唐军对外战争连遭败仗，武则天个人对此难辞其咎。

武则天干政之前，唐军在西线已经消灭了西突厥，彻底打通了丝绸之路，在西域设立了安西都护府。东线，朝鲜半岛基本归顺，唐朝海军还顺手收拾了日本援军，恐怖的战力令半开化的日本人大为震撼，他们彻底被打服，虚心向大唐学习。

但武则天为了满足私人对权力的欲望，重用寒门出身的酷吏，以各种理由迫害反对派。反对武氏的人大都是出身关陇军事贵族的门阀，他们世代为将为相，主宰朝政，在军队中拥有强大的影响力。武则天以政治态度划界，凡是反对自己的将领统统下狱论罪。王方翼、程务挺、黑齿常之等一大批杰出将领遭到清洗，尤其是有着"吐蕃克星"之称的黑齿常之，他被清洗后，唐朝西北局势彻底失控。或许，从他的故事中，我们能找到武周打仗不行的原因。

## 一、吐蕃克星

当唐军主力在朝鲜半岛与高句丽决战时，西南的吐蕃正在暗中积蓄力量。双方自文成公主入藏后，保持了数十年的和平。这种和平相当脆弱，完全建立在唐太宗和松赞干布两位英杰的个人魅力上，两人相继离世后，战争的阴霾笼罩在边境之上。

吐蕃方面，曾出使大唐的禄东赞掌控了大权，出任大论（宰相）一职，国势强盛。禄东赞有个儿子叫论钦陵，此人极擅长行军打仗，在吐蕃军内号称"战神"。

显庆五年（660）以后，论钦陵率40万大军北上，逐步蚕食唐朝的附庸吐谷浑，兵势最强时，甚至一路攻占了安西都护府，唐朝在西域陷入了被动挨打的境地。这一年也是武则天正式开始参与朝政的时候，很快朝堂上形成了天皇、天后"二圣临朝"的局面，高宗身体不好，把不少处理政事的权力给了武则天。

由于朝鲜半岛基本平定，武则天把大将薛仁贵调回了西线战场，让他率精兵5万救援吐谷浑，与论钦陵大战于今天青海省的大非川。由于唐军先锋部队不听薛仁贵调令，擅自出战，给以逸待劳的论钦陵抓住了战机，大破唐军先锋部队，唐军被迫后撤。

薛仁贵的失败惊醒了唐王朝中央，武则天开始重新审视吐蕃。仪凤三年（678），唐军重整旗鼓，集结了18万大军，发动了青海湖大战，希望一战打垮论钦陵，将吐蕃势力赶出青海。论钦陵故技重施，集中优势兵力，围歼唐军先锋部队。唐军后续部队陷入慌乱，不知该救援还是撤退，危急关头，唐军统帅李敬玄、刘审礼决定保存实力，带着剩下的10万大军撤回河陇。

士气正盛的吐蕃军怎么能放过如此战机？论钦陵率部追击，关键时刻，黑齿常之率领500敢死队夜袭吐蕃大营，拖慢吐蕃军速度，让10万大军得以安全撤退。黑齿常之一战成名，勇号冠绝唐军。唐军虽然保住了主力，但损失惨重，论钦陵掉头直扑西域，再次攻占了安西都护府。

3年后，唐蕃双方又在良非川展开激战，黑齿常之率3000精锐骑兵突袭吐蕃先锋军营，斩首两千而还，大大挫败了吐蕃军嚣张的气焰。唐高宗闻讯后大为惊喜，抱着病体接见了黑齿常之，提拔他为燕国公，负责西北防务。

黑齿常之驻守河陇、青海一带后，兴修防御工事，鼓励士兵开垦荒地，7年间屯田5000顷，每年收获的粮食可达500万石。粮食是行军打仗最基本的后勤保障，黑齿常之鼓励开垦是与吐蕃人长期在青海作战的物资准备。

唐军有了充足的军需，抵挡住了论钦陵凌厉的攻势。高宗去世的前一年，唐军在青海六战六捷，在唐蕃争霸的战场上，获得了有利局势。

然而，高宗去世，武后摄政，在国内引发了巨大的政潮，直接导致青海战局翻转。

## 二、将星陨落

光宅元年（684），李敬业在扬州造反，当朝宰相裴炎趁机要挟武则天，希望她能主动归政皇帝。事发后，武则天借机在朝中掀起大案，抓捕裴炎一党，高宗尸骨未寒，政潮暴发。与裴炎关系颇深的大将程务挺被杀，王方翼被流放。

黑齿常之奉命去镇压李敬业一党，无意中踏入政治旋涡。有人开始诬告他与裴炎勾结，对武后心怀不满。起初，武则天顾全大局，对流言听之任之，未加理会。原因很简单，边关战事紧急，当唐军主力集中与吐蕃作战之时，东突厥不堪唐朝频繁征发军队，发动反叛，重建后突厥汗国，帝国北方千里边疆烽火再起。

唐军主将裴行俭率军30万征讨突厥叛军。本来战争进行得很顺利，突厥叛军望风而降，裴行俭同意放叛军首领阿史那伏念一马，以收服人心。但朝廷高层意见不一，最终下令处死阿史那伏念。突厥人义愤填膺，叛乱再起，发誓与唐朝死磕到底。

黑齿常之又被当成救火队员，调往北方守卫不断南侵的突厥人。凭借有勇有谋的黑齿常之，北方情况开始好转。这时，酷吏周兴状告黑齿常之谋反，武则天不顾他劳苦功高，作为潜在反对她称帝的人，将黑齿常之下狱赐死，一代名将、吐蕃克星含冤自尽。

不久，吐蕃、突厥大军同时发难，安西都护府、北庭都护府相继沦陷。西线唐军退守河陇一线，北线唐军退守黄河一线，唐朝从太宗、高宗朝打下的战略缓冲区几乎全部丢失，安全形势回到了唐初。

## 三、武周反攻

武则天不是个庸才。一个庸才是不可能在男权盛行的社会中力压群雄，成为前无古人后无来者的女皇。她杀黑齿常之、程务挺、李元轨、冯元常等人的目的很明确——以政治站队划线，只要反对女皇的，无论才华多高、战功多大，一律诛杀。内重外轻是武则天既定的施政路线，攘外必先安内，内部都整肃不好，武将各个在边疆手握重兵，一旦祸起萧墙，比吐蕃、突厥威胁要大得多。

公元690年，武则天称帝，改元天授，历史进入了武周时代。此时，举朝上下的政敌全被一扫而空，武则天换了一副面孔，她把腥风血雨留在了李唐，属于她的武周应该是和风细雨、润物无声的新时代。

武周如意元年（692），儒将唐休璟上书朝廷，请求恢复安西都护府，以安帝国西境。武则天准奏，派遣大将王孝杰率军出塞，大破吐蕃军主力，将中原王朝的旗帜再一次插在了西域城头，安西都护府重新建立。

武周圣历二年（699），吐蕃内乱，新上任的赞普不满禄东赞家族掌控朝局，发动政变，在拉萨斩杀禄东赞家族两千余人，下诏令论钦陵即刻回朝复命。论钦陵举兵反叛，被赞普大军剿灭，吐蕃战神论钦陵自杀。此时距吐蕃克星黑齿常之自尽刚好10年。

总体上看，武周时期对外战争败多胜少，除了唐朝内部政治斗争因素外，武则天接手朝政时，唐朝疆域已达鼎盛，做到了一个农业王朝极限，盛极而衰是不可避免的命运。加上吐蕃王朝正处于上升期，锐不可当，"西戎之盛，未之有也"，两方因素合力下，武周疲于应付，战略性放弃一些无法固守的区域，保住内地安全也是不得已之举。农业民族面对茫茫草原、高原环境天生处于劣势，纵使武则天能力再强，也无法对抗历史的大趋势。

## 吐蕃凶猛

唐军打遍天下无敌手，无论称雄西域的突厥、吐谷浑，还是东北小强高句丽，在唐军迅猛攻势下，没有能撑过三回合的。唯一的例外是吐蕃，唐朝与吐蕃的战争长达130多年，几乎贯穿了大半部唐史。《旧唐书》也承认吐蕃是唐朝周边最强的国家（西戎之地，吐蕃是强，蚕食邻国，鹰扬汉疆）。这个崛起于西部高原的新兴势力，国势巅峰时，一度压制住了唐朝，实力不容小觑。

太宗在位时双方有了第一次接触，少年英雄松赞干布提兵20万进军松州，向唐太宗求亲。眼看一场大战在所难免，睿智的太宗选择息事宁人，促成了文成公主入藏的美谈。为了感谢大唐赐婚，吐蕃甚至派了丞相禄东赞出使长安，把与大唐的外交关系放在非常高的位置。毕竟唐朝是当时公认的东亚霸主，影响力毋庸置疑。吐蕃则刚刚完成统一，名不见经传。松赞干布迎娶文成公主，相当于国际地位得到了大唐的承认，在政治上大赚了一笔。

永徽元年（650），年仅33岁的松赞干布走完了他短暂的一生。从12岁临危受命到去世，20年间他带领吐蕃人如急行军一般走完了从统一到兴起的道路，但唐蕃关系的蜜月期也随着这位英雄的去世而终结。一场争夺东亚霸权的战争在所难免！

## 一、大非川之战

接替松赞干布事业的是宰相禄东赞，前文说过，禄东赞曾率队访问过长安，深受唐太宗欣赏。这位在太宗面前躬谦有加、风度翩翩的宰相，本质上是位成熟的政治家，他深知青藏高原物产贫瘠，根本养不活一支全民武装的军队，想要把吐蕃武士喂饱，唯一的出路就是发动战争，向外掠夺财富。

在内部因素的驱使下，禄东赞撕毁了与唐朝的和平条约，挥军北上，进攻唐朝的附庸吐谷浑。吐谷浑地处青海高原，在地理上与西藏高原地貌相似，十几年前，松赞干布也曾打过这里，吐蕃人对吐谷浑知根知底，战争呈现出一边倒的局势。

显庆元年（656），吐蕃开始频繁进攻吐谷浑，7年后，占领全境。吐谷浑王带着一家老幼逃亡到唐朝避难，唐朝边境河陇地区彻底暴露在吐蕃兵锋之下，唐朝对此不能坐视不理。乾封元年（666），唐高宗封吐谷浑王为青海王，以此向吐蕃宣示青海主权，但苦于唐军主力正在朝鲜半岛与高句丽作战，封青海王的实际作用不大，仅仅是"道义"层面的支持，为唐军日后出兵埋下伏笔。

吐蕃占领吐谷浑后也没闲着，积极增兵备战。吐蕃对吐谷浑采取了同化政策，告诉吐谷浑人："我们两国生活在高原之上，都是高原之子，你们为什么要给唐人做炮灰呢？"吐蕃人还许诺只要参军，打了胜仗，吐谷浑人可以享受和吐蕃人一样的待遇，共分战利品。在情感和利益的驱动下，吐谷浑人转向支持吐蕃。

咸亨元年（670），辽东战事结束，唐军掉头在西北地区征召了5万健儿，任"三箭定天山"的薛仁贵为逻娑道行军大总管，郭待诏为副将，气势汹汹地向吐谷浑杀来。薛仁贵的官名"逻娑道行军大总管"中暗藏玄机，逻娑指的不是吐谷浑某地，而是吐蕃的首都（今拉萨）。唐军此战的目的不限于帮吐谷浑复国，更要直捣黄龙，攻占吐蕃首都，一战定乾坤。

身为名将，薛仁贵见吐蕃以逸待劳，兵力强盛，便定下了速战速决、寻找空隙和直扑拉萨的战略。他率领先锋部队在地势险峻的大非川筑起营垒，等待战机。

战机说来就来，唐军哨骑在乌海一带发现了吐蕃小股部队，薛仁贵率骑兵奔袭，打了吐蕃军一个措手不及，占领了乌海城。副将郭待诏眼红薛仁贵的战功，仗着自己是将门之后，不听军令，率领后续部队冒进争功，被吐蕃20万大军歼灭。失去后援的薛仁贵不得不退守大非川，吐蕃乘胜追击，逼迫唐军决战，在绝对的优势面前，薛仁贵无计可施，退军而还。

大非川之战以唐军战败告终，5万大军几乎全军覆没。唐蕃第一次大战，吐蕃拔得头筹。

## 二、西域争夺战

大非川之战带来的两个严重后果是唐高宗始料未及的：首先，唐朝永远失去了抵抗吐蕃的屏障吐谷浑，边境直接受到吐蕃威胁；其次，太宗时代设立的安西四镇全部失控，划归到吐蕃的势力范围内。

安西四镇是大唐经营西域诸国的核心机构，大非川之败后，吐蕃乘机攻陷了安西四镇的首府龟兹，唐军被迫撤往吐鲁番。西域大部分地区臣服于吐蕃，吐蕃霸业初成。

21年后，武则天肃清了国内反对势力，于九月九日重阳节亲临则天门，大赦天下，改国号为周，摇身一变成为女皇帝。动荡不安的大唐政局，呈现出难得的祥和氛围。或许是为了证明武周政权的合法性，登基的第二年，武则天就迫不及待集结大军，令武威军总管王孝杰、武卫大将军阿史那忠收复西域，彰显新朝的军威。

史书上对这段战事记载不多，但战果辉煌。武周长寿元年（692），武周军大破吐蕃，收复了安西四镇，夺回了西域霸主的地位。

7年后，禄东赞之子论赞德带着侄子论弓仁突然向武周政府申请"政治避难"。武则天将信将疑，因为这两人除了自己请求避难外，还带了十几万治下的百姓。吐蕃全民皆兵，这些百姓拿起刀来就能变成一支雄师。武周廷派出官员严格甄别他们的身份。

原来，武周军在西域得胜后，继任赞普都松茫波杰借题发挥，向掌控吐蕃军国大权20多年的禄东赞家族问罪。禄东赞长子、大非川之战的功臣论钦陵被逼自杀，为了活命，论赞德和论弓仁不得不投靠武周朝。

武周因此获得了一支吐蕃的外籍军团，赞普都松茫波杰也消灭了国内政敌，把大权收归己有。

## 三、战火南延

吐蕃虽在西域失败，但元气未伤，都松茫波杰还趁机加强了中央集权，吐蕃实力不退反进。这次他们把战火烧到了四川，派兵骚扰劫掠，妄图靠疲劳战拖垮唐军。

唐高宗时期，唐朝疆域扩张到极点，表面上看威风凛凛，但疆域越大，越难防守。吐蕃人可以随意挑选进攻地点，唐军只能被动防守，战争主动权握在吐蕃人手里，搞得唐军很难受。打仗要花钱，唐军将士远离故土，来到千里之外的蛮荒之地，没有好处谁肯卖命？何况千里远征本来就九死一生，给钱还不一定有人愿意去。所以到了武则天时期，府兵制难以为继，一方面是均田制的崩溃，另一方面是战线拉得太长，没人愿意死在异国他乡。

面对吐蕃在四川的小动作，唐玄宗选择扶植小国南诏，作为抵抗吐蕃的前线。南诏大概位于今天云南省一带，地形多为山地，交通不便，吐蕃的战马难以驰骋，极大减轻了四川的防务压力。

云南郡太守张虔陀突然卷入了南诏国的继承人问题中，按照汉人传统，继位的应该是嫡子，而南诏新立的是继子。张虔陀以不合礼制为由，不承认新君地位，并用兵威胁南诏，令其赶快换人。

新君被逼急了，派兵袭杀了张虔陀。唐军震怒，剑南道行军总管鲜于仲通提兵8万前来问罪。南诏使者哭诉说："前段时间，吐蕃来人了，希望南诏投靠他们。但我们与唐朝世代友好，拒绝了吐蕃，这次杀张虔陀完全是迫不得已。"南诏使者以吐蕃为谈判价码，暗示唐朝：别欺人太甚，不然南诏就去投靠吐蕃，"倘若鹬蚌交守，恐为渔父所擒"。

莽汉鲜于仲通可不管这么多，继续进军。南诏彻底倒向吐蕃，西南微妙的平衡被打破。南诏与吐蕃合兵一处，大破唐军。两年后（公元754年）李宓提兵10万再次南征，这次更惨，北方将士水土不服，军中瘟疫横行，还没开打便病倒一片，南诏吐蕃联军一阵掩杀，唐朝全军覆没。史载"流血成川，积尸壅水"。

两战唐军折兵20万，次年，安史之乱爆发，西南地区沦为吐蕃势力范围。

## 四、长安沦陷

安史之乱爆发后，吐蕃又出了一位少年英雄，年仅13岁继任赞普之位的赤松德赞。当吐蕃的使者来通报新君继位时，发现大唐已陷入战乱，欣喜若狂，暗想捞油水的时候到了，便假惺惺地对玄宗说："臣回国后，一定向赞普汇报，请他出兵帮助大唐平叛。"玄宗晚年懒政，但并不糊涂，严词拒绝了吐蕃使者的建议。

得知消息后，赤松德赞立刻起兵向河陇地区袭来。河陇地区是唐朝边防核心区域，为了防备吐蕃，从太宗开始，就设有14万重兵把守。河陇地区进可以通向西域，退身后就是长安，战略位置极其重要。

赤松德赞趁着安史之乱，仅仅用了6年时间，就攻占了整个河陇。战争期间，赤松德赞表现出了极高的政治天赋，他一边令吐蕃军稳扎稳打，逐步蚕食河陇诸地，另一边仗着唐军忙于平叛，假意找唐朝谈判，拖延时间。广德元年（763），吐蕃大军攻破长安，唐代宗仓皇出逃，吐蕃军劫掠长安城长达15天后撤军。此役是唐蕃战史上，唐朝最大的一次失败。

赤松德赞时期，吐蕃攻下西域、云南和河陇，国势达到了鼎盛。唐朝则开始走下坡路，从盛唐过渡到中唐，前期开疆拓土的豪情不再，开始了激烈的内部斗争。

纵观唐蕃战史，唐军败多胜少。究其原因不是唐军战斗力减弱，而是随着疆域的扩大，依靠中原农业经济，根本支撑不起如此庞大的帝国。安史之乱爆发的原因之一就是节度使权力过大，而造成节度使权力过大的原因，恰恰是因为唐王朝的中央政府管理不来如此庞大的帝国，不得已才放权给节度使，结果造成了尾大不掉的局面。

北边的突厥，东边的高句丽，西边的吐蕃，无不虎视眈眈，光靠军事战争只能取得一时的胜利，要想取得长治久安，还是要依靠文化的力量进行渗透。某种意义上，文化的力量要远强于武力。

## 女皇的男宠

垂拱四年（688），大权独揽十多年的武则天感到称帝的时机已经成熟。4年前，她为了彰显权威，将帝都从长安迁到了洛阳并改名神都。与繁花似锦、威严大气的长安相比，洛阳繁华有余，但威严不足。武则天决意为洛阳兴建一座只在传说中出现过的明堂，来彰显神都的威严，为称帝铺路。

明堂最早见于《逸周书》，传说周朝定鼎天下后，周公为了歌颂周朝的文治武功，在洛阳建了历史上第一座明堂。儒家推崇周公，虽然谁也没见过，但还是郑重其事地把明堂记录在案，称其是"明正教之堂""天子之庙""王者所以承天行化也"，久而久之，明堂成了盛世的象征。

唐太宗、高宗曾想复建明堂，结果因为儒生们喋喋不休的争论而放弃，武则天既然想做开天辟地的第一位女皇帝，自然要做出其他帝王都做不到的事情，重建明堂成了不二之选。与太宗和高宗不同的是，武则天没有理会儒生的争论，直接命令一位叫薛怀义的和尚全权负责此事。薛怀义不是一名普通的和尚，也不是专业的建筑师，他真实的身份是武则天的情人。

## 一、洛阳无赖

薛怀义本是个洛阳城里的无赖，原名冯小宝，在家乡混不下去了，便跑到城里做小买卖营生。冯小宝长得俊秀，身材好（伟形神，有膂力），站在街上吆喝时回头率很高。

唐代社会风气开放，贵族女性有几个情人不足为奇，唐代有个专门称呼男性情人的名词叫"面首"，可见当时两性关系之开放。有一天，冯小宝站在街上叫卖，引起千金公主侧目。千金公主辈分很高，是唐高宗李渊的女儿，和太宗同辈。到了武则天执政时，李唐家族人人自危，千金公主善于逢迎，成为皇族中为数不多的混得不错的女性。

史籍上没有记载千金公主的生卒年，从高祖推测，遇到冯小宝时，她至少50岁。千金公主一眼瞧上了这名俊俏小生，把冯小宝带回去"试用"了一下，感觉不错，毕竟是年轻人，在床上生龙活虎。为了讨好武则天，千金公主又主动割爱说："小宝有非常材用，可以近侍。"

垂拱元年（685）冬日，冯小宝秘密入宫，让61岁的武则天又找回了床笫之乐。一名陌生男子频繁出入后宫，总归不成体统，为了让自己可以随时感受到年轻的躯体，武则天令冯小宝去洛阳白马寺出家，以僧人的身份入宫说法，并让自己的女婿薛绍认冯小宝做叔叔，一名洛阳无赖摇身一变成了得道高僧薛怀义。

## 二、小人得志

靠出卖自己肉体上位的薛怀义很快"名动"洛阳，王公大臣都知道他是皇后的情人，在严酷的政治环境下，善于奉迎的小人纷纷投靠在他的门下。薛怀义把千年古刹白马寺搞得乌烟瘴气，收留了一批和他出身一样的地痞无赖，在洛阳城招摇过市，巅峰时人数达千人之多，俨然一个黑社会组织。

这些人仗着有靠山，骄横不法，欺行霸市，殴打平民。有一个道士，因为言语轻蔑，不尊重薛怀义，被打得遍体鳞伤，这帮人还不解气，剃光了他的头，以示侮辱。有位正义的御史上书控诉薛怀义及其党羽的不法行为，结果走在路上被人"黑"了，差点儿被打死。从此再也没人敢和薛怀义作对，"纵横犯法，人莫敢言"，王公大臣见到他都要点头哈腰。

恶人自有恶人磨，嚣张惯了的薛怀义有次在皇宫门口冲撞了宰相苏良嗣的仪仗队，双方产生了言语冲突。苏良嗣早就看这伙人不满，命令左右制住薛怀义，冲上去抽了他十几个大嘴巴。吃了亏的薛怀义心有不甘，跑去找武则天告黑状。武则天只说了一句："南门是给宰相们走的，你以后进宫还是走北门吧！"武则天作为一名老辣的政治家，她知道薛怀义只不过是"床上用品"，无法与那些为自己治理国家的士大夫比，在私欲与国家之间，她毫不犹豫选择了后者。

## 三、弃若敝屣

垂拱四年（688），薛怀义接受了修建明堂的工作。市井无赖出身的他和迂腐的儒生相比，没有那么多的繁文缛节，不会因为书上的只言片语就吵得不可开交而最后一事无成。薛怀义只知道为武则天效力，不择手段地达到目的。建明堂这种事，正需要他这样的小人，武则天可谓"知人善任"。

儒生们吵了几百年没建成的明堂，在薛怀义的主持下，10个月就修建完工。史书上说，明堂宏伟壮丽，高294尺，方300尺，一共三层楼。第一层为正方形结构，每面墙分别象征春夏秋冬，配以青红白黑四色，采光效果非常好，通透明亮,令人肃然起敬。第二层为十二边形,象征一天有十二个时辰。第三层是一个二十四边形组成的高柱,有盘龙缠绕,柱子顶端栖有一只镀金凤凰,在阳光的照射下熠熠生辉,彰显了武则天无上的权势。

武则天视察后,非常高兴,赐名"万象神宫",在明堂内大宴群臣。洛阳城的百姓争相到此,一睹明堂神采,薛怀义的宠幸达到了顶峰。一年后,志得意满的武则天正式登基称帝,成为前无古人后无来者的女皇。

当上女皇的武则天一改皇后时期严酷的执政风格,开始变得宽容。那段严酷的岁月只是李唐的政治遗产,宽容的盛世才是武周的象征,盛世要用君子,小人薛怀义渐渐失去了市场。

御史周矩抓住了女皇的心理,坚持状告薛怀义聚众谋反。女皇看完奏折后,口风发生了转变:"卿且退,朕即令去。"薛怀义闻讯大怒,骑马闯进周矩的办公地御史台,赤裸着上身躺在床上,一副流氓嘴脸。两人吵了起来,周矩叫来卫兵准备抓人,薛怀义翻身骑马而去。

武则天得报后,下令将薛怀义的党羽全部流放至边疆,对薛怀义本人仍网开一面。但小人是不会收敛的,深感失宠的薛怀义一把火烧了辉煌的明堂,可怜耗尽天下民财的明堂存在了不到10年时间,便化为了灰烬。虽然纵火一案存疑,但薛怀义的名字早已与明堂紧密地联系在一起,朝臣群情激奋,众口一词下,薛怀义成了"最佳嫌疑人"。

为了平息民愤,女皇令薛怀义进宫。薛怀义进宫后没见到女皇,只有太平公主一脸鄙夷地在等他。在一棵树下,武士用绳子勒死了这名叱咤洛阳城长达10年的男宠。薛怀义这种小人在武则天看来不过是随时拿来利用,又可随时弃之的工具而已。

## 四、莲花似郎

薛怀义死后两年,72岁的女皇依旧精力旺盛,空虚的龙榻需要男宠填充。其间多有美少年出入,但宠幸时间不长,勾不起女皇兴趣,直到张易之(别称"五郎"）、张昌宗（别称"六郎"）兄弟的出现。

与薛怀义不同，张易之、张昌宗兄弟出身官宦世家，祖上靠军功起家，张易之因此做了尚乘奉御，负责饲养皇家马匹，算是孙悟空的同行，同为弼马温。所以说，张氏兄弟的个人修养是不差的，张易之长得帅又精通音律和医学，张昌宗知书达理，是翩翩美少年。当太平公主把二人推荐给武则天后，女皇立刻喜欢上了他们，常伴左右，成了武周王朝新的政治暴发户。

如果说薛怀义是标准的小人，不学无术，张氏兄弟则是野心家，他们不仅能满足女皇的床上需求，更能处理政事，染指权力。女皇放心地把宫内大权都交给了他们，让他们充当与外朝大臣的联络官。

一时间，洛阳权贵争相与张氏兄弟交往，为其牵马执鞭。更有甚者，如宰相杨再思非常肉麻地说："别人都说六郎（张昌宗）如莲花一样美，我看不对，是莲花美得像六郎。"

为了粉饰太平，张昌宗建议设立一个名为"控鹤监"的文学机构为盛世编撰书籍，女皇欣然允许。控鹤监名为文学馆，招揽了一批轻薄文人，比如以一首"近乡情更怯，不敢问来人"留世的宋之问，是迎奉谄媚之徒，控鹤监很快沦为女皇和男宠们纵乐的地方。女皇让张易之穿上羽衣，骑上悬空的木鹤，来回在空中"飞翔"，配上张昌宗吹奏的笛音，飘飘如仙境。从审美角度来说，此景如画卷一样唯美，象征着盛世气象。

有次，女皇正与二张玩一种名为"双陆"的赌博游戏，狄仁杰求见。女皇毫不见外，要狄仁杰一起参与。狄仁杰便取代女皇与张昌宗对赌，女皇说："国老用什么做赌本呢？"狄仁杰指了指自己外套说："臣就用这个。"女皇哈哈大笑："六郎的外套可是贵重的羽衣，价值悬殊太大了吧！"狄仁杰面不改色，正气凛然回答说："臣的外套可不一般，虽然价格没六郎的高，但这是士大夫的外套，高贵无价。"女皇默然，张昌宗因此闷闷不乐了好久，最后把自己价值千金的羽衣送给了狄仁杰。

## 五、一朝伏诛

80岁的女皇,身体一日不如一日,逐渐变得深居简出。二张控制了大内,所有女皇的政令均由此二人传达。

女皇虽已宣布李显是自己唯一合法继承人,但内心实有不甘,自己一生革命的结果是取代了李唐,创立武周,当上女皇,如果把皇位传给儿子,意味着"革命果实"化为乌有,天下又回到了李唐手中。无奈,女皇虽能胜过同时代所有男性,可战胜不了强大的文化传统,她害怕自己死后,变成没人祭祀的孤魂野鬼。

二张毕竟是读过书的人,明白如果自己仅仅是个男宠,迟早会如薛怀义一样被抛弃。所以两人紧紧抓住皇宫大权,并私下与武氏家族的人联系,威胁到太子李显的地位。二张把持的内廷,让原本顺理成章的皇位继承又变得动荡不安起来。

神龙元年(705),宰相张柬之带着太子李显联合禁卫军发动政变,李显亲自打开了玄武门,政变军队鱼贯而入,权势熏天的二张没有丝毫反抗的余地,便被诛杀。过程之简单令人咋舌,史书上只留下"伏诛"二字概括整个过程。

得知二张被杀,女皇没有丝毫慌乱,或许她对二张根本没有任何感情,只是把他们当作玩物或仆人。当女皇了解到政变部队的要求时,依旧保持了皇帝的威严,令众人退下等待旨意。众人得命,鱼贯而出。四日后,女皇退位,二张成了武周王朝最后的殉葬品。

# 生不逢时的太平公主

太平公主第一任丈夫死时,她大约24岁。说是"大约",因为正史中没有记载她准确的出生时间,只能推测她出生于麟德二年(665)左右。

作为高宗和武后最小的孩子,太平公主比二哥李贤小了整整10岁,当自己的哥哥长大成人,逐渐变成母后武则天政治道路上的绊脚石时,只有在年幼、毫无威胁的太平公主身上,武则天才会表现出强烈的母爱。

后宫佳丽三千人,三千宠爱于一身。在蜜罐中长大的太平公主,做梦也没想到24岁时,自己的丈夫薛绍会因谋反罪被武则天打入死牢。太平公主求母亲网开一面,她认为凭借母亲的宠爱,定能为丈夫求得一条活路。然而她错了,她把武则天当成了普通的母亲,殊不知,武则天的第一身份是政治家,其次才是母亲。

武则天毫不留情地拒绝了她的哀求——一切阻碍武周王朝的人都得死,哪怕是亲情,哪怕是微不足道的威胁。

太平公主去天牢见丈夫最后一面,薛绍已被拷打得无法说话,用手比画着告诉太平公主照顾好他们刚满月的孩子。

经过此难,太平公主终于明白了一个道理:别人施舍给你的爱,永远不牢靠,要想掌握自己的命运,必须成为像母亲武则天一样的冷血动物。

## 一、豆蔻年华

李唐皇帝自称是老子李耳的后人,故以道教为国教。王公贵族中不乏有把孩子送去道观出家的,太平公主小时候身体弱,高宗怕她早夭,为了保佑她健康成长,一狠心让她做了道士,沾沾仙气,道号"太平"。

唐蕃第一次战争结束后,大获全胜的吐蕃使者趾高气扬地来到了帝都长安,以两国友好之名,请高宗仿照文成公主的故事,再下嫁一名公主。吐蕃使者显然是做过功课的，知道高宗和武则天最喜爱小女儿，点名非太平公主不可。

心疼女儿的高宗说什么也不同意，冒着两国交兵的危险拒绝了吐蕃人的要求："太平公主已经出家了，不能嫁人。"吐蕃使者悻悻而归。

比起明清严格的封建礼教，唐朝的社会风气开放，女性地位很高，可以与男性平起平坐。大唐的贵族女性经常盛装出游，招摇过市，展现自己的美貌。体育赛场上也能看到女性的身影，她们身着戎装，骑着高头大马，手持长柄球棍，如同男儿一般，驰骋于球场上，球技丝毫不落下风。谁说女子不如男？唐朝的女儿"不爱红装爱武装"。

青春期的太平公主的眉宇间些许有其母武则天之风，喜欢穿着战甲舞刀弄枪。有次，她穿着战甲在皇家宴会上跳起了"战舞"，高宗哈哈大笑问道："你以后又不能当将军，穿成这样干什么？"

太平公主低下头，面泛红霞地答道："可以把战袍赐给驸马呀！"

高宗笑得更开心了，"原来我的女儿想嫁人了啊！"

高宗左挑右选，把她嫁给了自己的外甥薛绍，太平公主"求婚"的故事成为一时美谈。

## 二、女皇之女

载初元年（690），九九重阳节，武则天在长安称帝，国号"周"，改元天授。女人当皇帝，还是开天辟地第一次。通往帝位的道路上，武则天举起屠刀，任用酷吏，残酷镇压反对派，尤其是对李唐皇族，杀的杀，流放的流放，亲生儿子李旦、李贤被当作"模范囚犯"派重兵关押在王府中，不见天日。

玄宗御极后，废太子李贤有个小儿子叫李守礼，会"天气预报"。有次开宴会，晴空万里，李守礼对客人幽幽道："一会儿要下雨了。"客人们不信，一炷香后大雨倾盆，大家啧啧称奇。故事传到了玄宗耳朵里，玄宗召见了他，问他为何有如此特异功能。

李守礼不敢隐瞒："则天皇后在位时，我们一家被囚禁王府，看守们隔三岔五就毒打我一顿,旧伤没好,新伤又来,落下了病根,只要天气变化,我的背隐隐作痛,所以能预测天气。"玄宗听完默然,两人抱头痛哭。

从这个小故事中,可以看出李唐皇室在武则天时代过得是多么悲惨。太平公主是个例外,武则天杀了她的丈夫,为了弥补情感上的亏欠,她大幅提高太平公主的地位,打破常规,封给她1200户的土地,并让她参与朝政,与上官婉儿一样,成为武周王朝最有权势的三个女人之一。

但太平公主没有因此而得意,反而更加恭谦,如同母亲身边一只乖巧的小猫。为了讨好母亲,她推荐了张宗昌、张易之两位美少年进宫伺候武则天起居。虽然武则天已经70多岁,但似乎对床帏之事依旧兴致勃勃。史载张氏兄弟"年二十余,白皙美姿容,善音律歌词",两人地位直线上升,权倾朝野,出行时,朝堂的权贵争着为他们牵马执鞭。

太平公主看似为了母亲生活考虑,极尽贴心,然而权势熏天的张氏兄弟成了压倒武周王朝的最后一根稻草。

长安四年(704),武则天病重,长达一个月的时间没有见任何官员,只有张易之和张宗昌在贴身照顾,因此引发了外朝哗然,以张柬之为首的朝官集团害怕张氏兄弟假传圣旨。他们的担心是不无道理的,当时,与二张关系最好的都是武则天的娘家人,她的侄子武三思对皇位垂涎三尺。狄仁杰力挽狂澜,确立了李显太子之位,才解决了女皇帝的身后问题。现在,朝官被二张隔绝在女皇之外,万一与武氏家族联手假传圣旨,立武家人当皇帝怎么办?

张柬之决心以武力解决问题。他联合御林军将领找到太平公主,希望能得到她的支持。时机一到,太平公主露出了她的本心,虽然武则天又把她嫁给了武家人,但她的心一直站在李唐这边。太平公主积极参与了政变的谋划,用自己在宫中的影响力,拉拢更多人参与政变。

一个月后,张柬之率领御林军冲入皇宫,诛杀张宗昌、张易之兄弟,逼迫病榻上的武则天传位给太子李显,史称"神龙政变"。

15年前,武则天杀了太平公主的丈夫;15年后,太平公主诛杀了武则天的男宠。武则天曾称赞太平公主"此女跟我性格很像",此言不虚,经过十几年朝堂磨炼的太平公主，早已变成了敏感的政治动物。

## 三、权倾天下

唐中宗李显是个"妻管严"，对自己的皇后韦氏又爱又畏。当年，夫妻二人被武则天流放到外地，李显惶惶不可终日，一见到长安来的使者，双腿就哆嗦，害怕是母后派来的杀手。韦氏安慰他说："福兮祸所伏，大不了一死而已，怕什么？"在最黑暗的时刻，韦氏给了李显最大的温暖。李显深为感动，对韦氏说："他日，我若当了皇帝，你想干什么就干什么，我不管你（不相禁御）。"

果然，神龙政变后，李显当了皇帝，韦氏顺理成章成了韦后。韦后是个不安分的女人，前有武则天的光辉榜样，她也做起了女皇梦。韦氏拉拢了武则天的贴身女官上官婉儿做自己的军师，上官婉儿又为她引荐了武三思，三人结成了政治同盟。

可怜的唐中宗听之任之，毫无王者霸气，甚至在韦后与武三思赌钱时，跟个仆人一样，在一旁端茶递水，伺候二人。

在韦后的策划下，对李显登基帮助最大的张柬之等人被废不用，触怒了众多功臣。他们为了报仇，逐渐团结到了太平公主门下。大唐朝堂形成了韦后和太平公主两大政治集团。

景龙四年（710），唐中宗突然死亡，长安城内流言四起，大家都指责是韦后为了当女皇而毒害了亲夫。韦后有理说不清，急令5万府兵入京戒严，扶持了一个小皇帝唐殇帝。

这下太平公主不干了，韦后算个什么东西？论出身，她只是参军之女，靠着自己哥哥中宗懦弱无能才得以专权，这点儿实力还想当女皇？李唐的江山绝对不能再落到外人手里。于是，太平公主联合了自己的侄子李隆基，突然发动政变，诛杀韦后、上官婉儿等人，拥立了自己另一个哥哥、李隆基的父亲李旦为帝，是为唐睿宗。

因为两次拥立之功，45岁这年，太平公主的权势达到了顶点。女强人武则天、韦后、上官婉儿死后，太平公主俨然成了大唐王朝的女主人。

## 四、姑侄斗法

唐睿宗登基后，太平公主"由此震天下，加实封至万户，三子封王，余皆祭酒、九卿"。说来奇怪，从唐高宗开始，李家的男子性格皆懦弱，能力不如身边的女性，本以为武则天后会好起来，结果一番政治斗争后，权力还是落入了太平公主的手中。好在太平公主始终认为自己是李家的女儿，在关键时刻，总是站在李唐一边，才得以保住唐睿宗的皇位。

唐睿宗有个好儿子李隆基，也就是日后大名鼎鼎的唐玄宗。为了制衡太平公主，唐睿宗给了太子李隆基实权，保持朝堂微妙的平衡局面。每次遇到重大决策时，唐睿宗会问："此事，太子和太平公主知道了吗？"如果二人同意，唐睿宗立刻批准。

然而，太平公主没有把年轻的李隆基放在眼里，时常以姑姑的身份压制李隆基。在共同的敌人消失后，两人渐渐从政治盟友变成了政治对手。

尤其在人事任免上，太平公主丝毫不避讳，专门推荐跟自己关系好的人，从寒门到出将入相，升迁极快，拜在她门下的官员越来越多。二十多年的政治斗争，让太平公主信心满满，她瞒过了武则天，斗倒了韦后，从被别人掌握命运，到掌握别人命运。太平公主深谙政治之道：所谓政治就是团结最多的人到自己的阵营中来，牵一发而动全身，只要势力够大，谁也奈何不了自己。

李隆基不甘人后，利用太子身份、国之储君延揽人才。不少富有政治理想的官员以太子为正统，聚集在太子府中反对太平公主。"名正言顺"是李隆基最大的武器。

太平公主起了换太子的心。景云二年（711），太平公主召集宰相们议政，试探性提出要换太子，结果没一个人说话。宰相宋璟甚至直接反对："东宫有大功于天下，真宗庙社稷之主，安得有异议？"太平公主气得说不出话来，决意反击，将支持太子的宰相姚崇和宋璟贬黜外地，把自己的党羽窦怀贞、肖至忠、岑义、崔湜立为宰相,"宰相七人,四出其门",表面上控制了朝堂。

一年后,天降彗星,在古代,彗星是不祥的征兆。太平公主借此大做文章,派人跟睿宗说:"天降彗星,应当除旧布新,太子当继位。"本来是想挑拨李隆基和睿宗的关系,谁料睿宗早已厌倦了朝堂斗争,不想当皇帝了,就坡下驴,直接退位,把皇位交给了李隆基,是为唐玄宗。

太平公主感觉被人耍了,使出了最后杀招——发动政变。有前两次政变成功的经验,太平公主迅速组织了政变班底,准备联合支持自己的宰相和御林军攻入皇宫杀了唐玄宗。李隆基的亲信张说得到情报,立刻带刀去找玄宗说:"请陛下快刀斩乱麻,诛杀乱贼。"

太平公主准备动手的前一天,唐玄宗先发制人,在长安城内全城搜捕参与政变的乱贼。政变事败,太平公主逃到城外避难,最终被赐死。

一代女主太平公主终年48岁。纵观她的一生,始终生活在险恶的朝堂中,从一个年少无知、躲在父母羽翼下成长的少女,被逼走向前台,变成杀伐果断、参与朝政的女主。她本应与丈夫薛绍过着幸福的生活,无奈时事弄人,无情最是帝王家,想要保护自己和自己的爱人,只能选择变强,在一次次的政变中,当年的屠龙少女最终也变成了恶龙。

## 不世之功受降城

唐朝建立之初,面对的外部环境可能是中国历史所有王朝中最差的。帝国北部有纵横草原的突厥,东部有打不死的"小强"高句丽,西部有正在崛起的吐蕃。汉王朝单是打一个匈奴就耗尽了国力，更别说唐朝要面对的三个实力不输匈奴的对手。

多难兴邦，面对强大的对手，唐朝人没有退缩，而是积极寻找解决问题的办法，军事打击、外交周旋、乘虚而入、移民实边、以戎制戎……众多策略中，营建受降城特别值得关注。受降城的兴建，不但有效遏制了突厥、回纥南下的威胁，又为中央政府节省了大量军需开支，取得了军事、经济双赢的效果，用很小的代价保卫了帝国北疆近百年的和平。

## 一、退缩

贞观年间，唐太宗利用突厥内乱之际，发动突袭，一举击溃了横霸草原数十年的突厥人。这一仗打得非常惊险，如果不是前线大将李靖犯险突袭，胜负难以预料。与其说是太宗英明神武，不如说是太宗赌对了，战争除了实力外，运气也很重要。

击溃东突厥后，唐朝北部安全形势大为好转，防线从原来的黄河外延至漠南，大量曾经遭受突厥人统治的部族投靠唐朝，成为雇佣军，协助唐军守卫边疆。

好景不长，唐朝对漠南的统治没有持续太长时间。这是可以预见的，中原王朝对草原的统治完全依靠武力，沉重的军费开支，对任何依靠农业收入的王朝来说都难以为继。汉武帝横扫漠北、封狼居胥是何等的壮阔！反观当时人民的生活状况，只能用水深火热来形容，"欲益民赋三十助边用，是重困老弱孤独也"，汉王朝的百姓穷得连30文钱都拿不出来了。正如杜甫在《兵车行》中喊出的那句："边庭流血成海水，武皇开边意未已！"

唐高宗总章二年（669），唐朝疆域达到巅峰的1200万平方公里，但盛极而衰，很快开始走下坡路。原因是多方面的，除了浩繁的军费开支外，西边吐蕃勃然兴起，帝国西部拉响了警报，唐王朝的战略中心从北方移至西方。北方草原上的突厥人获得了喘息，实力逐渐恢复，建立起后突厥汗国。东北方向，高句丽被赶出辽东后，契丹、奚族崛起，成为新的威胁。

唐王朝内部也出现了问题，高宗去世，太后临朝，武则天为了夺权，把注意力集中在处理内部矛盾上，对外政策趋于保守，防守为主。后突厥逐渐蚕食了漠南，唐朝的防线又被压回黄河。"国家自天后以来，突厥默啜兵强气勇，屡寇边城，为害颇甚"。黄河与长江不一样，黄河冬季有些地段会结冰，突厥骑兵踏冰而来，不需要水军协助，直扑内地。

重建漠南防线成为唐王朝的当务之急。

## 二、筑城

唐中宗神龙三年（707），突厥默啜可汗又一次南下，寇掠灵州。唐军朔方军总管沙吒忠义率军迎敌，结果大败而归，折损将士6000多人。默啜可汗乘胜追击，攻入内地，大肆掠夺，满载而归。中宗震怒，下诏免去了沙吒忠义的职务，大将张仁愿紧急补缺救场。

张仁愿上任后，因地制宜，出塞侦查。当得知默啜可汗移师西征时，他立刻向朝廷建议抓住时机，越过黄河，去北岸修筑受降城，作为抵抗突厥南下的桥头堡。

在张仁愿的设想中，将建三座受降城，西、中、东各一座，相隔400里，中间靠烽火台传递军情，相互支援，形成一道立体防线。

奏请传回朝廷，唐中宗犹豫不决。太子少师唐休璟直接表示反对，此人虽为文臣，然颇为知兵，"休璟以儒者号知兵……故行师料敌未尝败"。他是中宗一朝有名的儒将，他的建议颇具代表性。唐休璟说："两汉以来，皆北守黄河，从未听过越河筑城。纵使筑城成功，突厥人年年攻打，唐军无法坚守，终为贼人所据。"这不是花钱给别人作嫁衣吗？

张仁愿反复上书朝廷力争筑城，他给朝廷算了一笔账：如今，为了防备突厥，朝廷在朔方屯集重兵，每年消耗军费百万钱。一旦受降城建成，将缓解朔方压力，减少军费开支。

中宗最后拍板：筑城！

景龙二年（708），张仁愿带着数万将士跨过黄河，来到了北岸的拂云神祠。每次默啜可汗南下都会在神祠中祭天，张仁愿偏偏要在此修建"中受降城"，断了突厥人的"风水"，极具挑衅意味。为了防备突厥人骚扰，朔方军派重兵巡防保护。

东、中、西三座受降城仅仅花了半年时间便大功告成，过程非常顺利。每座受降城屯兵7000至10000人，战马2000匹左右，为唐王朝北拓疆域300里，"三受降城者，皇唐之胜势也"。

张仁愿在筑城时，没有设计复杂的防御工事，有人疑惑问他为何如此？张仁愿答："兵贵在攻取，不宜退守。寇若至此，即当并力出战！"体现出受降城采取的是积极防御的措施，而非消极防守，与唐人开拓进取的精神相符。

## 三、精神长城

唐朝对长城的态度冷淡，几乎没有修筑过长城。长城从秦代开始，就是中原防御草原铁骑的重要手段，后世王朝无不依托长城打防御战。长城依山而建，易守难攻，是草原铁骑难以逾越的屏障，但它并非无懈可击。抛开修筑时巨大的人力损耗，长城防线漫长，一点被破，整条防线失守，风险很大。

清代名臣张廷玉诗云："万里长城万里空，百世英雄百世梦。"随着时间流逝，长城的防御作用越来越弱。最好的防御是进攻，唐人实践的正是这条真理。

受降城孤悬塞外，背临黄河，不设防御工事，以进攻做防守。正是靠这股热血，唐人拼出了一个大大的疆域。长城是挡不住草原铁骑的，唯一能依靠的是人心，一个强大的王朝，上下一心，保家卫国，这样的军队自然战无不胜。

# 少年英武的唐玄宗

唐玄宗李隆基是个很漂亮的人物,时人称呼他为"李三郎"。郎是唐代对帅哥才子的称呼,比如武则天身边的两个男宠张易之和张昌宗分别被喊作"五郎"和"六郎"。与绣花枕头五郎、六郎不同,李隆基才华横溢,写得一手锦绣诗篇,精通音律,时常在宴会上表演打羯鼓,引得满堂喝彩,加上王爷的显赫身份,李隆基是名副其实的"高富帅"。

神龙政变后,他的大伯李显登基称帝,皇位本来与他没有关系,李隆基最好的结局是做个名动一时的太平王爷。然而时势造英雄,韦后的乱政给他留下了机会,李隆基一跃而起,登上了历史舞台的中心。

## 一、唐隆政变

景龙四年(710),唐中宗李显暴毙于长安。唐中宗死得蹊跷,原本身体好好的,骤然去世,没留下任何政治遗嘱,长安城的气氛变得云谲波诡起来。城中盛传是皇后韦氏和女儿安乐公主联手毒杀了中宗。韦后和安乐公主在中宗活着的时候飞扬跋扈,把当年拥立中宗有功的大臣贬出京城,寒了不少人的心,朝堂上的关键职位都被换成了韦后的自己人。安乐公主更是过分,干脆明码标价兜售官职,弄得官场乌烟瘴气。

唐中宗活着时,大家还卖李唐旗帜的面子,敢怒不敢言,等到中宗一死,权力出现真空,各方势力变得不安分起来。韦后不是一点儿防备没有,她急令从城外调来5万军队,对长安城实行戒严,扶植年仅16岁的李重茂为帝,打算继续垂帘听政。

韦后的手下也不安分,宰相宗楚客开始怂恿韦后仿则天太后的例子,早日登基称帝,成为大唐的第二位女皇。史书上没有记载韦后对称帝的态度,但以她当时的权势，几乎所有人都认定她会是武则天第二。

兵部尚书崔日用原本是韦后一党，听宗楚客说拥立韦后称帝一事后感觉到恐惧，连夜跑到李隆基府上告之政变计划。

李隆基坐不住了，他找来姑姑太平公主商议，当即定下诛杀韦后的决定。太平公主找来了担任卫尉卿的次子薛崇简，卫尉卿负责皇宫警卫工作，可以为政变者打开宫门；负责宫廷维修工作的苑总监钟绍京，他负责从御花园起事，并为李隆基提供作战指挥室；加上掌握府兵的麻嗣宗，政变班底基本组成。

心思缜密的李隆基仍觉不妥，这次政变要想成功，还缺少最重要的一环——御林军。3年前，自己的堂兄太子李重俊发动政变，刚开始非常顺利，但到了玄武门下时，御林军突然哗变，导致功亏一篑，身首异处。有前车之鉴，李隆基必须争取到御林军的支持。

李隆基亲自去拜访御林军将领陈玄礼。陈玄礼早就看韦后一党不爽，当年因为有部分御林军参与了李重俊的政变，事败后，御林军被韦后一党当成了敌人，时常拿一些鸡毛蒜皮的小事责骂他们。士可杀不可辱，被侮辱的御林军无不对韦后一党咬牙切齿。李隆基在这个关键点前来拜访，陈玄礼早已猜到了他的来意，主动提及被侮辱一事暗示李隆基。李隆基听出了话外之意，便开门见山，邀请他们参与诛杀韦氏的政变，双方一拍即合。

起事的前一天，有人建议李隆基向自己的父亲李旦通报政变之事。李隆基微微一笑，淡然道："他最好不要知道，这件事如果成功了，我们拥立相王（李旦）为帝；如果失败了，罪责我一个人承当。"大义凛然之气跃然纸上。

7月21日，下午4点左右，李隆基带着政变核心成员秘密潜入皇宫御花园钟绍京处。事到临头，钟绍京害怕了，不敢给李隆基开门。出师不利，所有人在门外急得大眼瞪小眼。钟绍京的妻子一语点醒了他："事到如今，你突然反悔，如果临淄王（李隆基）他们失败了，你认为不会追查到你的头上吗？难免一死，不如搏一搏，事情成功了，你就是功臣。"钟绍京这才慌慌张张给李隆基打开了西苑大门。李隆基显示出了大将之风，丝毫没有责备他，反而夸他关键时刻显忠心。

另一边，御林军将领陈玄礼、葛福顺、李仙凫率军埋伏于玄武门外，前来拜见李隆基，询问动手时间。晚上10点左右，天空突降流星雨，璀璨耀眼，给紧张的空气带来一丝轻松。近臣刘幽求兴奋地说："此乃吉兆啊！应该即刻起兵，诛杀国贼！"李隆基点头同意。

陈玄礼诸将提剑闯入玄武门御林军营，把睡梦中的韦后监军杀死，提着人头示众。早已受够屈辱的御林军山呼万岁，葛福顺扬起马鞭，高声喊道："兄弟们，报仇的时候到了！韦后毒杀皇上，随我诛杀国贼！凡超过马鞭高度的韦氏一党全部斩杀！"御林军轰然领命。

李隆基亲临玄武门，令葛福顺率军攻玄武门，李仙凫攻白兽门，双方于凌烟阁会师。皇城内外火光炽盛，喊杀之声震天，太极宫中的韦后从睡梦中惊醒，知道大事不好，逃入北衙禁军寻求保护，反被斩首。

夜里12点，玄武门外的李隆基听到从凌烟阁中传来的鼓声，知道大事已定，便率军进入皇宫。皇城禁军见到李隆基的旗帜纷纷放弃抵抗，阵前倒戈。上官婉儿、安乐公主、宗楚客等伏诛。

经此一役，李隆基一战成名，威震天下，李唐王朝转危为安。

## 二、高危职业

如果要问，唐朝最危险的职业是什么？可能是太子。从开国的高祖到玄宗的94年间，没有一个太子有好下场：唐太宗杀太子李建成，夺取皇位；太宗的太子李承乾政变未遂被废；高宗的三个太子全被武则天玩弄于股掌之中，惶惶不可终日；中宗的太子李重俊兵败被杀。直到玄宗继位才打破了"太子诅咒"，但玄宗的太子地位也遭到了太平公主的挑战，靠流血的政变才坐稳了皇位。

为什么唐朝的太子职业如此高危？答案在政治制度建设上。唐朝是个崭新的时代，它发扬光大了隋朝的三省六部制，将中华文明发展到了一个新的高度。三省的中书省、尚书省、门下省是中央决策机构，六部（吏、兵、工、刑、礼、户）是执行机构，体系完整，分工明确，其中暗含着帝王分权的思想，把统一的相权一分为三，减少权臣出现的概率，侧面加强皇权。分散的权力给了寒门子弟参与朝政的机会，支持唐王朝官僚系统的两根支柱———一根是传统的门阀势力，另一根是新兴的寒门势力。门阀靠家世入主朝堂，寒门靠科举参与朝政，两者间相互瞧不上。

当然，政治派别不能完全以出身划定界限，大体上还是能理出一条线的，门阀和寒门各自支持己方的政治势力，相互结党，让大唐的朝局变得缺乏稳定性。比如武则天为了扫清阻碍自己称帝的政敌，积极启用寒门官员对抗传统的门阀，给予寒门较高的政治地位收买他们，为己所用。门阀本身兴起于东汉末年，凭借读书特权垄断了仕途，威胁皇权，他们出身时就高人一等，做事多飞扬跋扈，如长孙无忌、褚遂良掌控朝堂，对抗高宗，成为皇帝最讨厌的人。

武则天出身寒门，是个木材商的女儿。门阀代表褚遂良曾不屑一顾地说她"出身低贱"，寒门与门阀的矛盾可见一斑。

后来的历史证明，寒门科举是最适合皇权政治的官僚制度，这些人出身平民，没有显赫的家世，向皇上尽忠是获取权势的唯一出路，所以宋代官员多出自科举，宋的皇位传承显得非常平静，有波折，无政变。唐太宗后，支持太子的大都是科举官员，他们把宝压在下一代身上，挑战在朝堂占据上风的门阀。权力分散外加寒门与门阀的冲突，让唐朝的朝堂山头林立，当矛盾不可调和时，唯有流血才能平息。

寒门与门阀的斗争，在安史之乱后发展到了巅峰，出现了历史上有名的"牛李党争"。

## 三、救时宰相

唐玄宗掌权后，皇位坐得不舒服。他姑姑太平公主咄咄逼人，摆出一副"皇位是我送你的，所以你要听我的"架势，双方最终兵戎相见。武则天去世后，7年的时间，唐中央爆发了三次政变，人心浮动，官员们为了自保，选择抱团取暖，生怕一觉起来，人头落地。唐玄宗要把唐朝推向鼎盛，必须收拢散掉的人心。

唐玄宗从官僚体系入手，严厉禁止政出多门的情况。唐高祖时，朝廷、太子府、秦王府、齐王府都能对政府机构下令，使得行政体系混乱，阴谋家可以借此实现自己的政治野心。有官员对唐高祖提出过这种体系的弊端，结果被高祖呵斥离间父子感情。武则天能顺利夺权，跟政出多门不无关系，有位叫刘祎之的官员对武则天的命令不屑一顾："不经凤阁鸾台，何名为敕？"说的是绕过正常行政程序下的命令，概不执行，结果刘祎之被逼自杀。

唐玄宗决定请出前任宰相姚崇，请他帮助整顿混乱的官僚体系。老谋深算的姚崇岂会不知现在的长安城一团乱麻、朝局复杂，搞不好要人头落地。于是，他给玄宗提出了十个要求，玄宗答应了，他才肯出山。这便是历史上有名的《十事要说》。

据《新唐书》记载，"十事"是为政先仁义、不求边功、中官不预公事、国亲不任台省官、行法治、租佣赋税之外杜塞贡献、寺庙宫殿止绝建造、礼接大臣等。其中有五项涉及官僚系统建设，一针见血地指出了官僚系统存在的问题。

姚崇的《十事要说》表面上看讲了十件事，其实只有两件：人事和财政。姚崇对政治有着极强的洞察力，看穿了政治的本质是人事和财政。

人事权决定了官僚队伍的稳定、团结和高效，所以姚崇强调"外戚、宦官、皇亲不得出任高官，不能干预行政；皇帝要积极纳谏，礼貌对待官员"，以保证人事权在他和皇帝的手中。财权上，姚崇要求"停止没有意义的战争，杜绝苛捐杂税，停止形象工程"，财政权保障了国家有能力推行重大国策，养护军队，赈济灾民。

唐玄宗深以为然，立刻同意。姚崇拜相，纲举目张，为唐玄宗选拔了一批能吏，将行政权统一到三省六部中，大唐的朝局为之一新。

姚崇曾得意地问下属："我这个宰相干得怎么样？比得上管仲、乐毅吗？"齐瀚答："恐怕比不上。"姚崇又问："那我是什么样的宰相？"齐瀚答："公可谓救时之相。"言下之意是姚崇做事雷厉风行，成果很大，问题不少，虽很多事操之过急，党同伐异，仍不失为一良相。姚崇听罢，深感贴切，高兴地扔了手中的笔说："救时之相也不是容易做的呀！"

3年后，姚崇因收受贿赂和党同伐异的做事风格，招来众多官员不满。姚崇主动请辞了宰相之职,平安落地。唐玄宗启用了做事严谨、品行刚正不阿的宋璟继任,朝局风气又为之一变,盛唐的气象指日可待。

## 一个造就盛唐巅峰的"奸臣"

唐玄宗掌握大权后,唐朝进入了一段大繁荣时期,史称"开元盛世"。朝廷内部,平息了"后武则天"时代的动荡与杀戮,呈现出一团和气;边境上,朝廷给节度使放权,让他们可以大展拳脚,外患消弭;文化上,文风鼎盛,一个贫寒学子在长安城内写出一首好诗,立刻能身价百倍。难怪有人说,李白绣口一吐就是半个盛唐。

每逢科举开榜,皇帝都会在宫内的杏花园内设宴,宴请即将加入帝国政府的学子。长得最英俊的进士会带队走入杏花园赏花,并采摘一朵他们认为最美的花,现场为其赋诗一首,所以参加过"杏园赋诗"的进士又被世人尊称为"探花郎"。真是"春风得意马蹄疾,一日看尽长安花"。

在唐玄宗的治理下,大唐王朝迈入了鼎盛时代。

但盛世是要花钱的,养官、养兵、搞国家工程……开支日益庞大,渐渐压垮了唐王朝财政,钱不够花了。偏偏帝国政府中,担任高官的儒生短于经济,面对财政困境,他们只会祭出"节流"一招,劝皇帝少花钱。

唐玄宗早已厌烦了儒生们的陈词滥调。精于统御之术的他知道:儒生点缀盛世可以,要拯救国家财政还是要用能吏。在这样的大背景下,一个在后世被儒生口诛笔伐的"奸臣"宇文融登上了历史舞台。

## 一、括户

开元九年（721），一名负责监察工作的小官宇文融给皇帝写了个奏章说："天下户口逃移，巧伪甚众。"请求皇帝下令"检括"。玄宗看了奏章非常满意，立刻召见了宇文融，君臣二人聊得很投机，玄宗当即任命宇文融为"劝农使"，全权负责在全国范围内开展检地、括户运动。

什么是检地、括户呢？古代中国是个幅员辽阔的农业国，农业乃立国之本，田税占了国家收入的八九成，田税是帝国财政的核心。

唐朝初年，地广人稀，高祖、太宗、高宗三朝都沿袭了北魏的均田制，按照户口给老百姓授田，征税也按照授田的户口征收；到了武则天、玄宗时期，人口激增，国家的田不够分了，按照规定男丁可得100亩田的，到了玄宗时期可能实际只能拿到10亩。没分到田的人，生活自然无法保障，还拿什么交税？全国各地田地多寡程度也不一，田多的地方称"宽乡"，田少的地方称"狭乡"，为了讨生活，大量"狭乡"之人偷偷跑到了"宽乡"开荒。帝国政府对其失去了控制，税源丢失，这样就出现了宇文融说的逃移户口。

上一次玄宗检查全国户口，总数为890万户，5200多万人，这结果令不少人大跌眼镜。宰相杜佑认为："我朝从高祖开国至今，已经130多年了，文治武功远超隋朝，但户口居然仅仅与隋朝持平，其中肯定有大量隐匿的户口。"据杜佑的估计，最起码有1300万至1400万人没有编入户籍。

出任劝农使的宇文融的主要工作就是检查全国土地，把逃走的户口重新编入帝国户籍中，以增加财政收入。但括户工作阻力重重，括户侵犯了一部分地主的利益，他们在乡间为逃户提供保护伞，逃户向他们交保护费，形成了利益共同体。括户运动刚刚开始，地方官员的告状信不断送至御前，阳翟县尉皇甫憬、左拾遗杨相如等上书，谴责宇文融的括户说："何必聚人阡陌，亲遣括量，故夺农时，遂令人受弊。……臣恐逃逸从此更深。"

头脑清醒的玄宗没有听信谗言，直接将二人贬官，授予宇文融更大的权力。宇文融为了鼓励逃户主动入籍，出台了两项重要措施：第一，从"狭乡"逃亡

"宽乡"开垦荒地的农民，只要重新入籍，可以不予追究责任，给予在当地落户的政策。此举无意间打开了唐朝人口流动的闸门。建国之初，帝国政府对农户的籍贯采取严格的管理制度，因为户口意味着税源和兵源，如果让农户肆意迁徙，地方财政和府兵都无法得到保证，影响稳定，所以抓到逃户后，政府往往不顾农民死活，强行遣送原籍。宇文融打破了传统，一定程度上承认了农民迁徙权，给予合法地位，同时也为府兵制画上了句号，下面会专门讲述府兵制问题。

第二，重新入籍的农户享受3年减税优惠。唐朝的税表面不多，但分成了"租庸调"三部分，农民不但要纳田税，还要无偿为国家劳动和捐献布匹，三者加起来不是个小数目，逃户中有不少人是负担不起"租庸调"才一走了之。宇文融的减税政策是为了防止重归户籍的农户再次逃跑。

"括户"运动在全国范围内开展了整整4年，虽然告状的奏疏一封封送到唐玄宗手中，但宇文融用政绩说话，累计为朝廷追回了80万户逃户，每年使国家"得钱数百万贯"，极大地缓解了中央财政危机。宇文融一路平步青云，从一名小小的八品监察官，如同坐上了"直升机"，一年一级，升到了正四品。

此时，志得意满的宇文融或许不会想到，5年后的他将被赶出京城，流落江湖。

## 二、政敌

前文讲到，宇文融的"括户"政策从一开始就引来了很多非议，如果不是玄宗皇帝力排众议，亲自为宇文融站台，他早"死"在众人的口水中了。比如，言辞激烈的皇甫憬、杨相如，统统被玄宗罢了官。

然而，在朝廷中有一个高人，一直高举反对宇文融的大旗，经常当着玄宗的面数落宇文融的不是，却安然无恙，官拜宰相，不禁令人啧啧称奇。此人便是开元年间的文坛领袖——张说。

张说是东都洛阳人，武则天时代考中科举，在殿试中大展风采，策论第一（唐代没有状元的说法），名动天下。后来，张说被安排做了太子玄宗的老师。年轻时候的玄宗非常喜欢诗词歌赋，张说文学功底深厚，成了玄宗的偶像。加上张说参与了平定太平公主之乱,所以玄宗做了皇帝后,很快委以重任,拜其为正三品的兵部尚书,兼任吏部典选。

几乎与宇文融推行"括户"的同时,兵部尚书张说推进了另一项影响极其深远的兵制改革。由于唐朝疆域辽阔,原有的府兵已无法应对频繁的战事。张说建议在府兵制基础上,增加募兵制,由朝廷拿钱出来征召职业士兵,让他们完全脱离农业生产。在长安地区试行期间,张说一次就为朝廷招募了12万健儿,大大增强了中央实力。此后,募兵制成为主流,逐渐取代了府兵制。张说顺势而为,自然马到成功,与闹得天下不得安宁的"括户"形成了鲜明对比。

张说本人自视甚高,跟他对脾气的人往往升迁很快,不对路的则百般刁难。武则天时期的宰相姚崇跟他关系不好,临死前怕报复,就对儿子说:"我死后,恐怕皇帝会让张说写墓志铭。他喜欢名贵的器物,你们送一些给他,等到拿到墓志铭后立刻呈献皇上,得到御批就能盖棺定论了。"姚崇死后如自己生前所料,皇帝让张说写墓志铭,张说收到姚家送的礼后,心情大好,恨意全无,洋洋洒洒写了一篇歌颂姚崇政绩的文章。过了几天,张说恨意又上来了,有点儿后悔,差人去姚家要修改文章,谁知姚家人说,皇帝已经御批过了。张说这才恍然大悟说:"没想到姚崇死后还算计我。"

张说很喜欢出身科举的寒门子弟,这些官员在唐代被称作"文学官员",写文章一流,但办事能力不行,像张说这样的不多。这些人粉饰太平可以,治理国家差劲。治理国家,皇帝更倚重姚崇、狄仁杰、宇文融这样的实干能吏。

坐着火箭上来的宇文融与帝师张说,因为出身和政见不同,各自团结了"吏治派"和"文学派",引发了一次大规模的政潮。

## 三、殊途同归

开元十三年(725),宇文融的"括户"政策成效初显,国家财政有所好转。龙颜大悦的玄宗在宰相张说的建议下决定封禅泰山,彰显天下太平、国家大治。

封禅成了当年的头等大事,张说出任封禅正使,宇文融出任封禅副使。张说抓住机会，利用封禅大肆打压宇文融代表的"吏治派"。他在跟随皇帝封禅泰山的名单上大做文章，把大多数人换成了文学派官员，引发了吏治派的强烈不满。谁都知道，封禅是趟肥差，只要进了名单，回来一律升官。俗话说，一家便宜两家占，凭什么好处都被文学派占了？

身为密友的张九龄提醒张说："封禅泰山，千年一遇，应该让朝臣都能感受到皇恩。如今能吏们被排斥在封禅之外，文学派占了大头，恐怕天下人会失望啊！"

张说不听，依然故我，遭到了副使宇文融的反击。封禅结束后，按照惯例，朝廷要赏赐一同前来的士兵，张说拿着"账单"找掌管财政的宇文融报销，宇文融直接以没钱为由退了回去。不懂财务的张说只能干着急——谁让文学官员不会理财呢？没拿到赏赐的士兵大失所望，开始怨恨起张说来。

宇文融利用朝堂上的不满情绪，攻击起张说的用人政策。当时，张说掌管吏部官员选拔，大多数获得提拔的都是文学官员。宇文融建议玄宗改变选拔制度，玄宗准许，让宇文融取代张说掌管官员选拔。通过此事可以看出，玄宗对张说的态度已经产生了变化。

一年后，宇文融决定给予张说致命一击，在收集了大量证据后，他联合同为吏治派的御史中丞李林甫、御史大夫崔隐甫状告张说"引术士占星，徇私僭侈，受纳贿赂"，检举张说大搞术士占星，徇私枉法，生活奢侈，大肆受贿。玄宗下令严查，结果大部分属实，张说因此被罢相。十几位文学派官员受到牵连，成了替罪羊，被斩首示众。文学派元气大伤。

宇文融、李林甫等人怕张说东山再起，继续在玄宗面前告状，终于惹恼了玄宗——没有皇帝能容忍臣下搞小团体，文学派和吏治派斗得不可开交，干脆各五十大板全部受罚！开元十五年（727），张说被勒令退休，宇文融被贬到魏州当刺史，沸腾的朝堂短暂地平静了下来。

理财能手宇文融离开中枢后，朝廷财政很快出了问题，国家入不敷出，皇帝如何治理天下？玄宗对身边人抱怨说："朕听从了你们的建议，将宇文融赶出了中央，现在国家没钱了，你们又拿不出办法来。"

盛世是需要拿金钱粉饰的，贫穷不是盛世标准。

# 姚崇张说，相杀却不负国

开元盛世是唐朝的鼎盛阶段，后又接安史之乱，在唐史研究中占有极其重要的地位。唐玄宗一朝任用的宰相达34人，除了李林甫之外，其余掌权长则3年，最短的只有7个月。

从常理上来说，稳定的行政班子有利于治理国家，频繁的人事调动折射出玄宗朝复杂的政局变化。开元盛世局面的出现，远非传统史家所理解的"远小人，亲贤臣"那么简单。例如，玄宗自己任用的第一个宰相姚崇，"吏事敏达"，处理政务能力很强，为人却小心眼儿，当宰相没两个月就开始排挤同僚；科举出身的宰相张说亦是如此，他不看重官员的实际政务能力，而偏重文学才华，谁文章诗歌写得好就提拔谁，其为人骄傲，看不起"没文化"的非科举出身官员。

唐玄宗认人极准，每个宰相的毛病一清二楚。他明白：人无完人、金无足赤的道理，把合适的人放在合适的位置上才能发挥最大作用。姚崇和张说都是玄宗朝前期很具代表性的宰相，搞清楚他俩的拜相经历，对我们更客观地理解开元盛世很有帮助。

## 一、救时宰相

姚崇出身官宦世家。祖上在北朝时靠军功起家，弓马娴熟，又好读经史，姚家子孙承袭家风，均是文武全才。唐朝科举出身的宰相大都存在一个通病：不懂军事。玄宗朝偏偏边患问题严重，东北有契丹、奚族骚扰，北边有突厥时叛时降，西边有吐蕃强势进攻，如果宰相不懂军事，很难及时处理边患问题。

姚崇恰恰懂军事，他虽然不能上马杀敌，但在大的战略层面极其通透：三任宰相，皆兼兵部尚书，"缘边屯戍斥候，士马储械，无不默记"。武则天曾问他有关契丹战事情况，姚崇对答如流，条理清晰，并给出了中肯的建议，武则天对其大为欣赏，拔为宰相，专门负责契丹战事。

到了睿宗朝，太平公主与太子李隆基矛盾日深，姚崇站在了太子党这边。为了帮助李隆基稳固地位，他建议睿宗把一批握有实权的皇族王爷外放到外地为官，削弱太平公主的势力。太平公主大怒，逼睿宗以挑拨宗室的罪名把姚崇贬到外地。

玄宗掌权后，感激他当年的帮助，立刻召回姚崇，要拜他为相。作为官场老手，姚崇提出了十条建议，要玄宗答应才能出山。求贤若渴，急需稳固政局的玄宗一口答应。自此之后，"军国之务，咸访于崇"。

## 二、结怨的改革

玄宗朝的开局相当困难，因为中宗、睿宗两朝权臣盛极一时，搞得官僚系统混乱不堪。安乐公主和太平公主以女主身份分别开府治事，府衙中配备专职行政官员处理公务，导致官员数量激增。

太宗朝中央官员仅仅600多人，睿宗朝膨胀至2000多人。冗员造成了财政困难、政出多门的弊病。姚崇拜相后，以雷霆手段裁撤冗员，精简官僚队伍，撤销了十多个没有实际功能的政府机构，提高行政效率，将全国官员定额在18805人。

在行政方面，唐朝有皇亲国戚干政的传统，权势稍大的王爷、公主甚至有开府治事的特权，造成了政出多门的情况。高祖时就有官员建议废除皇亲干政的弊政，遭到高祖呵斥，说此举是离间父子之情。姚崇又老话重提，请求玄宗同意所有皇亲国戚的命令都要玄宗批准后才能实行，严禁自作主张，实际上就是把权力集中到宰相手中，玄宗应许。

姚崇还极力推行封主、封户剥离政策。太宗朝，封赏的有功之臣30人不到，赏给他们的封地不过1000户，盛极一时的长孙无忌也不过1300户封地。唐朝政变频繁，每次政变成功后，论功行赏，功臣们摇身一变成了拥有封地爵位的大族。睿宗时，拥有封地的人扩大到140人之多，平均每人封地有10000多户。他们在自己的封地横征暴敛，积蓄财富，封地之民苦不堪言。为了改革弊端，姚崇禁止封臣直接收租，转为由朝廷统一收租，再转交给封臣的做法，从根本上断绝了横征暴敛的可能，消减了封臣的权势和财富基础。

宗教方面，武则天为了笼络人心，大肆鼓励发展佛教，全国僧尼有十几万之众。僧人是出家之人，享受不纳税的特权，每增加一个僧人，国家就减少一份税收。当政刚刚10个月，姚崇开始整治全国寺庙，先后让30000多人还俗纳粮。有些信佛的官员劝他不要惊扰佛祖，姚崇满不在乎地说："只要心中有佛，何需出家？"

一套组合拳下来，姚崇的改革得罪了一大批人，失业的官员、失势的皇族、被夺利的功臣、佛教信徒都将矛头指向了他，抨击姚崇是个胆大妄为的小人。唐朝的国库重新丰盈起来，混乱的政局变得井井有条，均是姚崇改革的功劳。

我国近代的大学者梁启超曾说过："凡天下能大事者，以一往无前之勇气赴之，以百折不挠之耐力持之，虽千山万岳，一时崩溃而不以为意，虽怒涛惊澜，而不改其容！"用这句话概括姚崇非常合适，要做大事，肯定会得罪人，不能因为怕得罪人就放弃、和稀泥，誉满天下的人往往也谤满天下。

## 三、全身而退

誉谤满身的姚崇为了改革，得罪了朝中另一个宰相张说。张说是唐玄宗做太子时期的老师，以科举入仕，文学才能一流，让同为"文学青年"的唐玄宗倾心不已，加上张说忠心耿耿，在关键时刻是铁杆"太子党"，所以玄宗当皇帝后，张说拜相，但位置次于姚崇。

张说是个儒生，读圣贤书，他认为国家该按照儒家方式来治理，要用德行去感化别人，而不是像姚崇一样，用霹雳行政手段。两人政治观点不同，是典型的"吏治派"和"文学派"之争。两派各自有优缺点，吏治派重实际政务能力，快刀斩乱麻，可以有效地推进改革，但手段过于激进，会引起既得利益者的不满，导致内乱；文学派主张以德治国，用德行潜移默化地去改变他人，手段温和，改革过程中往往是"前进两步，退一步"，看见前方有危险便退缩回来，改革不彻底,但很稳妥。

张说见姚崇"胡作非为",闹得朝廷不得安宁,忧心忡忡,便跑去岐王府中发牢骚。读书人喜欢发牢骚乃古之常情,小心眼儿的姚崇抓住了这次机会,故意在玄宗面前一瘸一拐地走路。玄宗关心地问他腿怎么了?姚崇回答说:"臣非腿有疾,是有心病。"玄宗追问是什么病,姚崇回答说:"前段时间,臣看见张说秘密前往岐王府,张说是陛下的老师,岐王是陛下的弟弟,臣怕误会他们,故得了心病。"

姚崇的回答很巧妙,把自己的心病成功地变成了玄宗的心病。唐朝,王爷联合大臣谋反的事经常发生,姚崇明知道张说只是去发牢骚,偏偏不说破,让玄宗自己去猜忌。可怜的张说只做了5个月的宰相便被玄宗赶出了京城。

表面上姚崇取得了暂时的胜利。其实,玄宗是个很务实的人,当姚崇帮他肃清了混乱的政局,挽救了濒临崩溃的财政后,他的历史任务就完成了。国家已步入正轨,盛世不需要再用"酷吏",而是需要一位能歌功颂德的宰相,张说恰恰是最合适的人选。

开元四年(716),姚崇拜相3年后,玄宗以他的儿子骄横不法为由,让他辞职。姚崇心照不宣,平安从相位上退了下来安享晚年,"救时宰相"的时代结束了。

## 四、盛世宰相

开元九年(721),在外做官5年的张说终于重新被任命为宰相。5年外放的时间,张说没闲着,他曾出任"天兵军节度大使"巡查边防军,积累了丰富的军事管理经验,对边防存在的问题了若指掌。

天兵军源自突厥降将,玄宗朝被安置在了边疆定居,唐朝一方面依仗他们的武力镇守边疆,一方面对他们又多有防范,处于既用又不信任的状态。突厥人感到了自身的尴尬处境,有野心家利用了这种心理,挑拨突厥人与唐人的关系,在天兵军中引发混乱。眼看叛乱将起,身为节度使的张说毅然单人单马进入军营,劝说天兵军莫要叛乱，向他们重申了大唐的开放政策。

天兵军众人被眼前这位瘦弱的老者感动。张说本为一名手无缚鸡之力的书生，他大可坐在衙门里让下属前来劝降，然而为了显示朝廷的诚意，居然亲自前来，其勇气可见一斑。天兵军放下了武器，发誓永不反叛。张说的威名迅速在边关传开。

玄宗对张说的培养是有意为之，唐王朝想要长治久安，离不开财政和军事。儒生出身的张说对理财一向不屑一顾，儒生重德轻利，理财工作有伤他们的德行。所以玄宗才会煞费苦心让张说担任天兵军大使，增加他对军事的了解，为复相做准备。张说不负众望，立下大功，得以回朝复相，任同中书门下平章事兼兵部尚书。

上任伊始，张说便根据自己在边关多年的观察，向玄宗建议裁撤冗兵。当时，为了应付频繁的战事，唐朝在边关要塞屯集了60万大军，给国家财政造成了沉重的负担，这也是玄宗任用宇文融等人理财的原因之一。

张说对宇文融严厉的理财手段颇为不屑，希望玄宗能裁撤20万军队，缓解财政压力，"时无强寇，不假师众"。玄宗将信将疑，毕竟要裁撤的是边关三分之一的军队，不是个小数目，牵一发而动全身，万一边关有事怎么办？

张说有理有据地回答说："兵在精不在多。据臣观察，边关的士兵很多都被将领当作奴仆使用，平时不训练，单纯被用来谋私利，朝廷还发俸禄，损公肥私。"事关帝国安全，玄宗依旧不置可否，犹豫不决。

这时，张说展现出了一名国士的风度，叩首说："臣愿意以全家一百多口的性命担保此次裁军。"堂堂大唐宰相，一人之下万人之上，居然为了国家改革敢拿全家性命担保，其一心为国之情，令人动容。玄宗也大为感动，答应了裁军要求。裁军结果如张说所料，并没有引起边境的骚乱，反而减轻了国家财政负担，朝堂中人交口称赞。

不久，张说又推出了第二项改革措施，把戍守京都的禁卫军从府兵制改为募兵制。鉴于府兵制的基础均田制难以为继，尤其是拱卫京师地区的折冲府兵源不足，张说上书玄宗建议彻底改府兵制为募兵制，国家拿钱出来雇佣军队，扩充兵源，第一年施行就为京师募得12万健儿，扭转了唐朝兵源枯竭的局面。同时，农民也不必再承受兵役之苦，可以专心农事，促进生产。

## 五、封禅泰山

张说与玄宗配合得亲密无间，大唐进入了鼎盛时代，四海晏安，百姓富足。张说心中那颗"致君尧舜上"的文人之心愈发澎湃，他希望玄宗能在他的辅佐下成为如同秦皇汉武一般的千古一帝，便提出了只有圣君才能享有的特权——封禅泰山。

玄宗欣然同意，任命张说为封禅正使。封禅是件极其耗钱的事，以烦琐的礼仪和盛大的仪式来彰显国力。张说不懂理财，心里只有封禅的丰功伟绩，结果，这件好事反而成了他倒台的导火索。

张说利用封禅正使的身份，把与自己同一阵营的文学派官员安排在封禅仪式的重要位置，把吏治派排斥到一边。封禅的功劳自然被文学派官员瓜分，大家弹冠相庆，升官发财。此举彻底得罪了吏治派同僚，吏治派掌握着国家财政大权，他们故意不给封禅仪式的费用报销，搞得随军将士怨声载道——我们本来就没有升官的机会，现在连赏赐都没有，岂不是白忙一场？

所有利益受损的人把矛头指向了张说。宰相最重要的职责就是团结同僚，国家之事才能顺利推进。张说聪明一世，糊涂一时，把宰相最重要的职责忘了，失去了同僚和军队的支持，不得不为此付出代价，被玄宗罢了官。

如果把唐玄宗放到今天，他会是位出色的董事长。他懂得在何时何地，如何选择一名最合适的总经理来帮自己经营公司。玄宗目光如炬，能一眼看清公司问题所在，当公司初创，组织架构混乱时，需要姚崇这样有魄力，不怕得罪人，敢快刀斩乱麻之人；当公司进入正轨，经营情况良好时，需要张说这样自身品格一流之人作为众人榜样，让大家争相学习模仿。

当然，姚崇和张说都有自己的小毛病，两人相互排挤，党同伐异，可谁又是完人呢？因材施教、因地制宜，说起来简单，做起来很难。君子因时而变，掌握了时局变化，做出最合适的决定，才是唐玄宗能开创"开元盛世"的秘密所在。

## 战斗在安西的英雄们

有这么一群军人,他们在没有援军,没有补给,与长安断绝联系的情况下,坚守西域近半个世纪。他们凭借一腔热血,矢志报国,为大唐帝国流尽了最后一滴血。军中有些人出征时还是十几岁的少年,战死时,已是两鬓斑白的老人,至死没能埋回故乡的土地。

当远在千里之外的唐代宗得知孤军依然在为国战斗时,动情地说:"不动中国,不劳济师,横制数千里……棱振于绝域,烈切于昔贤!"

"棱振于绝域"是孤军的真实写照,无论环境多么令人绝望,敌人如何猖狂,他们都没有舍弃作为一名军人的尊严,用行动诠释了何为大唐军人。

请记住他们的名字——安西都护军!

### 一、使命

唐朝鼎盛时,四面出击,打下了一个空前辽阔的疆域。为了有效控制这些地方,唐朝采取了灵活的治理模式,设立都护府进行管理。都护府类似于今天的建设兵团,唐朝派遣少量军队驻守军事要冲,平时耕地屯田,战时披挂上阵。

都护府很少参与当地民政,处理民政事务的是羁縻州。"羁縻"的本意是笼络、束缚的意思。虽然行政级别为"州",但羁縻州与中原各州不一样,羁縻州只是名义上属于唐王朝,行政上实行自治。这么做的好处是大大降低了唐王朝的行政成本,尊重当地少数民族的风俗习惯,唐王朝只需提供军事保护即可。

当时,安西都护府负责管理西域,范围大概是天山以南一带。西域少数民族众多,情况复杂,其中还夹杂着颇为棘手的宗教问题。唐太宗派军征服西域时,西域居民大都信仰佛教,而随着阿拉伯帝国的东进,伊斯兰教的势力逐渐渗入西域。

安史之乱爆发前3年，安西节度使高仙芝率军3万与阿拉伯军大战于怛罗斯，结果不敌，折兵2万。安西都护府原本驻军不过三四万人，经此一战，实力大减。

安史之乱爆发后，高仙芝奉命回国救援，又带走了数千精兵。这批精兵常年驻守边疆，吃苦耐劳，战斗力强。他们转战千里，曾参与收复两京之战，立下赫赫战功，在唐军中号称"安西兵"。另一头的安西都护府中只剩下1万多唐军继续履行他们保卫西域的使命。

## 二、绝域

网上流传过一个段子，说甘肃省的版图是我国各省中最怪的。因为从地图上看，甘肃省自东至西，地域狭长，犹如一颗钉子钳在地图中，这样的"造型"在全国独一无二。

其实，甘肃省的"造型"一点儿不怪。甘肃省的核心地带是连通内地与新疆的通道——河西走廊。河西走廊被祁连山、合黎山、乌鞘岭夹在中间，形成了一条长一千多公里的走廊形通道，河西走廊最窄处仅有数公里宽，是中原通往西域的主要道路，丝绸之路的必经之地，战略地位极其重要。

安史之乱前，唐军为了对抗虎视眈眈的吐蕃，在河西走廊附近屯兵十几万，安史之乱爆发后，大军撤回关内平叛，留下了巨大的战略真空，吐蕃乘虚而入，侵占了河西走廊。从此，安西都护军彻底断绝了与唐朝的联系，变成了一支孤军。

河西走廊的丢失，标志着一个时代的结束。河西走廊是唐朝通往外部世界的窗户，佛教、拜火教等外域文化都从这里传入中原，各国商人也沿着这条路到长安做生意，正是在各种文明相互交融的情况下，才塑造了盛唐开阔雄浑的气质，唐王朝才能称得上是世界性文明大国。丢失了河西走廊，唐王朝转变为内向型文明，对外部世界逐渐失去兴趣。如果把目光放得更远，唐之后的宋、明、清，无一例外变得越来越保守，天朝上国的思想日益巩固，中国人开始拒绝学习新知识，变得骄傲自满，后来逐渐落后于世界。

滞留在安西都护府的孤军，将独自面对一个几乎无法战胜的敌人——吐蕃。

## 三、奋战

当时镇守安西都护府的都护是大唐中兴名将郭子仪的侄子郭昕。郭昕不愧是将门之后，在得知河西走廊陷落后，没有丝毫慌张，而是想着如何稳定人心，抵抗即将来犯的吐蕃大军。

兵马未动，粮草先行，打仗最需要的是钱粮。郭昕一方面组织士兵加大屯田规模，储备粮草；另一方面发行新的铜钱，向当地少数民族购买军用物资。铜钱原本只有中央政府才有权铸造，是一个国家的主权象征，但现在安西陷入绝境，迫不得已，只能开矿铸钱。

为了安定人心，宣示主权，郭昕规定新铸的铜钱必须印上唐朝年号，以便与少数民族交易时告诉他们这里依然是大唐的领土。

吐蕃大军仗着优势，有恃无恐，步步紧逼，逐步蚕食安西都护府控制的区域。郭昕知道靠自己手下仅存的一万多士兵是无法与吐蕃人展开正面对决的。他决定以空间换时间，在象征性抵抗后，便令军队后撤，保留实力。

吐蕃大军被郭昕的"佛系"打法搞得有些害怕，他们觉得郭昕在诱敌深入，等到吐蕃战线拉长，再发起总攻。郭昕还巧妙地利用吐蕃与回鹘的矛盾，让吐蕃把注意力集中在回鹘控制的天山北线。吐蕃与回鹘为了争夺此地控制权，展开了轮番大战，为安西都护府赢得了一段时间的和平。

形势稍缓后，建中二年（781），郭昕派人从河西走廊的北边，借道回鹘，重返长安，向唐朝复命。此时的天子已经是唐德宗，长安方面已经30多年没收到西域的消息，突然听说安西都护府来人了，轰动了整个朝廷。唐德宗得知，原来安西都护府还在坚守大唐国土，非常高兴，立刻令人下诏嘉奖，并册封郭昕为郡王。

这封诏书只是安西都护府唯一能得到的精神鼓励，唐德宗更关注的是如何与吐蕃搞好关系和应对国内藩镇，对远在千里之外的安西都护府没有任何实质上的行动。

两年后，唐蕃双方在清水会盟，唐德宗向吐蕃保证放弃西域，换取吐蕃不再攻打大唐内地的承诺。消息传出后，参与会盟的李泌极力反对，他向唐德宗陈言:"两镇之人,势孤地远,尽忠竭力,为国家固守近二十年,诚可哀怜,一旦弃之以与戎狄,彼其心必深怨中国,他日从吐蕃入寇,如报私仇矣。"

唐德宗碍于李泌的身份,表面上答应了他的建议,将放弃西域的条件从盟书上划去,但也没有要吐蕃保证西域的安全,任安西都护府自生自灭。

安西都护府最后一次出现在史书上是贞元六年(790),这一年吐蕃大军攻下了安西重镇于阗。唐朝舍弃了安西都护军,但都护军没有忘记自己是唐人。据考古发现,于阗陷落后,安西都护军又顽强抵抗了整整18年,直到元和三年(808),安西都护府最后的孤城龟兹陷落后才彻底消失。

东汉名将马援曾说:"男儿要当死于边野,以马革裹尸还葬耳!"安西忠魂面对不可战胜的敌人时,没有退缩,即使全军覆没,依旧不改其志,马革裹尸,用生命践行了军人的天职。

千里孤城狼烟起,白发老兵舞干戚。

死后不愁无勇将,忠魂依旧守安西。

# 忆昔开元全盛日

开元盛世距离我们今天已经1300多年了,作为中华民族盛世的巅峰,我们今天很难想象当时唐朝的繁荣场景,抛开繁花似锦的长安不谈,帝国其他地区情况如何?或许,我们可以从杜甫的名作《忆昔》中窥见一些端倪。

忆昔开元全盛日,小邑犹藏万家室。

稻米流脂粟米白,公私仓廪俱丰实。

> 九州道路无豺虎，远行不劳吉日出。
> 齐纨鲁缟车班班，男耕女桑不相失。
> 宫中圣人奏云门，天下朋友皆胶漆。
> 百馀年间未灾变，叔孙礼乐萧何律。

杜甫的诗在历史上有着"诗史"的美名，不虚美，不隐恶，可信度很高。他用自己真实的体验，为我们勾勒出了一幅开元盛世时唐朝普通百姓安居乐业、生活富足的画面。

## 一、富足的民间

"小邑犹藏万家室"，小邑相当于一个"狭乡"规模，唐人根据人均土地多寡将"乡"分为"狭乡"和"宽乡"。"狭乡"人多地少，可住在其中的百姓没有因为土地少而饿肚子，这要归功于大运河的通航。大运河打通了长江、黄河水系，让唐人有条件把江南的稻米源源不断运往北方。"稻米流脂粟米白"，便捷的漕运养活了更多人。

唐代，经济中心逐渐南移，江南气候温暖湿润，适合种植经济效益更高的水稻。江南的崛起为唐王朝增加了一个新的财税重地。在江南财力的支持下，唐王朝实行"薄赋"政策，农业税长期维持在一个很低的水平，用以安定民心，"公私仓廪俱丰实"，无论国家的仓库还是百姓的库房都堆满了粮食。据杜佑《通典》记载，开元时代，米价低廉平稳：北方地区，大米十三文一斗，谷物五文一斗；长安、洛阳米价稍微贵一点儿，二十文一斗，磨好的白面三十二文一斗。杜佑盛赞开元盛世是"自后天下无贵物"。

仓廪实而知礼节，天下富足，民风淳朴，做生意的客商不用担心旅途安全问题。"九州道路无豺虎，远行不劳吉日出"，通往全国各地的大道上，开满了酒店，"酒馔丰溢"。如果商旅觉得走路太累，酒店还可以租驴，"自驾游"一把，走到下一家酒店即可办理退租。高频的商贸活动刺激了沿途商业城市的兴起。扬州是当时江淮地区最繁荣的城市，唐代诗人对"下扬州"乐此不疲，扬州孕育出的市井文化有别于威严的长安，扬州的生活更惬意、舒适。大运河沿途的一个中转地魏州，因河而兴，从一座默默无闻的小地方蜕变成拥有110万人口的大州。长安、洛阳、扬州、广州、成都都是人口破百万的大都市。

古代，人类面临着饥荒、战乱、瘟疫三大灾难，它们如同梦魇一般伴随着人类社会成长，每隔一段时间就降临人间一次。古代科学技术有限，人类面对三大灾难几乎毫无还手之力。东汉末年，饥荒、瘟疫引发的战争，使得中国的人口从4000多万跌到800万，五分之四的人死于非命，惨不忍睹。

杜甫笔下的开元盛世拥有8000多万人口，社会富裕、安定、健康。与同时代的其他文明相比，欧洲人口不足2000万，开元盛世是古代文明的巅峰，为百姓创造了一个"百馀年间未灾变"的奇迹。

## 二、奢侈的贵族

民间富足，贵族奢侈。时常有人批评唐玄宗沉迷享乐，用之无度，荒废政事，最终导致了安史之乱。如果我们站在唐人的立场上，这种批评有"马后炮"之嫌。唐玄宗励精图治开创盛世为的是什么？让天下百姓过好日子。开元盛世，老百姓都过上了好日子，难道要统治者如同苦行僧一样，天天吃糠喝稀？从经济学角度看，奢侈的消费不是坏事，大手笔的消费反而能进一步刺激经济繁荣。

唐玄宗有个弟弟申王，体型肥胖，据说肚子能拖到膝盖上。夏天是申王最难熬的日子，为了降暑，他不惜血本，大把撒钱。申王让人去抓野猪，不为吃野味，而是要将野猪毛一根根剃下来，用水洗干净，挑选出长度合适的野猪毛编成凉席。这种凉席"滑而且凉"，深受申王喜爱。只不过为了制成能够让他躺下的凉席，需要杀200多头野猪才够。

唐玄宗兄弟之间关系很好，他知道申王苦夏，特意赐给他一条"取冷蛇"。这种蛇很神奇，从来不攻击人类。蛇又是冷血动物，把玩在手中，能为炎炎夏日带来一丝冰凉。申王玩蛇玩出了新境界，他觉得拿在手里玩不过瘾，直接把蛇放到了肚子上的褶皱中，让蛇在褶皱中游荡，顿时感觉神清气爽。

如果说申王的消暑措施一般有钱人还能承受，唐玄宗的"独门秘籍"只能由至尊天子独享了。唐玄宗从遥远的欧洲引进了一种全方位、立体式的降温系统。宫中有一座"含凉殿"，殿宇四周放上冰山，冰山后有一座依靠水力驱动的风扇，左右摇摆，凉风夹着冰山的寒气送入殿中，类似于今天的空调，从物理上实现降温。更绝的是，含凉殿后建有一座水车，水车通过特殊的传送装置把水送上房顶，水流顺着房檐倾泻而下，在含凉殿四周形成一道水幕，将热浪隔绝在外，令人啧啧称奇。

唐人笔记中说，有位不识趣的官员看唐玄宗如此奢侈，上书劝诫，要玄宗行圣人之道，想百姓之苦，拆除含凉殿，停止这种劳民伤财的行为。玄宗看后又好气又好笑，故意在含凉殿召见了他。这位官员刚跪下，玄宗便赐了一碗冷饮给他喝，然后摆出一副认真聆听教诲的表情。喝完冷饮，这位官员刚准备开始长篇大论，突然觉得"体生寒慄，腹中雷鸣"，连忙向玄宗告退，还没走出皇宫就拉了肚子。如此奢侈享受，放眼全国，只有皇帝可以。

不过，开元盛世，官员们的腰包也鼓了起来，他们中有些人，自然想试试皇帝的待遇。玄宗时的权相李林甫有个心腹大臣王鉷，在家偷偷修了一座"水幕凉亭"，王鉷因罪下狱后，杨国忠带人抄家，发现了这座凉亭，立刻给他加上了一条"奢侈逾制"的罪名。其实，整个大唐何止王鉷一人"奢侈逾制"！

## 三、舌尖上的开元

如果说，开元盛世让大唐百姓解决了温饱问题，那么生活在帝都长安的首都居民就不能仅仅满足于果腹了，他们不仅要吃饱，更要吃好。

长安城的主干道朱雀大街上有一家名为"张手美家"的"网红店"，店主人会根据时令推出不同的小吃，精致美味。每当新品上市时，"遍京辐辏"，全长安的吃货都会纷至沓来尝鲜。其中有一些是继承了前朝旧有的招牌美食，比如七菜羹、冬凌粥，也有一些新创的菜品，比如上元节的油饭、端午节的皮蛋、中秋节的玩月羹、重阳节的米锦糕、腊八节的黄花菜面。每逢节日必出新品，难怪

"张手美家"折服全城吃货。

上巳节是唐代最重要的节日之一，恰逢春暖花开之日，气候宜人。这一天，长安城无论平民、贵族都会齐聚城外的曲江边聚会。唐玄宗本人也会带着嫔妃来到曲江边专门为皇家打造的紫云楼落座，高级官员陪坐在外面的小亭中，百姓则在江边草地上摆开自带美酒，与皇家贵族一同开怀畅饮。文采风流之士则会乘坐彩色小舟，随波漂流，饮酒作诗，歌颂开元盛世的壮美图景。

根据《开元天宝遗事》记载，每逢春天，长安城中会有大大小小十几名官员携带歌姬来到曲江边狂欢。喝到尽兴处，他们居然脱光衣服相互追逐，开怀大笑。这种事别说古代了，放在今天也是惊世骇俗，但开元时期社会风气空前开放，这十几名官员并没有因此丢官，这种活动还得了个名字"癫饮"。

唐代的长安城是国际大都市，当时的长安吃货们也对外国人的"西餐"趋之若鹜，其中最具代表性的是"胡饼"。开元盛世时，胡饼分为平民版和贵族版，平民的胡饼有点儿类似新疆人吃的馕，《唐语林》中记载了贵族胡饼的做法："起羊肉一斤，层布于巨胡饼，隔中以椒豉，润以酥，入炉迫之，候肉半熟食之，呼为'古楼子'。"一张小小的胡饼居然放了一斤羊肉！还加了来自西域的珍贵佐料：黑椒豆豉，再涂上酥油往火上一烤，香气四溢。下至百姓、上到皇帝都非常喜欢吃胡饼。

盛极而衰是每个封建王朝难以逃脱的命运，开元盛世的出现也不是唐玄宗一人之功，它是积大唐百年国势的一次总爆发，当能量释放完，不可避免地会走向衰落。很多人对唐朝的记忆只停留在盛唐国运上升时期，对中唐、晚唐的历史了解匮乏。其实，开元盛世局面的出现与唐朝初期开放的社会氛围有着极大的关系，但这种开放于中唐、晚唐戛然而止，中国历史从"万国来朝"滑向了唯我独尊的"天朝上国"。一个社会想要繁荣，就必须坚持阔大的胸襟，海纳百川，吸收其他文明优秀的成果。开放、包容、学习是唐朝这棵大树的主干，开元盛世是这棵树上结出的鲜美果实。

# 李林甫与杨国忠究竟谁比谁坑

唐肃宗在灵武称帝后,避乱四川的唐玄宗成了太上皇。从帝位退下来后,玄宗不时会回顾自己执政的时光。作为大唐帝国执政时间最长的皇帝,唐玄宗在位45年,任用过十几个宰相,亲手将大唐送上巅峰,又亲眼看它陷入崩溃。

有次,唐玄宗和前任京兆尹裴士淹闲聊。两人讨论起开元、天宝年间的宰相来,玄宗任用的宰相一般任期不会超过3年,唯独李林甫除外。对于早期的姚崇、宋璟,玄宗评论道:"若姚崇在,贼不足灭也。"肯定了姚崇出众的能力,如果他活到现在,安史之乱早该被平息。对于官声颇佳的宋璟,玄宗毫不客气说他:"沽名卖直。"批评他为了博取名声,故意和皇帝唱反调。

最后,两人的焦点落到了李林甫身上。李林甫执掌朝政19年,占据了玄宗朝五分之二的时间,相比于其他宰相,可谓政坛不倒翁。玄宗一针见血地指出:"此人嫉贤妒能,无人能及。"裴士淹不解,追问道:"陛下既然知道此人嫉贤妒能,为何还要任用他这么久?"玄宗默然,未做回答。

传统史家认为,玄宗的默然是出于羞愧,正是任用了李林甫这样的"奸相"才导致大唐陷入崩溃。但以玄宗目光如炬,如果李林甫真是一无是处,如何能稳居相位19年?安史之乱并不是在他任上爆发的,他在任时,恰恰是大唐最辉煌的时代,把责任全部推到李林甫身上显然不合适。那李林甫究竟是怎样的一名宰相呢?

## 一、心病

天宝十一年(752),距离安史之乱爆发还有3年,权倾朝野的李林甫突然一病不起。这病来得蹊跷,李林甫虽然已70高龄,但平时身体一直好好的,每天按时上朝,勤勤恳恳处理公务,没听说有什么疾病。

李林甫的病不在身上而在心上。一个月前，他以南方边患为由，请求玄宗把政敌杨国忠调往剑南御敌。玄宗不好驳老宰相的面子，便答应了此事。杨国忠接到这道如同流放的调令，如五雷轰顶，跑到玄宗面前大哭起来。玄宗知道他委屈，安慰说："你暂且去剑南处理下军务，完事后我调你回京担任宰相。"

　　果然，杨国忠刚到剑南，玄宗就下令要他回京，等于"公费旅游"了一番。事情传到李林甫耳中，自感失势的他一病不起。医生看完病后，对李家人说："李相的病，只有皇帝能治。"

　　玄宗本想亲自去探望李林甫，但被身边人劝阻，改为玄宗在宫中的塔楼上眺望李府，李林甫在院中瞻仰圣容。可怜的李林甫被家人抬到了院中，远远望见玄宗在塔楼上挥舞着红丝巾，场景仿佛君臣二人诀别。李林甫连起身拜谢的力气都没有了，让家人代为拜谢。

　　几天后，杨国忠赶回了京城，亲自来李府探望。一辈子整了很多同僚的李林甫此时已病入膏肓，看到杨国忠不禁老泪纵横："我马上就要死了，你一定会继任宰相，我的身后事拜托了。"

　　鸟之将死，其鸣也哀。李林甫几近哀求杨国忠，不要在他死后搞政治清算。杨国忠含泪应许，但他流的是鳄鱼的眼泪。李林甫一死，还未下葬，告发李林甫勾结边将谋反的证据就送达御前。玄宗震怒，剥夺了李林甫一切荣誉，以平民之礼草草下葬。朝中有不少打抱不平者纷纷上书为李林甫鸣冤。

　　一代权相的身后事显得如此凄凉。

## 二、权相

　　杨国忠刚刚入朝为官时，李林甫如日中天，所有人对他毕恭毕敬，杨国忠也不例外。《旧唐书》记载："林甫性沉密，城府深阻，未尝以爱憎见于容色。"性格决定命运，不苟言笑、城府极深的李林甫给人一种不怒自威之感。

　　有次，李林甫、张九龄、裴耀卿三人同日拜相，任命仪式上，张九龄、裴耀卿表现得极为谦逊，低头弯腰，站在中间的李林甫则昂首挺胸，盛气凌人。

其他官员看了私下评价说:"你们看李相他们的样子,像不像一只老鹰抓着两只兔子?"

拜相后没多久,以文采著称的张九龄与李林甫产生了矛盾。两人分属不同阵营,张九龄代表科举出身的文学派官员,李林甫代表靠行政能力上位的吏治派官员。文学派与吏治派的争斗由来已久,宇文融和张说之争便是如此,结果两人均被罢官,现在换成了张九龄和李林甫。有一次,玄宗想任朔方节度使牛仙客为宰相,遭到张九龄反对:"牛仙客是武将,没有治国能力,应该老老实实待在边疆,皇上如要褒奖,多给点儿赏赐就是。"

这引起了玄宗的不悦。玄宗对张九龄本来是寄予厚望的,希望他成为张说的接班人,帮自己打理好朝政,所以让他做中书令,名列宰相班子第一名。但开元二十年后,唐朝与吐蕃冲突日益升温,张九龄本为书生,不懂行军打仗,玄宗才好意让节度使牛仙客入朝帮衬。谁料,张九龄竟以武将没有治国能力为由拒绝,标准的门户之见,党同伐异。

身为"次相"的李林甫看透了玄宗的心思,看准时机补了一句:"牛仙客只要有才干,何必是儒生?何况用人大权本来就在天子。"玄宗深以为然,不久就张九龄被赶出京城,去外地做官了。自此,李林甫升任中书令,名列第一,牛仙客入朝为侍中,名列第二,大唐朝堂进入了"李林甫时代"。

李林甫展示出了杰出的才干,为了备战吐蕃,唐玄宗把河西节度使和河东节度副使职位一同授予了他,同时兼领兵部尚书,前线的调兵遣将、粮草调拨全由李林甫负责,为唐军与吐蕃的对决创造了有利的条件,唐军在青海争夺中一度占了上风。

内政上,李林甫也颇有建树。据《剑桥中国史》统计,李林甫主持重修大唐法典,删除了不符合时代发展的法令1324条,修正了2180条,汇编为《唐六典》呈送玄宗御览。这次修典工作持续了3年,是大唐王朝最后一次全面司法改革,其中的很多条款直到元代还在使用。

能力出众的李林甫偏偏小心眼,威胁到他地位的人,他会毫不留情,轻则外放,重则处死。他曾捕风捉影狠狠地整治了太子党,一众高官被他诬陷谋反,人头落地；大将王忠嗣被他抓住把柄流放外地，郁郁而终；御史杨慎被害得满门抄斩……最后，连他儿子都看不下去了，劝李林甫不要为自己树敌过多，将来别人报复，李家恐连百姓都做不得。李林甫何尝不知？留下了一句"此形势所迫，不得不发"来为自己辩解。

权势熏天的李林甫为了弹压言官，把大臣们召集到宫门口开会，指着御马说："这些御马平时吃的饲料相当于一个三品官员的俸禄，但它站岗时如果敢嘶叫一声，什么都没了。"从此，公开唱反调的言官基本销声匿迹。

李林甫为了提高中央办事效率，又破坏了三省长官同为宰相相互制衡的政治安排，劝玄宗把门下省和中书省合并成一个机构，新的门下中书只设立他一个长官，尚书省只管埋头执行政令即可。分散的相权归到一人身上，李林甫成了名副其实的权相。

## 三、争权

据说，李林甫怕边将立功后入朝与他争抢相位，于是向唐玄宗建议多用不识字的蕃将，这才造成了安禄山尾大不掉的局面。

此说可疑，当年阻止节度使牛仙客入朝的是张九龄，不是李林甫。牛仙客拜相后，与李林甫共事没有冲突，双方合作紧密，打赢了与吐蕃的战争。李林甫建议重用蕃将最大的原因在于平衡边将的权力。开元、天宝年间，节度使不听朝廷号令的情况屡有发生，比如王忠嗣拒绝增兵石堡城，导致战役失败。再加上，这些节度使不少是从中央派往外地的，在朝中颇具势力，会干预朝政，所以李林甫才建议使用骁勇善战、毫无根基的蕃将为节度使。

蕃将代表安禄山非常敬畏李林甫，冬天见面时，安禄山竟然紧张得汗流浃背，说话唯唯诺诺。每次使者从长安归来后，安禄山都要问李相对他是否满意，得到肯定的回答后，才如释重负。李林甫靠着高超的权术，把这些在外的蕃将管理得服服帖帖，对外战争连战连捷，要不然安禄山也不会升任三镇的节度使。至于后来安禄山造反，不能把账全算在李林甫头上，重用蕃将有利有弊。

李林甫失宠是在杨国忠入朝后，杨国忠靠帮玄宗理财，使空虚的国库迅速充盈。杨国忠使用的手段为自诩正人君子的儒生所不齿，无外乎罗织名目，增加赋税，搜捕逃户等。李林甫也觉得杨国忠是个干吏，两人相安无事。

后来，朝廷最高监察长官御史大夫一职出现了空缺，同为御史中丞的杨国忠和王铁都想补缺，李林甫支持自己的铁杆王铁，从而与杨国忠结下了梁子。杨国忠借着王铁谋反案狠狠地打击了李林甫，让唐玄宗对其忠诚产生了怀疑。

先输一手的李林甫又玩起了老把戏，以南方战事紧迫为由，请求唐玄宗把杨国忠调到剑南平叛。结果玄宗和杨国忠联手唱了一出"双簧"，自感失宠的李林甫一病不起，才发生了前文所写的一幕。

或许是唐玄宗厌倦了稳居相位长达19年的李林甫，杨国忠又适时地出现，新老交替本是规律。无奈，权力是李林甫的"春药"，使他70高龄依旧精力充沛，一旦失去了权力，整个人迅速垮掉。李林甫又是个极端的人，他害了很多人，明白自己不可能安然退休，失去权力，所有仇家都会上门复仇。

大唐失去了一名权相，杨国忠窃取了"首席"宰相的职位。3年后，那个见到李林甫都会吓得汗流浃背的安禄山，掀起了一场惊天大乱。

# 帝国军魂王忠嗣

王忠嗣是开元时期赫赫有名的大将，他的功勋与汉代霍去病相比，有过之而无不及，堪称"开元第一名将"。但与霍去病、卫青、郭子仪、李光弼相比，他在历史上的名气远远不及，一度被人遗忘，人们只记得盛唐的歌舞升平、诗词歌赋，以及"惊破霓裳羽衣曲"的安史之乱。

王忠嗣在玄宗朝的地位比安禄山要高。权倾天下的安禄山兼任了范阳、平卢、河东三镇节度使，麾下带甲者20万，而王忠嗣巅峰时，兼任了朔方、河东、河西、陇右四镇节度使，总兵力达26万人，他要想作乱，掀起的海啸恐怕要比安史之乱还大。

多次大败吐蕃、扫平突厥、击溃契丹，功盖天下的王忠嗣不以夸耀武力为荣，他始终保持着清醒的头脑，时常告诫部下："国家升平之时，为将者在抚其众而已。吾不欲疲中国之力，以徼功名耳。"与时常谎报军功，骗取朝廷封赏的安禄山形成了鲜明对比。

这样一位帝国军魂，配得上他名字中的一个"忠"字。他的一生贯穿了整个开元盛世，用热血在边疆奏响了盛唐的最强音。

## 一、将门

王忠嗣出生于开元元年（713），上天似乎有意为他选取了这个时间。大唐积攒了一百多年的国力，在开元时，将盛世推上了顶峰。正如杜甫诗云："忆昔开元全盛日，小邑犹藏万家室。"王忠嗣命中注定要守护盛世。

他的父亲王海滨也是名噪一时的将领，常年在河西、陇右一带与吐蕃作战。当时吐蕃凶猛，硬是从唐军手中夺取了吐谷浑的控制权，唐军为了夺回主动权，数十年与吐蕃在青海展开激战。王海滨在一次战斗中牺牲，留下了年仅9岁的孤儿王忠嗣。

唐玄宗做太子时就认识王海滨，眼见他留下的孤子心有不忍，令人接入宫中抚养。初入宫门，年幼的王忠嗣有些不适应陌生环境，经常大哭大闹，搞得仆人毫无办法。玄宗知道后，亲自过来探望，像父亲一样给他讲起了故事，尤其是汉代名将霍去病开疆拓土、驱逐匈奴的故事最能引起王忠嗣的共鸣。玄宗觉得这小孩不愧是将门之后，便让他与太子李亨一起学习军事。

长到十五六岁时，王忠嗣显示出与同龄人不一样的沉稳，嘴上话不多，心中想法很多。有次,玄宗与他谈论军事,王忠嗣一股脑把多年在心中构想的军事方案说了出来,纵横捭阖,有板有眼。玄宗大为惊异,赞赏说:"尔后必为良将!"

玄宗这人晚年虽然懒政,看人的眼光却很准。他能准确地说出身边重臣的特点,比如宰相姚崇,能力高,私德不行;张说文采一流,能力还行,却喜欢结党;李林甫能力强,却嫉贤妒能。有如此识人能力的玄宗自然对王忠嗣也不会看走眼。

开元十八年(730),18岁的王忠嗣第一次跨出宫门,来到真实的战场,追随河西节度使萧嵩出征吐蕃。作为皇帝亲自培养的"将星",萧嵩对他极尽照顾,想把他放在最安全的后方,观摩学习。王忠嗣谢绝了萧嵩的好意,亲自到前线侦查。这在战场上是个非常好的习惯,大将往往事务繁多,会把侦查交给斥候去干,然后等着听汇报,对战场地形和敌情没有身临其境的感知,会造成误判。

王忠嗣在前线侦查后发现,吐蕃的赞普正在玉川视察部队,兵马壮盛而防御空虚。王忠嗣回营后,挑选了300骑兵,连夜奔袭玉川,在夜色的掩护下杀得吐蕃军摸不清方向。此战,王忠嗣斩首上千人,缴获牛羊万头,一战成名。

王忠嗣的"首秀",不禁让人想起了汉代大将霍去病。霍去病第一次上战场,率军800,千里奔袭匈奴后方,斩首2000人而还。当时,王忠嗣18岁,霍去病17岁,两位少年英雄的首战何其相似?

## 二、纵横

开元二十六年(738),唐玄宗命河西、陇右、剑南三镇节度使出兵河西地区,抵御吐蕃进犯。陇右节度使杜希望作为先锋,攻下了吐蕃盘踞的黄河东岸,修筑了盐泉城巩固战果。退回西岸的吐蕃召集了3万精兵,趁着冬季黄河结冰踏河而来,猛攻盐泉城。唐军不敌,败退,士气低落。

王忠嗣自告奋勇请求打头阵,复振士气。王忠嗣召集部下,发挥了将领打先锋的光荣传统,不顾生死带头冲锋,冒着箭雨杀入吐蕃本阵,左突右砍,如同死神降临一般，吓得吐蕃军一时慌了手脚。在盐泉城头的杜希望看到3万吐蕃精锐竟被几百唐军杀乱了阵脚，抓住战机，全军总动员，发起冲锋，大破吐蕃精锐。

王忠嗣以一当百，用血肉为唐军打开了一条通往胜利的道路，军中士兵无不敬畏这位铁骨铮铮的汉子。几年后，王忠嗣凭借不断累积的军功升任朔方和河东节度使，真正成了独当一面的大将。

武则天时期，契丹人崛起于今天的内蒙古东部。原本臣服大唐的契丹人违背了与太宗的盟约，起兵叛乱。武则天多次派兵征讨，均无功而返，得胜的契丹人气焰嚣张，积极扩张，严重影响了东北地区的稳定。

天宝元年（742），王忠嗣临危受命，承担起剿灭契丹的重任。10万大军在王忠嗣的率领下北出雁门关，直扑契丹老巢。契丹聚众20万抵抗，与唐军在桑乾河决战。契丹人自恃骁勇善战，骑术高超，没把王忠嗣的军队放在眼里，以为只要发起正面冲锋，唐军会像以往一样溃败。谁知道，王忠嗣本来就是个带头打冲锋的"愣头青"，手下将士皆是敢死之士，狭路相逢勇者胜！唐军凶猛的程度大大超出了契丹人的想象，这次崩溃的不是唐军，而是契丹人，唐军三战三捷，迫使契丹全族降服。从武则天时代起，几十年没有解决的契丹问题，一战功成，从此王忠嗣威震天下。

天宝二年，突厥死灰复燃，新上台的可汗不肯向唐朝称臣。王忠嗣率朔方镇藩兵进逼突厥边境，新可汗听到"王忠嗣"的名字，立刻表示可以称臣。

谨慎的王忠嗣屯兵于边境，监视突厥的下一步行动。左等右等也没见到突厥称臣的实际表现，王忠嗣便率军北上。突厥军一触即溃，唐军又马不停蹄越过荒漠，直扑突厥后方，俘获了所有突厥贵族。称霸北方草原一百多年的突厥汗国彻底退出了历史舞台。

得意的唐玄宗暗许自己的眼光，当年没有看错人，王忠嗣不愧是帝国守护神，放心地封他做了河西、河东、朔方、陇右四镇的节度使，手握26万大军，唐朝的中央军也不过10万人。

## 三、谋略

历史上许多猛将，一般都是有勇无谋，带头冲锋是把好手，与士兵同甘共苦也没问题，却缺乏战略上的眼光，但王忠嗣在谋略上是一流的高手。

从内心而言，王忠嗣不喜欢打仗，他时常说："国家升平之时，为将者在抚其众而已。吾不欲疲中国之力，以徼功名耳。"这段话说得透彻，军人应当以保卫祖国为第一要务，能用外交解决争端的，就别轻言战争。当将军的人不能为了立功而故意制造战争，战端一开，庞大的军费开支都要转嫁到百姓头上，让国内百姓过上好日子，要尽量避免战争。

王忠嗣在不打仗的时候，派人去边境花高价收购胡族的战马，胡人见有利可图，纷纷抛售养殖的马匹，结果唐军的骑兵军容壮盛。吐蕃想要发动战争时，苦于战马不够，只能作罢。此乃不战而屈人之兵。

王忠嗣管理的边镇与吐蕃相交，战线绵延上千里。吐蕃人自西边来，西边没有万里长城，王忠嗣便令人在险峻处修建堡垒，一来作为烽火台使用，二来可以屯兵坚守，拖住吐蕃人进军的速度。堡垒的成本低，用的劳力少，可以为国家节省大笔开支，起到的效果又不比长城差。

对外战争频频得胜，极大增强了唐玄宗的信心，他想把吐蕃人彻底驱逐出青海地区，便命人猛攻吐蕃在青海的军事重镇石堡城。王忠嗣得令后深感此举无意义，吐蕃人占领青海已经快百年了，树大根深，更何况石堡城易守难攻，只有一条上山的通道，付出沉重代价攻下石堡城也改变不了青海战局。他在给皇帝的上书中写道："石堡险固，吐蕃举国而守之。若顿兵坚城之下，必死者数万，然后事可图也。臣恐所得不如所失，请休兵秣马，观衅而取之，计之上者。"唐玄宗看完有点儿不高兴，临阵换将，让王忠嗣打"辅助"。

王忠嗣不愿意自己的士兵白白送死，冒着抗命的风险按兵不动。手下一名小将李光弼提醒他："此天子意也，彼无功，必归罪于大夫。"王忠嗣回答说："今以数万之众争一城，得之未足以制敌，不得亦无害于国，故忠嗣不欲为之。忠嗣今受责天子，不过以金吾、羽林一将军归宿卫，其次不过黔中上佐。忠嗣岂以数万人命易一官乎！"

李光弼听后肃然起敬，恭恭敬敬退出营帐。王忠嗣虽然没有采纳李光弼的意见，但看中了他的忠心，大力提拔了他。李光弼不负众望，日后成长为平定安史之乱的重要将领。

帝国边疆正是有了王忠嗣这样有勇有谋的节度使，喧闹的边境才变得平静，百姓得以安居乐业。

## 四、李林甫

王忠嗣在边境的威名引起了长安城中一些人的不快，其中就有宰相李林甫，这位口蜜腹剑的宰相生怕王忠嗣依靠军功威胁到自己的地位。唐朝有出将入相的传统，如果王忠嗣归朝，取代李林甫出任宰相，并不是没有可能。

李林甫决定提拔蕃将安禄山来对抗王忠嗣。安禄山很快得宠，在边境崛起，成为三镇节度使。安禄山很怕李林甫。

由于李林甫的关系，王忠嗣和安禄山的关系很糟糕。王忠嗣敏锐地感觉到安禄山有一颗不臣之心，于是时常上书玄宗，要他注意安禄山。玄宗一笑了之，反而给予安禄山更多的封赏。此时的玄宗感觉王忠嗣已经膨胀了，必须有个人能制衡他，安禄山是最佳人选。

石堡城一战后，唐军损失惨重，前线将领将战败责任全部推到王忠嗣身上，说他违抗圣旨，按兵不动。玄宗调查后大怒，立刻派人抓他入京。李林甫的党羽趁机诬告说"忠嗣尝养宫中，云吾欲奉太子"。

一代名将王忠嗣被判死刑，玄宗感念其功改为降职留用。两年后，王忠嗣在郁闷中病逝，年仅45岁，正是一名将领最好的年华。他没有战死沙场，却倒在了朝堂。

6年后，渔阳鼙鼓动地来，安禄山造反了。有人说，如果王忠嗣活到那时，一定能守住潼关，将反贼一举剿灭。可惜历史没有假设，盛唐的繁华随着它的守护神一同远去了。

# 大唐，不止有诗和远方

一提到唐朝，普通人的第一反应是想到唐诗。唐诗是中国诗歌艺术的巅峰，清人编撰的《全唐诗》共收录唐代诗人2200多人，得诗49800余首。相比于清朝的乾隆爷一人作诗42000多首，整个唐朝保存下来的诗歌并不算多，但唐诗的影响力远大于"高产诗人"乾隆。我们随便在街上找一个学龄儿童，甭管学习成绩如何，都能背诵出一首唐诗。"举头望明月，低头思故乡""春眠不觉晓，处处闻啼鸟"等诗句更是全民皆会吟诵。穿越千年，魅力不减，这就是唐诗。

唐朝除了诗歌外，也是其他艺术形式走向成熟的关键阶段，比如历史上的楷书四大家，其中有三位就出现在唐朝，还诞生了以"画圣"吴道子为代表的一大批职业画家，人物画臻于成熟，花鸟画逐步完备，山水画取得独立。盛世之下，不但诗歌，书法绘画艺术同样取得了突破性成就。

## 一、颜真卿

颜真卿出生于唐朝的一个世家大族，其人生的青年阶段赶上了唐朝国势日隆、一派歌舞升平的时代。作为一名朝官，颜真卿写得一手好楷书，给皇帝上的奏章字体端正，笔力遒劲，形体饱满，在当时颇具盛名。据说，他的楷书师从初唐名臣褚遂良，又兼学"草圣"张旭的用笔，神形兼备。

磨难能提升一个人的精神境界。安史之乱爆发时，颜真卿恰巧在河北平原郡。面对声势浩大的叛军，河北郡县纷纷望风而降，只有颜真卿率领忠志之士孤守平原郡，仿佛风暴中的一叶孤舟。初闻河北郡县投降，唐玄宗颇为不快："河北二十四郡，岂无一忠臣乎！"大唐养士百年，大难临头，这些官员都成了墙头草，毫无节操，屈服于安禄山。只有颜真卿坚守士人底线，为国尽忠，给玄宗挽回了一些颜面。

第二年，安史叛军攻破平原郡下的常山，颜真卿的从兄一家三十口人被叛军杀害，"父陷子死，巢倾卵覆"。多年后，颜真卿寻回了从兄一家人的遗骨，不禁悲从中来，不能自已，失声痛哭。这位年逾六旬的老者面对叛军没有流过一滴眼泪，但在舍生取义的从兄一家面前，再也支撑不住，7年来战乱带来的痛楚在此刻爆发！

颜真卿挥毫写下了传颂万古的书法名作《祭侄赠赞善大夫季明文》（《祭侄文稿》），只有短短234个字，但因为写时情绪悲痛，有多处涂改，真情流露，跃然纸上。全文情真意切，没有矫作的设计，没有炫耀技巧，有的只是真实的情感。通篇用笔之间情如潮涌，书法气势磅礴，纵笔豪放，一气呵成。

如果说"天下第一行书"《兰亭序》胜在一个"意"字，那么《祭侄文稿》则胜在一个"情"字。《祭侄文稿》可以比肩历史上任何伟大的书法作品。

颜真卿晚年书法风格更趋厚重，每个字都用墨厚实，力透纸背，这可能是他内心对恢复安定生活的某种渴望。唐人评价"柳骨颜筋"，讲的是书法要：学柳公权的字形结构，突出形式美；学颜真卿的用笔用墨，让书法不仅只有外在的形式美，更有厚重的内在美。

后人学书多学柳公权，学颜者少，这种情况一直持续到明末。明朝灭亡后，士人阶级普遍出现了一股反对形式主义的思潮，他们认为形式美就如伪君子一样，表面上道貌岸然，其实内心龌龊不堪。这股思潮反映到了书法上，颜真卿的"真情"受到赞扬，他的气节、艺术成就无可挑剔，颜体书风重新盛行。

颜真卿的影响不仅局限于中国，日本书坛同样对其推崇备至。号称"日本当代书圣"的井上有一写了一辈子的"流行书风"，他的书法作品个人风格明显，桀骜不驯，无法无天。但他晚年看到颜真卿的楷书时突然潸然泪下，觉得自己之前的书法都白练了。"看到颜真卿的字，我仿佛感受到了黄河的力量，澎湃而来。"从此，井上有一改练颜体，"终日临颜"的字样不断出现在日记中，其颜体公认为当代第一。

## 二、吴道子

　　唐代被冠以"圣"之类称号的人很多，诗有诗圣杜甫，画有画圣吴道子。还有个剑圣裴旻，据说此人舞剑时电闪雷鸣，通天地之力。有次，裴旻请吴道子作画，吴道子说自己已经很久没动笔了，没了感觉，请裴剑圣为其舞剑助兴。

　　裴旻"掷剑入云，高数十丈，若电光下射，旻引手执鞘承之，剑透空而入，观者数千人，无不悚栗"。吴道子观后，画意大盛，提笔在墙壁上作起画来，挥毫立就，壁画栩栩如生。剑圣、画圣双剑合璧的故事，传为艺术史上的一段美谈。

　　吴道子是唐代画坛颇具代表性的人物，他家境贫寒，与颜真卿相比，仕途走得并不顺，只当过一些不入流的小官，大部分时间还是陪在玄宗左右，充当宫廷画师。唐玄宗封禅泰山时，路过金桥，见一路上御林军军容壮盛，旌旗招展，非常高兴，于是召来吴道子、韦无忝、陈闳，请他们一同创作《金桥图》。陈闳主画玄宗及所乘骏马照夜白，韦无忝主画狗马、骡驴、牛羊等动物之类，而桥梁、山水、车舆、人物、草树、雁鸟、器仗、帷幕等主题部分则由吴道子主画。《金桥图》绘成后，"时谓三绝"。

　　有一次，唐玄宗让吴道子去四川写生，让他回来为宫廷绘制蜀地风貌。吴道子跑到四川待了几个月，每天纵情于山水之间，吃喝玩乐，却从来没有拿起过画笔记录。吴道子回到长安后，玄宗有些生气："让你去写生，你去旅游了？"吴道子跪下谢罪说："臣已把蜀地山水收于胸中，无须草稿。"玄宗不信，让他去大同殿画壁画。吴道子拿起画笔不假思索地开始作画，一日之内，全部画完。将嘉陵江三百里锦绣风光尽收画中，玄宗看完赞不绝口。

　　据史书记载，吴道子的山水画与同时代流行的青绿山水颇为不同。青绿山水的代表人物是皇族李思训父子，从流传下来的《明皇幸蜀图》中，我们可以看到，青绿山水绘制得非常细致，构图饱满，色彩勾填有致，一副皇家气派。李思训父子创作一幅青绿山水需要几个月的时间，而吴道子只需一天，为何？吴道子画嘉陵江时，只取其意，没有取形。他在蜀地游览数月，把印象深刻的场景记录于心，有些不重要的场景自然忘却，留在心中的都是精华，画出来的画作自然惊艳，而且没有烦琐的填色过程。

吴道子被后世推崇的原因也在此，他不追求烦琐的工笔，而重在意境，成为后世文人画的鼻祖之一。宋代以后，文人画主宰了中国画坛。文人画"逸笔草草，不求形似"，追求意境之美，反对过度装饰的工笔画。这也是李思训父子在后世的名气不如吴道子的原因。

苏东坡对唐代文学艺术成就推崇备至，他说："故诗至于杜子美，文至于韩退之，书至于颜鲁公，画至于吴道子，而古今之变，天下之能事毕矣。"苏东坡盛赞杜甫、韩愈、颜真卿、吴道子已把诗歌、文章、书法、绘画推向了顶峰，后人无法追赶。站在今人角度看，这句话说得未免太满了些，但放在苏东坡的时代，此言得之。日本京都学派把唐朝称为中国中世纪的终结，按照这个说法，我们可以把唐朝艺术称为中国中世纪的巅峰。

# 唐朝的好学生：日本

唐玄宗天宝十二年（753），一艘由苏州开来的帆船驶入日本萨摩州，轰动一时。在船上的乘行人员中，除了日本归国遣唐使外，更有一位重量级人物——鉴真和尚。

鉴真的大名早已响彻日本上层社会，为了迎接这位大唐来的高僧，当时日本的孝谦天皇亲自前往码头迎接，为其接风洗尘；次年2月，鉴真和尚到达奈良，封号"传灯大法师"，尊称"大和尚"，自此开启了一段文明传播的千古佳话。

那么，远隔千里之外的日本是如何得知鉴真的呢？在鉴真东渡的背后，又有着怎样的时代印记？

## 一、好学生

隋炀帝大业十四年（618），关陇军事集团出身的李渊在长安正式称帝，国号为唐，史称李唐王朝。在其子李世民的励精图治之下，一个偌大的帝国版图正式形成。这是自汉末中原大乱以来，天下第一次获得真正意义上的长久和平，饱受战乱之苦的人民终于不再因兵燹之灾而流离失所。40年后，李世民驾崩于长安，但"天可汗"的余威仍在，不仅如此，广土巨唐开始展现出其真正的生命力。

在经历了半个多世纪的承平岁月之后，唐人变得富足起来。最先得到消息的是世界各地的商人们，他们闻风而动，纷纷前往大唐做起了生意。管仲说得好：仓廪实而知礼节，衣食足而知荣辱。一连串的对外胜利和有了钱之后的唐人变得非常自信，他们打开了国门，在东西方文明的交流之中拥抱世界。

而恰好此时的亚洲格局，也给了大唐绝佳的历史机遇。

公元6世纪末的日本正处于奴隶社会末期，巨大的阶级矛盾已到了不可调和的地步，日本上层社会急需寻求国家变革的新方式。唐贞观四年（630），日本舒明天皇决定向大唐派遣使者，学习国家改革策略。

事实上，中国与日本的交流由来已久。早在南北朝时期，就有日本商人乘船前往江南进行贸易。隋炀帝大业四年（608），日本便有使者出使洛阳，但仅限于小规模交流。

日本派出的第一批遣唐使，一来到中国，就被恢宏的长安城震慑了。据《旧唐书·地理志》记载，唐长安城始建于隋，融合传统的中华儒道思想，以整齐划一的布局，天圆地方的理念，融君权神授与天人合一的风水命理之术于一体；设东西两市一百零八坊，总计人口百余万。如此宏大的规模，在当时的日本人心里是不可想象的；而经历了短暂的惊叹之后，日本人意识到学习唐朝的重要性。

于是在接下来的十年时间里，日本共计4次派遣使者来唐学习考察，内容包括文化、制度、科技、宗教等一系列天朝有而日本无的。

如果只是这样学习下去，或许史书上的记载只是堪堪几笔罢了。在唐高宗龙朔三年（663）发生的一场战争，大大改写了这段历史。

## 二、山川异域，慕名而来

龙朔三年，大化改新之后自恃国力渐长的日本水师在白江口（今韩国锦江入海口）与唐军爆发大规模海战。

值得一提的是，此时的唐军无论船只数量还是参战人数都完全落后于日本，却凭借着先进的造船技术和战术战法，大败日军水军主力，上千日军溺水而亡。

消息一传回日本国内，举国震荡。除了愤怒之外，日本自上而下则感受到了深深的恐惧。初尝战败苦果的日本迅速退回岛上，不再过问三韩事务；与此同时，决定派遣更多、更大规模的使者来唐学习。

唐人的自信由来已久，他们并不在乎被打败的日本有朝一日会来报复，相反唐人认为：广开国门，大张教化才是天朝上国应该做的事情。公元717年（唐玄宗开元五年），一个叫阿倍仲麻吕的日本留学生前往中国，他在此之后的事迹成为了一段传奇。

阿倍仲麻吕，出生于奈良的一个贵族家庭，其父官拜中务大辅，位至正五位上；早年的小阿倍就酷爱汉学，尤其仰慕中原文化和大唐的繁荣富足，于19岁那年，他和吉备真备等人一起登上了前往中国的大船。

同年9月，阿倍仲麻吕到达洛阳，唐玄宗让他和众留学生一起，在国子监太学中与大唐的王公贵族们一起学习。

在唐朝，国子监太学是全国最高学府。除了官宦子弟外，更有外国人在此学习。开元年间的国子监，除了日本人外，朝鲜人、突厥人、契丹人，甚至阿拉伯人都很常见，他们一同学习中华文化，老师们有教无类，并不因为人种和国籍的差别而区别对待。

于太学毕业后，阿倍仲麻吕不似部分外国友人学成归国，而是选择参加了中国的科举考试，并以优异的成绩进士及第，一举成为唐朝第一位取得进士功名的外国人。学成之后，唐玄宗赐汉名晁衡，官拜洛阳司经校书，正九品。

在洛阳期间，晁衡为人豪爽，感情丰富，凭借个人的才情与智商，结识了许多社会名流，李白、王维、储光羲、赵烨等人都与其有着很深的交情。为此，监察御史储光羲甚至有诗云："吾生美无度，高驾仕春坊。"这便是对晁衡最好的称赞。

久经华夏文化熏陶的晁衡来华多年，终究免不了产生思乡之情。唐天宝十一年（752），来华已经37年的晁衡选择了回国。

离开长安后，晁衡前往扬州，拜访早已名满天下的鉴真和尚，邀请他前往日本宣讲佛法。在此之前，鉴真已尝试了五次东渡，却苦于无人指引以失败告终，在受到邀请之后，这一次鉴真终于得偿所愿。

然而天有不测风云，因天气原因，阿倍仲麻吕与鉴真的船只在海上失散了。暴风雨中，无奈的阿倍仲麻吕只好原路返回。而在这时，遥远的长安城里发生了一件趣事。

传言晁衡的船只在海上触礁，不幸遇难，李白听闻后失声痛哭，写下了《哭晁卿衡》以哀悼晁衡；谁知过了半年后发现晁衡又好端端地回来了，在重逢宴上极为尴尬的李白不知如何是好，而晁衡看到李白的诗句后百感交集，当即写下了一篇《望乡》作答，才缓解了李白的情绪。

此后的十多年时间里，晁衡再也没有回到日本。公元770年（唐代宗大历五年），72岁的晁衡病逝于长安。

## 三、风月同天，远播海外

不同于阿倍仲麻吕将毕生的精力奉献给中国，和他一起来唐朝学习的好友吉备真备，在学成之后选择了归国。而鉴真和尚的事迹，正是由吉备真备之口传于日本社会的。

唐玄宗开元二十三年（735），留学大唐19年之久的吉备真备回到日本，被圣武天皇升为正六位下，官授大学助，执导400多名日本贵族学生学习唐朝先进制度和文化。20年后，吉备真备坐上了政府一把手的位置，官拜右大臣，相当于大唐的宰相。

吉备真备执掌朝政期间，为日本的国家改革和文明进步做出了极大的贡献。除了给日本带来了《唐礼》等中国书籍外，还起草编纂了《私教类聚》《养老律令》等多部法律文献，从立法的角度加强了日本国内的中央集权，加速了封建化改革进程。

而在镰仓时代，洞院公贤所著的《拾芥抄》中记载道，吉备真备的《私教类聚》是以南北朝时期颜之推的《颜氏家训》为范本写作而成，更是成为中华文化传播的典范之作。

唐玄宗天宝十二年（753），鉴真和尚到达日本，在吉备真备的极力推举之下，鉴真开始接触日本佛教体系。3年后，鉴真被封为"大僧都"，日夜讲经说法，为日本人带去了东土文化之光，并着手建立日本戒律制度——汉传佛教在日本进一步生根发芽。

除佛教之外，作为大唐的得道高僧，鉴真还为日本带去了先进的医药科学。他精通本草，把大唐的中药鉴别、炮制、配方、收藏、应用等技术，悉数教予日本学生；而他的弟子法荣根据鉴真传授的医术，甚至治好了圣武天皇多年的痼疾，因而在日本医界拥有崇高的威望，至于鉴真本人，则被称为日本的汉方医药始祖。

不仅如此，鉴真更工于土木，奈良市著名景点唐招提寺便是由鉴真亲手设计而成。它以中国传统的木质结构为基础，辅以日本特色的室内布置，历时11年完工。建成之后，成为日本国内最重要的佛教道场，最盛时曾有僧徒3000余人。

正是怀着这样一颗悬壶济世、普度众生的慈悲之心，鉴真在日本拥有崇高的声望。唐代宗广德元年（763），鉴真在唐招提寺圆寂，日本上至贵族下到百姓无不为之伤感，称其为"日本文化的恩人"。而在此后的一千年里，鉴真更是被日本尊为"盲圣"，列位于圣人永飨食祀。

唐德宗贞元十年（794），恒武天皇迁都平安京，并根据遣唐使的描述，着手营建一座新的都城——京都。经过一百多年源源不断地派遣使者学习，日本人终于有能力建造属于自己的繁华帝都了。据南开大学日本研究中心的于千生先生文章所记，京都这座千年古都的设计完全模仿唐朝东都洛阳和西都长安所建：整座城市的建筑群呈长方形排列，以朱雀街为界，分东西二京，东京仿洛阳，西京仿长安，由内而外设皇城、宫城、都城，凡唐东西两都所建成者，无一不有。

唐人自立国以来，便带着高度的自信拥抱世界。在海纳百川的同时，也向世界输出自己的文化。历览东亚文化圈，每个打上中华文明烙印的国家，无一例外都与唐朝有着千丝万缕的联系。任时光荏苒，文化的价值永远流传，在愈发开放的时代里，让我们重拾唐人的精神，走向下一个千年。

## 第二篇 疲困的帝国

## 安禄山的绝望时刻

天宝十四年（755），安禄山率河北15万叛军雷霆出击，一路西进，所经之处，州郡望风而降。盛唐长安城中那令人飘飘欲仙的《霓裳羽衣曲》，被叛军轰鸣的战鼓声惊破。

河北叛军11月起兵，12月攻破了东都洛阳，天下哗然。前来平叛的名将高仙芝和封常清手下，只有仓皇集结起来的数万府兵。国家承平日久，临时凑起来的府兵大都是长安附近的浪荡子弟，面对久经沙场的河北藩兵，连武器都拿不稳，如何御敌？

高仙芝避开了连接洛阳与长安之间的平原地段，退守潼关，打算据守天险，拖垮叛军。然而，玄宗求胜心切，下令于阵前立斩避战的高仙芝、封常清，临阵换将，抬出了"一呼三军皆披靡"的哥舒翰。

此时，哥舒翰已52岁，旧病缠身，早已不复当年之勇，但皇命在上，他不得不带着8万新征的府兵前往潼关，守卫帝国的最后一道屏障。

### 一、三军披靡

哥舒翰是突厥人，家境优渥。他的父亲是唐军大将，母亲是于阗公主，从小顺风顺水，过得很惬意。如果以这种剧情发展下去，长安城中会多个浪荡子弟，边疆少了一员勇将。40岁那年，哥舒翰的父亲去世，家中的顶梁柱倒下了，曾经辉煌的家门突然暗淡，就连一个小小的长安尉都敢嘲讽哥舒翰，讽刺他是个没用的"将二代"。

愤怒之下，哥舒翰跨马上阵，前去河西投军，受到节度使王忠嗣的青睐。哥舒翰从小骑马射箭的本领没少学，爱读《春秋》《汉书》《孙子兵法》，能文能武，很快在战场上崭露头角。面对三倍于己的吐蕃骑兵，他身先士卒，冲锋陷阵，击退敌军，一战扬名军中。

令哥舒翰真正扬名天下的是石堡之战。石堡是唐军在青海高原上修建的一处防御工事，后被吐蕃夺取，面子上挂不住的玄宗执意要夺回石堡。前线节度使王忠嗣上书说，石堡易守难攻，战略价值不大，建议朝廷放弃。玄宗不肯，下令强攻，王忠嗣抗命，哥舒翰率军强攻，付出了很大的牺牲终于攻克。哥舒翰帮玄宗争回了面子，玄宗大为嘉奖，让全国将领学习"哥舒翰精神"，借此贬低王忠嗣。

一时间，哥舒翰的大名响彻天下，他在边疆破敌的传奇故事传扬四海。文人倾慕哥舒翰的战功，李白诗云："丈夫立身有如此，一呼三军皆披靡。"杜甫诗云："先锋百胜在，略地两隅空。"西北军中传唱："北斗七星高，哥舒夜带刀。至今窥牧马，不敢过临洮。"

"全民偶像"哥舒翰大器晚成，成为安史之乱前唐军中声望最高的人。哥舒翰得势，王忠嗣失势，唐玄宗对王忠嗣不听王命的行为非常恼怒，借故要杀他。哥舒翰没有落井下石，跪在玄宗面前痛哭流涕为王忠嗣求情，玄宗有感王忠嗣往日的功劳，才放过了他。

## 二、王命在上

河北军起，高仙芝、封常清违背王命，拒绝与叛军决战，致使洛阳城陷，退守潼关被杀。玄宗气得并不是两人丢城退守，而是他们违背王命。俗话说"君要臣死，臣不敢不死"，从战略上来说，洛阳不该守，但皇权政治讲的是忠诚，纵使皇帝的诏命有问题，也要执行。前有王忠嗣，后有高仙芝、封常清，玄宗再不杀将立威，以后还不知道有多少将领会擅作主张，违背王命。

前线军情如火，玄宗又想起了当年血战石堡的哥舒翰。哥舒翰骁勇善战，关键是听话，皇帝指哪儿打哪儿。

哥舒翰与安禄山关系很糟糕，责任可能出在王忠嗣身上。王忠嗣瞧不上溜须拍马的安禄山，经常和别人说安禄山要造反，哥舒翰是王忠嗣的老部下，延续了这层关系。

安禄山对哥舒翰很敬重，曾试图修复二人关系，在酒宴上端着酒对哥舒翰说："您的父亲是突厥人，母亲是胡人，我的父亲是胡人，母亲是突厥人。我们出身相近，可以做好朋友！"哥舒翰没有接过酒杯，轻蔑道："古人云，野狐向窟嗥，不祥，以其忘本也。敢不尽心焉？"暗讽安禄山是杂胡。安禄山大怒，当场翻脸。两人眼看要干架，高力士瞪了一眼哥舒翰，提醒他皇帝也在，不得放肆，两人才愤愤罢手。

有了这两层考虑，玄宗坚持让生病的哥舒翰挂帅出征，哥舒翰心里一百个不乐意，无奈王命在身，不得不从。潼关附近集结了20万唐军，严阵以待。

此时，安禄山情况也不好。潼关是有名的天险，易守难攻，假如战事陷入僵局，给了唐军精锐回援关中的时间，等待叛军的只有失败，时间利于哥舒翰一边。雪上加霜的是，安禄山又接到范阳军报称，山西军正在李光弼和郭子仪的带领下在河北收复失地，准备直捣范阳，绝其后路。

熟读兵法的安禄山一定知道汉代七国之乱的故事。汉军坚守梁国，拖住叛军主力，周亚夫率领主力绕道七国本土，大破敌军。安禄山正处于七国之乱一样的情景：前有守军，后有追兵，进退不得。

放在安禄山面前的只有一条路：攻破潼关，彻底扭转战局。

## 三、将相失和

哥舒翰抵达前线后，强打着精神，巡视潼关防务，侦查叛军动向。一番工作后，他得出了和高仙芝一样的结论：只宜坚守。

玄宗接到哥舒翰的奏疏后沉默了，正在河北奋战的李光弼、郭子仪同样建议朝廷:"请引兵北取范阳,覆其巢穴,质贼党妻子以招之,贼必内溃。潼关大军,唯应固守以弊之,不可轻出。"三位名将提出了相同的建议,让玄宗犹豫起来。身为至尊天子,他自然希望尽快击溃叛军,但打仗不是请客吃饭,如果潼关兵败,大唐万劫不复,坚守是万全之策。

时间一天天流逝,转眼到了6月,叛军攻破洛阳只花了一个月时间,却被潼关困了半年。安禄山陷入绝望,他必须变招诱敌,速战速决。他让手下崔乾佑带领几千老弱病残在关外大道上扎营,把精兵藏在两边山中,摆出一副不堪一击的模样。

消息传回长安,玄宗那颗躁动的心又开始活泛。他觉得经过几个月的相持叛军已人心涣散,士气低落,唐军应该主动出击。哥舒翰回奏:"禄山久习用兵,今始为逆,岂肯无备!是必赢师以诱我,若往,正堕其计中。"

就在这关键时刻,杨国忠粉墨登场,他力劝玄宗责成哥舒翰出战。杨国忠与哥舒翰本无仇怨,直到哥舒翰到潼关后,有人建议他说:"安禄山反叛都是因为杨国忠,如果将军能把他杀了,叛军自退。"哥舒翰没有表态,《旧唐书》记载:"翰心许之,未发。"

杨国忠听后,非常紧张,屡次在玄宗面前说哥舒翰坏话,说他畏敌不前,延误战机,不听朝廷号令。真正触动玄宗的可能正是"不听朝廷号令",用哥舒翰上前线就是看中他听话,可一到前线又和高仙芝一样,变得不敢出战,违背圣意。在杨国忠的煽动下,玄宗怒了,立刻要求哥舒翰出战,收复洛阳。

哥舒翰望着皇上的旨意,知道如果自己再推辞,将会和高仙芝、封常清、王忠嗣一个下场,只能放手一搏,主动出战。

## 四、帝都沦陷

哥舒翰出战时,心情复杂,20万新军沿着潼关狭道东进,在灵宝西原撞上了崔乾佑的主力。崔乾佑把精兵埋伏于山中,狭道上布置少量赢兵。哥舒翰令5万先锋开路,10万主力殿后,自己则率3万精兵在山上扎营,掌控全局。

战斗开始后,5万先锋部队遭到了迎头痛击,山上的伏军杀声震天,唐军大都是新兵,哪里见过这种阵势,导致阵脚大乱。滚石、滚木沿山而下,砸得唐军人仰马翻。哥舒翰见状,命令后军冲击敌阵,崔乾佑点起大火,滚滚黑烟在风势的助攻下笼罩了唐军。唐军分不清敌我,陷入混乱,相互残杀。

仗打到这个地步,唐军其实已经输了。

崔乾佑的精锐骑兵绕到唐军主力身后,一阵掩杀,唐军彻底崩溃,四下逃散。哥舒翰在山上知道大势已去,也向潼关退却。潼关周围有为抵御叛军挖的深沟,这时成了唐军的鬼门关,大量逃兵被追上,惨遭屠杀。20万大军出征,撤回关内的仅8000人,主力尽损。长安失去了最后一道屏障,玄宗出逃。

安禄山赢了,哥舒翰被五花大绑押到他跟前,安禄山得意地问:"你当年不是瞧不起我吗?为什么被我擒了?"哥舒翰似一只斗败的公鸡,信心彻底被摧毁,低三下四地答道:"肉眼不识陛下,以至于此。陛下是拨乱之主,天命所归。"

安禄山哈哈大笑。为了求饶,哥舒翰甚至谄媚地说:"李光弼在土门,来瑱在河南,鲁炅在南阳,我为陛下招降他们,可一举平定这三方唐军。"

结果,接到哥舒翰招降书的将领都大骂他不知羞耻,罔顾圣恩,对不起国家。一年后,天宝名将哥舒翰被安庆绪所杀。后来,曾写诗赞美哥舒翰的杜甫又在名篇《潼关吏》中,告诫后人:"谨嘱关防将,慎勿学哥舒。"

# 天赐大唐李光弼

李光弼在唐史中名声并不是最响亮的,一般人提到平定安史之乱首席功臣时,往往认为是另一位名将郭子仪。诚然,郭子仪战功卓著,恪守为臣之道,不居功，处事低调，是一位非常难得的将才。但唐人评定李光弼是"战功推为中兴第一"，地位居于郭子仪之上。

何故二人声望相差如此之多？性格决定命运。郭子仪八面玲珑，很会处理复杂的人际关系，说他是名将有点儿委屈。郭子仪曾运用外交手段，单骑喝退10万突厥大军，在朝堂上又对皇上毕恭毕敬，团结同僚，所以称郭子仪为政治家更为合适。而李光弼是纯粹的军人，作风刚硬，精通行军打仗，不谙于人情世故。所以战后，郭子仪声望日隆，李光弼依旧我行我素，用军人思维处理人际关系，注定了他悲剧性的结局。

## 一、天下兵马副元帅

李光弼是契丹人，他的父亲在营州之乱时归顺了武周，官至副节度使，封郡王。李光弼继承了契丹民族善于骑射的基因，又受汉家儒学影响，嗜读《汉书》，与同样喜欢夜读《春秋》的关公有一拼。

玄宗朝中期，最有名的将领王忠嗣很赏识李光弼，经常提携、培养他，这可能因为两人的父亲都在战场上为国捐躯，有着相似的成长经历。王忠嗣不免对其另眼相看，常在别人面前夸赞李光弼："他日得我兵者，光弼也！"俨然把他当作自己的接班人。

天宝十四年（755），安禄山在范阳（今北京附近）发动叛乱，"渔阳鼙鼓动地来"，15万叛军势如破竹，一路南下。玄宗朝，府兵体系名存实亡，一时间朝廷竟无法组织起有效的抵抗。很快，叛军攻占东都洛阳，举朝震惊。安禄山没想到战事进行得如此顺利，于次年在洛阳称"大燕皇帝"。叛军内部弹冠相庆，拖慢了行军速度，给了唐军喘息之机。

玄宗一边让各路节度使入京勤王，一边调集中央军去驻守潼关，双方主力在潼关对峙。这时，李光弼横空出世，他与郭子仪一道率领5000精兵从山西发兵，趁着叛军后方空虚，攻打范阳，一路占领了十几个县。

假使潼关守军能再多坚持一段时间，李光弼便可一路北上，抄了叛军老巢，令其收尾不能相顾。可惜，玄宗昏招叠出，他先是以"守土不力"的罪名斩杀了封常清和高仙芝，又把一个老态龙钟、毫无斗志的老将哥舒翰推上前线，结果被叛军杀得大败亏输。

潼关一丢，长安再无屏障，玄宗西逃。李光弼在范阳的奋战失败，被迫西撤。玄宗入蜀，太子李亨则北上到了灵武。灵武是河西重镇、朔方节度使驻地，兵强马壮。李亨有了枪杆子撑腰，便在"父老共拥太子，马不得行"的情节中，当了皇帝，另立中央，史称唐肃宗。

此时，远在四川的玄宗音讯全无，北方军队群龙无首，不知道该去哪儿，不少人投了叛军。李光弼得知肃宗灵武称帝的消息后，立刻率军来投。肃宗嘉奖了李光弼的忠义，授予宰相官职，鼓励他为国讨逆。这个宰相有名无实，李光弼除了自己的5000人，一兵一卒也调不动。

唐肃宗至德二年（757），李光弼回到山西镇守太原。叛军上次吃了老巢被抄的亏，这次一定要拔掉太原这颗钉子。太原城墙坚固，粮草充足，在历史上是有名的坚城。史思明集结了10万叛军才敢来攻，但李光弼"长于凭城"，他利用投石机、挖地道等战术搞得叛军鸡犬不宁。叛军空有10万人，却使不出劲来，退回了范阳。

与此同时，盘踞两京的叛军内乱，安禄山被儿子安庆绪斩杀，郭子仪借机收复了两京。肃宗急令九镇节度使继续追击安庆绪残部，李光弼参战。结果，九镇节度使不听郭子仪指挥，迟迟无法攻下邺城，只有李光弼最为卖命，率部冲锋陷阵，与安庆绪部杀得难解难分。史思明突然率13万援军赶到，唐军全线溃退。

战后唐军开会总结，郭子仪负主要领导责任，被撤掉了"天下兵马副元帅"的职务，改由李光弼接任。天下兵马元帅一职一般由皇族出任，属于挂衔性质，实际上副元帅才是战场指挥，李光弼承担起指挥前线全体唐军的重任。

## 二、进军

乾元二年（759），汴州节度使投靠史思明，造成战局进一步恶化。汴州扼守着京杭大运河通济渠段，江淮的钱粮都要从这里通过才能送到长安。玄宗朝，两京人口众多，关中的粮食根本养不活这些人，只能从华北和江淮两地调运。安史之乱爆发后，华北沦陷，朝廷只有依靠江淮。大唐的朝廷不可一日无江淮，汴州节度使的叛变犹如叛军牢牢卡住了唐军的脖子，等着唐军断气。

史思明率大军前来攻打洛阳，贼军势大，李光弼果断放弃洛阳，退守到黄河北岸河阳。河阳是一座很特别的城市，它有三座城堡，黄河南北各一座，河中的小洲上还有一座，没有比河阳更适合李光弼发挥他守城才能的地方了。双方在南城反复争夺，几度易手后，史思明知道士气已尽，缓缓退军洛阳，两军陷入僵持。

上元二年（761），长安钱粮不足，唐肃宗急令李光弼击退洛阳叛军，收复汴州，保障江淮漕运。李光弼力陈不可，遭到肃宗斥责。史书上说，肃宗是在宦官鱼朝恩的煽动下才不听忠言，一意孤行。其实不然，李光弼算的是军事账，以他现在手上的兵力，攻洛阳很吃力；唐肃宗算的是政治账，没有江淮的钱粮补给，整个朝廷、唐军都要饿肚子。无粮不聚兵，纵使战场局势不利，也要放手一搏，打通漕运。

李光弼会同仆固怀恩、鱼朝恩进军洛阳，果然被贼军杀退，河阳丢失，长安震动，没有河阳的牵制，长安危急。幸好此时，叛军内乱，史思明被儿子史朝义谋杀，无力西进。

安史叛军是一支很奇特的部队，安庆绪杀安禄山，史思明杀安庆绪，史朝义杀史思明，内乱不已，究其原因这是一支没有目标的军队。叛乱之初是因为安禄山人身安全受到威胁，一旦攻陷长安，他们就不知道该干什么了。叛军在长安大肆抢掠，钱财女人一船一船地运回河北老家，完全没有长期待在长安的打算。所以，叛军如同一群无头苍蝇，战斗力很强，却总打不对地方，让唐军逐渐在战场上获得主动权。

长达7年的战争，让叛军彻底失去了信心。李光弼率军稳扎稳打，逼向河北，叛军部将李怀仙杀了史朝义向唐军投降，换取继续担任河北节度使的权力。一场断送盛唐的战乱，以叛军内乱结束。

## 三、荣宠

战后，李光弼"战功推为中兴第一"。起初代宗对他极是荣宠，颁发免死铁券，令人为他在凌烟阁画像，把李光弼和开国功臣放在一起。

广德元年（763），安史之乱刚刚平息不久，李光弼部将仆固怀恩引吐蕃、回纥大军进攻关中。代宗急令郭子仪、李光弼出战。郭子仪接到圣旨，没有丝毫犹豫"即日就道，无纤介顾望"奔赴前线抗战。李光弼担心仆固怀恩是他的老部下，代宗会借机杀他，便"谗间不行"。代宗对此非常不满，逐渐疏远了他，更加器重郭子仪。

代宗还派人警告李光弼的其他老部下，不要学仆固怀恩，要与李光弼保持距离。此时的"中兴名臣"李光弼，在皇帝眼里，俨然成了一个不听号令的军阀，最终李光弼在徐州忧愤而死，而郭子仪优哉游哉活到了17年后，满门封侯，荣华富贵。

郭子仪对待皇帝忠诚，"事上诚"；对待下属宽容，"御下恕"。李光弼恰恰相反，一派军人作风，对属下要求严格，"军中指顾，诸将不敢仰视"。诚然，行军打仗要的就是令出必行，但把这种作风带到战后与皇帝关系的处理上就不对了。

安史之乱后，藩镇割据形成，全国大大小小分布着几十个军阀，对于皇帝的号令，他们轻则装聋作哑，重则公开抗命。李光弼身为"中兴第一"名臣，理应为天下藩镇做个表率，忠于皇室，却因为担心皇帝加害，装聋作哑，把皇帝丢在危险中，自己跑去徐州躲起来了。代宗事后没有杀他，已算仁慈。

为什么李光弼不去找代宗解释呢？军人作风。李光弼只会打仗，不会做人，很难得到后世史家的青睐，虽然被推为"中兴第一"，但拥兵自保，不符合封建道德观。李光弼是好军人，却不是一个好同事。

# "安史之乱"中的"小人物"

中国历史上,从来没有哪一场战乱如安史之乱这般令人痛心。这是一个繁华盛世的终结,古典的中华由盛转衰。当广德元年(763)的最后一缕斜阳照映在睢阳城楼上时,不知道人们是否还能记起,那个在王朝末世前带来孤影惊鸿的身影。

张巡,这个注定要被历史铭记的人物,在历经千年岁月沉淀后,于历史长河中闪烁着时代的光辉,愈发耀眼。睢阳保卫战,这场史书记载无多的大战,却在冥冥当中主导了李唐百年之国运。时至今日,我们只能从历史的吉光片羽中探寻最初的真相。

## 一、初出茅庐

景龙二年(708),张巡出生于蒲州河东(今山西永济)的一户书香人家。少时的他博览群书,晓畅军事,喜欢结交社会各界的文人雅士。玄宗开元末年,时年33岁的张巡中进士,与其担任监察御史的兄长张晓并重一时。

但颇具讽刺意味的是,由于志向高远,不愿攀附权贵的张巡在考入进士后,仅仅被安排做了一个清河县令。俗话说得好:三十老明经,五十少进士。年轻有为的张巡,本不应该在一个小小的县衙里屈才。

权力是男人最好的春药,堂堂进士竟然只当了这么一个小官,换作别人肯定在愤懑之余,想尽办法往上爬,但张巡是个异类。因为在任期结束回到京城后的他,依旧对杨国忠等权贵们吹胡子瞪眼,毫不理睬。殊不知,就是这样一个看起来一点儿都"不懂规矩"的另类,却在受人排挤了10年后,扶大厦于将倾,挽狂澜于既倒。

进京述职完毕的张巡再度启程,这一回他依旧被安排做了老本行——真源县令(今河南鹿邑)。唐廷这次的人事调遣除了排挤之余,还有一个用心:利用这个"油盐不进"的张巡,去收拾真源县的土豪劣绅。

据《新唐书》记载,当时真源县一代匪患猖獗,地主豪强欺压百姓之事屡见不鲜,且无论朝廷派谁来治理,他们都能拿出足够的金钱来收买,因而这里成了有钱有势者眼中的法外之地。所以唐廷此举一是要看看张巡是否真的那么清白,二是不妨借张巡之手来整顿乡里。

事实证明,张巡确实是个一身正气、两袖清风的好官。张巡上任没多久,就把当地最大的劣绅华南金处死了,其余党纷纷作鸟兽散,再不敢为祸乡里。在担任县令的数年时间里,张巡勤政爱民,简约笃行,但倘若只是这样,似乎也不值得史书大书特书。

常言道,时代的灰尘落在每个人身上都是一座大山;正值盛年的李唐王朝迎来自开国以来的最大一场危机——安史之乱。

## 二、起兵雍丘

天宝十四年(755)冬,安禄山在幽州起兵20万反唐,由于预谋已久,声势浩大,各地太守无不望风而降。数月后,东都洛阳沦陷,紧接着安禄山称帝,国号大燕。天宝十五年(756),真源县所属的谯郡太守杨万石投降燕军。

听闻消息的张巡悲愤不已,随即在当地拉起了一支近千人的队伍,在雍丘一代与朝廷派来的吴王李祗的部队会合,并击败了早已投降燕军的雍丘县令令狐潮。令狐潮兵败后,选择弃城逃跑。

同年3月,被迫撤退的令狐潮携燕军将领李怀仙、杨朝宗等人及4万叛军卷土重来,而此时的雍丘守军只有两千人。这是一场发生在两个县令之间的较量,拼的是谋略和计量。张巡抓住了叛军轻敌的心理,果断分兵两路,趁其根基未稳,出城杀了对方个措手不及。令狐潮无奈,只得暂时后撤。

次日一早,令狐潮再度攻城。他先从军中拉出一百多架投石机对城墙进行轰击,待城墙坍圮之时,再令士兵攻城。谁知张巡早有准备,他用连夜赶制的蒿草束浇上油脂,焚而投之。顷刻间城下一片火海,燕军不敢攻城,令狐潮再度作罢。

眼看强攻不成，令狐潮这次学聪明了，选择攻心。他在城外对张巡大喊：老兄咱俩都是县令，本就是卖与帝王家的活儿，现如今皇帝老儿都跑了，你还坚守个什么劲呢？

令狐潮这话不假，唐玄宗的确已经逃往四川了，可惜靠着荫庇制度上台的他，论嘴炮哪里是进士出身张巡的对手？张巡一句"足下生平以忠义自许，可现如今看看你做的事儿，是个忠义之人干的吗？"怼得令狐潮哑口无言，黯然离去。

回城后，张巡本着将帅一心的原则，将事情一五一十地告诉了军中诸将。皇帝是大唐帝国的主心骨，主心骨没了，对整支部队来说可谓釜底抽薪，军心动摇极其严重。当晚，就有6位将领劝张巡投降，张巡不置可否。

次日一早，张巡悬皇帝画像于朝堂之上，怒斥昨晚劝降者是不忠不义的无耻之徒，并以快刀斩乱麻的态势直接将此6人枭首示众，迅速解决了军心不稳的问题。

人心的问题解决了，可现实中的问题又来了，原因很简单：雍丘没粮了。人说皇帝不养饿兵，毕竟当兵吃粮天经地义，弄不好会造成哗变的。

恰好此时，城外密探来报，令狐潮将数百艘运粮船赤裸裸地停在了城外的河边，无人卸粮也无人把守，简直是天上掉下来的馅饼。令狐潮啊令狐潮，不愧是一介书生，犯了兵家大忌。于是在一天夜里，张巡假意出城佯攻，实则埋伏一队人马出城偷袭运粮船，能抢多少抢多少，抢不完的，一个字：烧！

吃了大亏的令狐潮气急败坏，却也无可奈何，谁叫自己脑子不如人家呢，只能围着城干瞪眼。而此时有兵有粮的张巡本可固守待援，但没过多久，他就做了一个惊人的决定：撤出雍丘城。因为周边的形势，愈发对他不利了。

## 三、血战睢阳

睢阳（今河南商丘），地处唐帝国交通要道之上，坐落在隋唐大运河汴河河段中部，乃是中原通往江南的重要水路枢纽。数年的北方战争早已将朝廷的财政赋税弄得一团糟，唯一支撑着帝国运转的，只有江淮两地的财政赋税，若睢阳一失，则天地倒悬，江山难保。因此，唯有保住了睢阳，才能救唐廷于累卵之际。

至德元年（756），撤出雍丘的张巡沿水路向南撤退，在睢阳城下与太守许远、城父县令姚訚合兵一处，计3000人，并在宁陵一带击败叛将杨朝宗，斩敌将20人，兵士万余。经此一役，张巡名声大显，朝廷下来诏书，任命其为主客郎中，兼河南节度副使。

至德二年（757），安禄山身死，其子安庆绪倾兵12万，杀向睢阳。当时的明眼人都看出来了，李唐王朝的半口气，完全是大运河的漕运在吊着，叛军高层哪有放着睢阳不管的道理。对张巡的考验，才刚刚开始。

1月，正值寒冬时节，安庆绪派部将尹子琪率同罗、突厥等部族与杨朝宗合兵一处，开始攻城。张巡亲自挂帅，登上城楼，身先士卒。许远自知才能不及张巡，遂主动推举其为主帅，自己主管粮秣等事。在数日时间内，张巡轻伤不下火线，最夸张的一次，一日从早到午接连战斗二十余次；四下狼烟滚滚、黑云蔽日，城外尸体堆积如山。

除了外部斗争，隐秘战线的侦查工作张巡也没松手。他成功肃清了内部叛将田秀荣，根据情报又主动出城袭击叛军辎重，夺得大批车马牛羊等军需品，不仅如此，张巡把所有战利品都分给了士兵，自己分文不要。此时的朝廷再度下旨，擢张巡为御史中丞，许远为侍御史，姚訚为吏部郎中，颇有火线提拔的味道。

5月麦香初熟，张巡又趁城外叛军割麦之际，声东击西，直捣黄龙，吓得叛将尹子琪弃军而走，张巡夺其旗。到了7月，城内状况急转直下。

此时睢阳储粮告罄，士兵每日仅能分得一勺米，饿了就啃树皮、拔野草充饥；站立在城墙上的兵士个个面黄肌瘦，甚至无法拉开弓箭射击；其间叛军又一连数次用云梯、冲车攻城，都被奋起的将士们打了回去。

孤立无援的睢阳城，宛如大唐半壁版图中最闪耀的那颗启明星。但在耀眼璀璨的星象背后，却是燃尽了最后一丝精血的睢阳军民。为了继续坚守下去，张巡做出了一个残酷的选择：杀人充饥。他带头将自己的小妾烹煮，分其肉与众士兵，紧接着许远杀了自己的一众童仆给士兵们吃肉；城内老弱妇孺，被食者无可胜记。

难道张巡不知道派人求援吗？事实上，张巡派过很多次，但大多死于叛军追兵的围堵。成功的一次，张巡派南霁云去临淮告急，谁知临淮守将贺兰进明却打起了自己的小九九，他认为张巡必死无疑，拒绝了南霁云的请求。后求援之人又转至真源、宁陵等地，才获得一点儿补给。

## 四、国士无双

10月，叛军知道睢阳已经到了山穷水尽的地步，加速了攻城的脚步。有人劝张巡弃守睢阳，向东转移，却被张巡一口拒绝。第一，睢阳是江淮屏障，此地一失，大唐必亡；第二，饥肠辘辘的士兵们，根本无力走到目的地，与其死在逃跑路上，不如死在睢阳城下。

唐肃宗至德二年11月，睢阳陷落。张巡、许远、姚訚等三十六将一同被害；原先拥有居民3万口的睢阳，此时只剩下了400余人；悲乎睢阳，壮乎睢阳！

值得一提的是，仅在睢阳城破的3日后，唐军就赶到了睢阳，7日内收复了城池，一个月后尹子琪兵败身死，多么讽刺的结局！这是巧合吗？显然不是。很明显，当时郭子仪的唐军完全有能力救援张巡，但唐廷内部的利益纷争不允许他这么做。原因有二：其一，木秀于林，风必摧之；前线的将领和一众官员们，没有人愿意看到一个功绩如此之高的人站在自己的头上，都恨不得他死在战场上当烈士。其二，功高震主，一个岳飞、于谦式的英雄人物，早已到了封无可封的地步，那么皇帝就只好请他去死了。

广德元年（763），历时7年之久的安史之乱迎来了终结，睢阳城再度恢复了往日的平静。夕阳西下，唐帝国的历史还在继续，城楼处，仍然依稀可见当年斑驳的血迹。张巡，观其一生事迹，以韩愈的评价最为中肯："守一城，捍天下，以千百就尽之卒，战百万日滋之师，蔽遮江淮，沮遏其势，天下之不亡，其谁之功也？"对唐帝国来说，张巡是真正的无双国士。

# 唐朝的内缩

安史之乱是唐史中一个很大的话题，这场长达7年的动乱，摧毁的不仅仅是盛唐的繁荣，也将唐人辛苦经营的"绝对防御圈"击溃。

大乱之前，唐朝与吐蕃在青海一带展开激战，以此保卫河西走廊的安全，乃至整个西域和北疆的安全。青海战场所涉及的朔方、陇右、河西三个藩镇，养兵15万，是仅次于安禄山的全国第二大军事中心。大乱之后，朔方、陇右、河西的精兵相继抽调回内地，青海、河西走廊、西域的控制权全部拱手让给吐蕃，唐朝西北防御圈崩溃。东北方向，契丹人乘机扩张势力，将唐人赶回了长城以南，虽然契丹威胁不如吐蕃，但两百年后，契丹人兴起，侵占了幽云十六州，势力直入内地，成为宋人挥之不去的噩梦，恰是从安史之乱后开始的。西南方向的南诏，蕞尔小邦，因为唐廷内斗，叛唐归蕃，又把四川暴露在敌人兵锋之下。

"绝对防御圈"崩溃了，唐朝内缩，从一种积极进取的开放型文化，变成了一种内向型文化。安史之乱改变的不仅仅是唐朝的版图，更是唐人的精神世界。

## 一、小头鞋履窄衣裳

安史之乱前，唐人颇具胡风。唐太宗李世民贵为天子，不喜欢舞文弄墨，却精于骑射。儒家文化是不提倡武力的，儒生更希望他们的君主"以文治天下"，乖乖地坐在太极宫中垂拱而治。唐太宗偏偏反其道而行之，这位马上天子，不仅自己打仗的战术是胡人的，就连对太子李承乾的教育也掺杂了突厥文化。为了便于骑射，唐人的装束与宽袍大袖的汉风不同，唐人喜欢贴身的窄衣，方便骑马射箭。白居易就说"小头鞵履窄衣裳……天宝末年时世妆"。

唐代对女性也足够尊重。唐代女性不仅能骑着高头大马，盛装出游，参加社交活动，更能入主皇位，执掌乾坤。武则天、太平公主、安乐公主、韦后……一个个都是令男人拜倒的女强人。

来自世界各地的异邦人同样可以自由在长安城中定居,做买卖。长安酒肆传出动人的龟兹音乐,与旋律单调、庄重的礼乐不同,西域的龟兹音乐热情动感,旋律多变,在酒精的刺激下,闻者无不翩翩起舞,和西域来的美女共度良宵,"为底胡姬酒,长来白鼻騧。摘莲抛水上,郎意在浮花"。城中的义宁坊还有一座"大秦寺",这座寺庙是为方便来到长安的基督徒做礼拜所建,流传至今的《大秦景教流行中国碑颂》见证了唐人的开放。

安史之乱后,唐人精神世界发生了转变。唐人的服饰逐渐从方便骑射的紧身窄袖变成了穿着更舒适的宽袍大袖。上层精英士大夫不再以出将入相、炫耀武功为荣,他们流连于长安城中舒适、安宁的生活,浅斟低唱,马车出行成了新的风尚。新的文学形式唐传奇繁荣发展,比起诗歌,这种写传奇故事的文体显然更通俗易懂,刺激人的感官神经,无论上层贵族还是下层百姓,都对传奇故事兴致勃勃,贵族文化与市井文化开始交融。

服饰样式转变是中唐时代精神转变的重要特征,人们不再追求开疆拓土,赫赫武功,"请君暂上凌烟阁,若个书生万户侯"成为久远的记忆。中唐时的人渴望重归安定、富足的生活,但对和平危险最大的仍是藩镇。

## 二、科举选士

安禄山身上有两个明显的标签:胡人和武将。如果没有他,大唐盛世说不定能维持更长的时间,盛唐的衰落应该是缓慢平和的,而不是抛物线式的崩溃。唐玄宗重用安禄山的原因很简单,他在朝中没有私党,不会干预朝政。晚年的玄宗精力日衰,对激烈的朝堂倾轧越来越感到厌烦,他更喜欢与杨贵妃在华清池泡澡,把权力交给了精明强干的李林甫,让他为自己打压喋喋不休的言官和利益错综复杂的党争。

李林甫是位行政高手,他出色地完成了唐玄宗交给自己的任务,却不免有私心——长期占据相位。他大力游说玄宗重用胡人武将,姑息安禄山。诚然胡人无私党，同样也没有文化，安禄山这种人不会来长安跟他争相位。另一位镇守西北的节度使王忠嗣则不同，他长于深宫之中，身在西北，与朝廷保持着千丝万缕的联系，最终成了党争的牺牲品。

大乱过后，藩镇问题依然严峻。唐肃宗、唐代宗、唐德宗被藩镇搞得焦头烂额，全国40多个藩镇的节度使谁来出任？武将跋扈，宦官无才，只有文官最合适。文官读儒家的书，提倡忠义，叛乱的风险远远小于武将。所以从唐德宗开始，科举制度大盛，大批无权无势的寒门子弟进入中央任职，出镇各地节度使。

唐代科举始于太宗，成于玄宗，盛于德宗。依靠科举制度培养出的文官体系，唐朝中晚期藩镇问题渐平，国家享受了一百多年的太平岁月。科举制度最大的受益者是谁？自然是中小地主，他们分散于全国各地，对朝政话语权有限，关陇军事贵族长期把持朝政，安史之乱后的藩镇割据给了中小地主主宰历史舞台的机会。

宋代更是将科举制度发扬光大。宋朝皇帝向中小地主全面开放帝国仕途，以文制武。宋代从一开始就是个文雅的时代，一个知识分子的黄金时代，唐代的武将之祸彻底消失，但代价则是对外战争的屡战屡败。

## 三、贵族没落

与科举制度相对立的是贵族门阀制度。

唐朝是关陇军事贵族建立起的王朝，王朝建立后，自然要与关陇军事贵族分享权力。前有长孙无忌、褚遂良专权，给年轻的高宗造成了极大的压力，才给了许敬宗、李义府等中小地主出身的人参与政治的机会，帮助皇帝抗拒关陇贵族。除了太宗这种创业之主能镇住关陇贵族外，守成之主大都把关陇贵族看成对皇权的威胁。

安史之乱后，关陇贵族遭遇了沉重打击。一是均田制彻底瓦解，没有均田就没有府兵，佃户变成了自由农，集中在关中地区的两百多个折冲府变成了空架子，关陇贵族的军事基础烟消云散。取而代之的是募兵制和两税法，朝廷直接向百姓征收税款，用钱养军队，纳税大户是中小地主，没有他们的支持，朝廷财税从何而出？二是科举制兴盛，唐代科举虽有诸多不完善之处，仍为中小地主打开了一个参与朝政的途径。德宗之后，录取人数增加，分走了关陇贵族的权力。

从汉末兴起的门阀贵族制度退出了历史舞台。因此，日本历史学家内藤湖南指出："唐代是中国中世纪的结束，宋代是近世的开始。"没有贵族就没有贵族精神、贵族情趣，中晚唐的社会变得平民化、市井化，一个新生的时代呼之欲出。

## 苦命天子唐德宗

唐德宗又狼狈地逃出了长安城，在他的记忆中，这已经是第三次逃跑了。

第一次逃出长安城时，唐德宗年仅14岁，少不更事，只断断续续地听大人提起过安禄山起兵造反的消息。某日晚上，他家接到了准备离京的圣旨，慌慌张张与太爷玄宗一行向蜀中逃去。第二天醒来，长安百姓只看见了一座空荡荡的大明宫。

第二次是和他的父亲唐代宗一起被吐蕃人赶出了长安。安史之乱刚刚平定，过了8年颠沛流离生活的唐德宗好不容易回到了大明宫，屁股还没坐热，吐蕃铁骑呼啸而来，打下了防守空虚的长安。

第三次，他已经贵为天子，富有四海，拥有一支忠于帝国、装备精良的神策军，却被区区5000番兵打了个措手不及，狼狈逃窜，被迫下了《罪己诏》，自责"朕实不君"。矢志恢复大唐荣光的唐德宗居然说自己不配当皇帝，其痛苦、屈辱之情可想而知。

重新回到长安的唐德宗如同换了个人，开始大肆敛财、重用宦官，北宋的司马光很瞧不上他，评价德宗是"识度暗浅，资性猜愎"。从"赫然有拨乱之志"到"识度暗浅"，唐德宗究竟是怎样一位皇帝？

## 一、危机四伏

安史之乱爆发时，唐德宗年仅14岁，亲身经历了战火的洗礼，眼睁睁地看着繁花似锦的长安被一波波的劫匪掳掠成一座空城。20岁那年，他当上了天下兵马大元帅，名义上节制全国兵马，发起了对安史叛军最后的决战，亲手终结了这场波及全国的战乱。

38岁登基时，唐德宗是铁杆主战派，力图快刀斩乱麻，用武力解决帝国面临的危机。他一方面整饬内政，停止不必要的开销，减少全国各地每年的进贡，裁撤冗官冗员，解散了玄宗喜爱的梨园戏班；以身作则，团结朝臣，与宦官保持距离，大有一副中兴之主的模样。

其实，德宗这么做，归根到底还是中央政府缺钱，安史之乱把唐朝的财政搞得一团糟，节度使不向中央纳税，战争期间人口又大量死亡，税收锐减，没钱的政府什么事都做不成。所以德宗想节省开支，把钱投入中央神策军的建设中，好为即将到来的战争做准备。

此时唐朝危机四伏，国内和国际环境大不如前，国内有藩镇割据：淄青节度使李正己占有15州之地，成德节度使李宝臣占有7州之地，魏博节度使田承嗣占有7州之地，幽州节度使李怀仙占有7州之地。此4人是德宗时期最飞扬跋扈的军阀，互为犄角，遥相呼应，给唐王朝中央政府造成了很大的压力。

国际上，东突厥垮台后，被唐王朝扶持起来的回纥人崛起，逐渐成为北方草原的霸主。回纥人从唐太宗时代就跟随唐军打突厥，深得信任，双方关系很好。所以安史之乱时，回纥人派兵参战，协助平乱。当然，回纥人不是白打工，他们要价很高，实际上是一支雇佣军。随着唐朝衰落，回纥人态度变得日益强硬，越来越不把唐朝人放在眼里。

《新唐书》载，有一次回纥人在长安大街上公然行凶，杀了一个人。京兆尹抓住了人犯，皇帝害怕伤害两国关系，特意嘱咐"诏贷勿劾"。回纥人嚣张至此，唐朝皇帝只能息事宁人，得罪了回纥，不但会失去一个盟友，还会让帝国北疆处于战乱危险之中。

更棘手的是西边的吐蕃，吐蕃是唐朝的老对手了，从高宗时就不断兴兵进犯，唐朝强盛时还不一定打得过吐蕃，更别说现在衰落了。吐蕃大军趁着安史之乱，攻占了唐朝边陲贺陇地区几十个州，把刀架到了唐人的脖子上，随时可以进攻长安。

德宗刚刚御极一年，吐蕃人便联合南诏国（在今云南）大举入侵四川，联军号称20万。消息传到长安，唐德宗没有丝毫慌张，唐蕃争霸50年来，唐朝败多胜少。但这次换成了本土作战，还是在崇山峻岭的四川，吐蕃战马根本无法驰骋，他们依赖的是被当作炮灰的南诏军，南诏军的战斗力比吐蕃差远了，连唐朝的一个节度使都打不过，更别说中央军了。所以唐德宗一边命令四川周围的节度使坚决抵抗，一边拨出4000神策军精兵驰援。

合兵一处的唐军三战三捷，杀得吐蕃、南诏节节败退，不熟悉地形的蕃诏联军如同无头苍蝇在四川大山中乱窜。盛唐诗人李白形容四川地势是"蜀道难，难于上青天！蚕丛及鱼凫，开国何茫然"，溃败的联军碰到"难于上青天"的蜀道，失足掉入悬崖者甚众。

## 二、两税法

初战告捷，给了唐德宗极大的信心——连吐蕃如此强大的对手都能被击败，难道还怕国内的藩镇吗？唐德宗把装备精良的神策军看作王朝复兴的基石，拼命扩张军力，从代宗朝的3000人扩充到了15万人，给中央财政造成极大压力。危机也是转机，战胜吐蕃一年后，一场影响深远的税制改革拉开了序幕。

唐朝继承了隋朝税制，是为均田制。简单来说，国家给成年男性每人授田100亩，其中80亩（口分田）产权是国家的，退休后还给国家；20亩（永业田）

产权是个人的,可以世代继承。均田制本质上类似今天的"混合制经济"。

拿了国家的田,就要承担纳税义务,纳税实行"租庸调"制度。80亩的"国有田"向国家交田租(租),20亩的"私有田"向国家交实物税(调),加上徭役征派(庸),构成了完整的租庸调制度,即所谓"有田则有租,有身则有庸,有户则有调"。所以人口是唐帝国税收核心,历代皇帝都非常重视清查人口,比如天宝年间的宇文融"括户",矛头直指脱离国家控制的农民,清查出80万户逃户,大大扩充了帝国财源。

安史之乱后,租庸调实行不下去了。战前,长达130多年的太平盛世,人口激增,土地兼并严重,国家拿不出田分给百姓了,或者分得很少。没田的老百姓就不用尽义务,再盯着人丁来收税,没了意义,只能逼反百姓。正如《新唐书》所说"盖口分、世业之田坏而为兼并,租庸调之法坏而为两税",没有均田制就没有租庸调,这种矛盾在玄宗时就已显现,但国家承平日久,盛世光环掩盖了问题,谁也不想去啃这块"硬骨头"。直到安史之乱后,"王赋所入无几"的严峻局面,迫使唐德宗决意改革税制,在丞相杨炎的建议下,全面推行以田地为宗的两税法。

两税法核心税源从"租庸调"变成了地税和户税,国家不再授田给百姓,等于默认了田产私有化。地税是指只要征税对象有田地,根据田地肥沃程度不同,缴纳不等的税金;户税是指政府以"户"(家庭)为单位,根据财产多寡,分为九等,缴纳不等的税金。因为"两税"的征收时间不晚于每年的夏6月和秋11月,故而得名。

两税法的好处显而易见,国家不用再收取庞杂的实物税,改为统一的货币税,客观上刺激了商品经济的发展;又根据田地和财产的多寡,缴纳不同的税金,富人多交钱,穷人少交钱,减轻了底层民众的负担,稳定了中唐的社会基础。

两税法出发点是好的,但执行起来却出现了问题。宰相杨炎之前,朝廷收税依据是"量入为出",今年国家收上来多少钱,就用多少钱,没有计划;杨炎实行两税法后,改为"量出制入",每年会规划明年国家要用多少钱,算出个总额(预算),然后摊牌给全国各州。唐德宗需要大量金钱去打仗,制定的预算往往不合理，造成了百姓负担加重的情况。

有一次唐德宗出游路过一家农户，来了兴致，便问农户："朝廷实行两税法后，你们的日子好过多了吧？"农户回答说："没有，明面上国家说除了两税之外不再加税，而实行起来，税外加税，我们纳的税比原来还多。"德宗默然，让官府赔偿了农户的损失。由此可见，两税法根本上是解决政府财政危机，而不是减轻人民负担。

## 三、藩镇

依靠两税法积累的财富，唐德宗的神策军实力急速膨胀。手里有枪，心中不慌，他一改代宗朝对藩镇的姑息政策，改为积极介入藩镇内部事务，没想到遭遇了他一生中最大的挫折。

建中二年（781），成德节度使李宝臣病故，上遗表给朝廷希望由其子李惟岳续任。放在代宗朝，父辞子继是河北三镇的传统，"河朔三叛，父子相袭三十年矣"。可唐德宗意识到，这是借故收拾三镇的好机会，便驳回了申请。

果然，战争爆发。李惟岳联系了同为河北三镇的魏博节度使田悦和淄青节度使李正己、山南东道节度使梁崇义，四个军镇一起反叛，声势浩大。

唐德宗早有准备，令神策军精锐倾巢出动，征讨叛贼，又令幽州留守朱滔、淮西节度使李希烈协助平叛。战事之初，非常顺利，成德镇的王武俊见唐军势不可当，转身杀了李惟岳投降朝廷；山南东道节度使梁崇义被李希烈攻灭；实力最强的淄青节度使李正己被神策军牢牢围困在山东，动弹不得。河北只剩下一个魏博节度使田悦。

眼看唐德宗就要胜利了，谁料，王武俊和朱滔都想成为下一个成德节度使，德宗拒绝了他们的要求，两人心怀怨恨，干脆一起和田悦造反。淮西节度使李希烈也看出唐德宗"鸟尽弓藏"的意图，生怕战争胜利后，下一个倒霉的是自己，在田悦、朱滔的劝说下也反了。

这下唐德宗傻眼了：消灭了李惟岳、梁崇义，又冒出来王武俊、朱滔、李希烈三个叛徒，加上田悦、李纳，叛军势力更大了。

为了应付前线急速恶化的战局，唐德宗的神策军不够用了，开始从其他藩镇四处调兵遣将。泾原节度使的5000番兵路过长安时，没有得到封赏，感觉非常委屈，敢情自己大老远从泾原赶来跟敌人玩命，朝廷起一点儿表示都没有。5000番兵群情激愤，一不做二不休，攻破了防守空虚的长安城，大肆劫掠府库。唐德宗万万没想到会发生这种事，在金吾卫的护送下离京避祸。

唐德宗跑到了奉天（今陕西乾县）才停下脚步，此事对他打击极大。藩镇没有被打掉，自己的京都还被一群乱兵攻占了，其中的屈辱，对心高气傲的唐德宗可想而知。

后来的兵祸更盛：攻占长安的番兵派人前来攻打奉天，朔方节度使李怀光前来救援，护驾有功，却因没得到封赏，也反叛了！德宗只能跑到更远的汉中避难，被迫下了《罪己诏》，甚至说出了"朕实不君"这样的话，从中可以看出，德宗连皇帝都不想当了——天下全乱了。

幸亏事发突然，乱兵势力不强，退守汉中后，唐军稳住了阵脚，花了一年多的时间击溃了乱军，唐德宗得以回銮。

回到长安的德宗百感交集，总结了两条经验：第一，宰相们说谎，在奉天时，李怀光要拜见德宗，宰相们怕他争功，阻止了会面，逼反了李怀光；第二，武将是定时炸弹，只要稍不满足他们的愿望，立刻翻脸。唯一能信任的人是身边的宦官，他们没有家庭，只能服从天子。从此，德宗开创了宦官掌兵的制度，将神策军最高统率从大将军变成了护军中尉。

因此，司马光批评德宗"识度暗浅"，其实，结合当时的历史背景看，德宗是迫不得已。中唐的政局外有强臣军阀，内有阳奉阴违的官员，对皇帝都不够忠心，宦官虽无才无德，但一颗忠心才是皇帝最看重的。

唐德宗也意识到，藩镇问题不是一朝一夕可以解决的，中央需要积累更多的财富扩建神策军，才有机会解决藩镇割据。他执政后期，大肆敛财，与此有密切关系。德宗虽然不"德"，但给后来的唐宪宗打下了良好的财政基础，让宪宗有能力荡平藩镇，重塑中央权威，使大唐呈现出"元和中兴"的局面。

## 四、中唐变革

安史之乱是盛唐和中唐的分界点,持续8年的战乱,给唐人带来的不仅是肉体上的折磨,更有精神上的转变。易中天先生在谈"安史之乱"时指出:长时间的动乱让唐人渴望回归平静的生活,盛唐时期那种开拓进取的精神消失不见,转变为中唐时期人心思定的内向型文明。

这次大的转变是中华文明的一次蜕变,自此以后的汉人政权均呈现出内向性特点,无论宋还是明,传统社会对外部世界丧失了兴趣。当哥伦布的船队向美洲远航时,明朝的弘治皇帝正忙着修改朝贡贸易的规则,取消朝贡国的贸易特权。西方从地理大发现开始,走上了快速跃进的道路,而中华文明对世界的兴趣越来越少。

唐德宗作为中唐历史中不可不谈的角色,他一生都致力于稳定国家内部,大胆改革两税法,启用寒门进士,打击门阀势力。正是在这一时期,科举制度蔚为大观,寒门庶族地主登上了历史舞台中央,中华文明进入了全新时代。

## 中兴之主唐宪宗

元和元年(805)10月,自命为西川节度使的刘辟被神策军押解到了京城。此时的刘辟没了往日的威风,一年前,他想趁着唐宪宗刚刚登基立足未稳之际,逼迫朝廷承认他西川节度使的身份。在他看来,这只不过是走个流程而已,毕竟河北、山东、河南一带的藩镇已经自立节度使30多年了,朝廷睁一只眼闭一只眼，对自立的节度使都给予承认。

而这一次，刘辟错了。新登基的唐宪宗毫不妥协，派出神策军入川作战，仅仅花了9个月时间就平定了整个四川，刘辟被活捉押往长安听从发落。唐宪宗怒斥他："肆其狂逆……以正刑典。"

10月底，刘辟及其党羽全部被斩首示众。唐宪宗用刘辟的人头向割据的藩镇宣战，踏出了大唐王朝"元和中兴"的第一步。

## 一、破局

前文说过，唐德宗自"奉天之难"后，一改对藩镇严厉的镇压措施，改为姑息。他一方面默许藩镇骄横不法，独立自主；一方面大肆敛财，扩充神策军，积蓄实力。可惜唐德宗壮志未酬，把削藩的重任留给了孙子唐宪宗。

唐宪宗上台后，面对的局势要比德宗好很多。经过两税法改革和中央扩军，唐王朝已从安史之乱后"官府无兼食之粮"的困难局面中走了出来，进入了"州府不失丁夫，奸人免有侥幸"的安定局面，社会承平。

刘辟之乱的迅速平定，给了唐宪宗极大的信心，有钱粮有军队的中央完全有能力消灭藩镇割据。迷信武力让宪宗犯了和德宗一样的错误——把两河地区的藩镇想得太简单。

两河地区的范围大约是今天的河北、河南、山东一带，三地聚集了五个实力强大的藩镇。与四川藩镇不同，两河地区的藩镇经历过安史之乱，民风剽悍，士兵身经百战，独立经营了很长时间，遥相呼应，牵一发而动全身，非四川小藩镇可比。宰相李绛曾指出过类似问题，唐宪宗不听。

元和四年（809），两河地区的成德节度使王士真病死，按照传统，其子王承宗自立为节度使，上表朝廷要求获得承认。唐宪宗借机发难，剥夺了王承宗所有官爵，派遣神策军会同其他节度使一同讨伐成德镇。

神策军还没出发，朝廷里就为谁当主帅吵了起来。按照德宗朝规定，神策军最高统率理应为由宦官充任的护军中尉。唐宪宗便将贴身宦官吐突承璀抬为护军中尉，任此战主帅。时任翰林学士、大名鼎鼎的诗人白居易上书严词反对，他认为，让一个宦官当主帅"古今未有"，听任宦官指挥，会让武将感到屈辱，朝廷因此蒙羞。在满朝反对下，宪宗只得名义上免了吐突承璀的主帅，实际上军队仍由其指挥。

朝廷大军出发的消息传到河北地区，魏博节度使田季安紧张了起来，他回想起了25年前德宗讨伐河北三镇的战争，那一仗打得如此凶险，要不是长安乱了，河北三镇早已覆亡。这次，朝廷又来讨伐成德，唇亡齿寒，田季安决定协助王承宗抵抗朝廷的军队。

同为河北三镇之一的范阳节度使刘济派人来点拨田季安。刘济此人虽为军阀，但在长安读过书，当了节度使后对皇帝很恭顺，而白居易对他不以为然，称他为"大奸之辈"，表面忠义，内心奸诈，是典型的两面派。"两面派"说明刘济擅长操弄权术，老谋深算。范阳来使问田季安："将军可知道这次讨伐成德镇，朝廷为何会派一个宦官当主帅？又为何以神策军为主藩兵为辅？"田季安不知。

来使解释说："因为皇帝不信任武将和藩镇，才不顾满朝反对坚持用宦官，如果这次讨伐失败，丢的是皇上的面子。你我本来是皇上的'忠臣'，为何要陪王承宗去死？到时，丢了面子的皇帝肯定把气撒在你头上，下次出兵，打得不是成德而是魏博了！"

在田季安看来，最好的结果是朝廷打不下成德，自己还没有责任，便问："计安出？"

来使说："将军可以修书一封给王承宗，表示自己攻打成德完全是迫不得已，希望成德军配合演一出戏，故意丢一座城给将军。将军拿下此城，朝廷自然不会怀疑你的忠心，之后两军在战场上做做样子就行了。"

接到信后，王承宗依计而行，刘济、田季安等也只出工不出力，加上一个不懂军事的宦官主帅，战事打了几年，朝廷先后派兵20万，花费700多万缗，结果铩羽而归。

此战之败，让唐宪宗意识到两河藩镇的复杂性：他们相互勾结，互为里表，为了蒙蔽朝廷，范阳、成德、魏博三镇居然在战场上演起戏来。难怪代宗、德宗、顺宗三位皇帝拿他们毫无办法。看来要破局，光靠武力是不行的。

## 二、骄兵

元和七年（812）唐宪宗收到了河北魏博镇的军报：原节度使田季安去世，奏请朝廷准许其幼子田怀谏继任。从唐代宗开始，魏博镇节度使一职在田氏一门中私相传递长达30年。德宗曾想以武力平之，结果天下大乱，险些酿成第二次"安史之乱"。

这次，田季安去世，正所谓"主幼国疑"，唐宪宗又起了削藩的念头。宰相李绛反对出兵，而是提出利用藩镇内部矛盾，让他们自相残杀，朝廷可坐收渔人之利："两河所惧者，部将以兵图己也，故委诸将总兵，皆使力敌任均，以相维制，不得为变……今怀谏乳方臭，不能事，必假权于人，权重则怨生，向之权力均者，将起事生患矣。"

洞若观火的李绛一针见血地指出了河北藩镇的问题——骄兵。河北地区近于边疆，唐朝前期为了征讨四夷，大量归化边疆的胡人，久而久之，河北地区成了胡汉杂居的地方。所以河北兵战斗力强，又不服王化，陈寅恪先生将这种现象解释为"其核心实属种族文化之关系"。从某种意义上来说，河北三镇的节度使并不是个个都想当土皇帝，他们对抗朝廷，有时候是被底下的士兵架上去的，如果不听士兵的话，很可能被杀死。

田季安为了保住地位，将手下的士兵平均分配给几个将军，使他们处于微妙的平衡中，这样自己的地位就稳固了。

唐宪宗鉴于第一次征讨王承宗失败的教训，听从了李绛的建议，静待时机。纵使田季安临死前，借故杀了几个大将，11岁的田怀谏依然镇不住下面的骄兵，他们更青睐同宗长辈田弘正。田弘正算是"军二代"，自小在军营里长大，却不怎么喜欢带兵，偏爱读书，在民风彪悍的河北地区算是异类。

田弘正平时待人谦和，一副和事佬模样，骄兵们觉得捧他做节度使，不会吃亏，一起聚集到他家门口请他主持公道。田弘正吓得不敢出门，急躁的士兵干脆击起了军鼓，听得躲在房间里的田弘正心惊肉跳，生怕他们冲进家门大开杀戒，只能出门与士兵们谈判："如果你们要拥立我做节度使，我有三个条件，你们要答应我。"

田弘正三个条件是：保全田怀谏，不得侵犯；奉版还籍，归顺朝廷；朝廷下令之前，有敢作乱者，立刻诛杀。

士兵们欣然领命。

宪宗对田弘正归顺朝廷非常高兴，大加封赏，封田弘正为魏博节度使，赐钱150万缗。魏博镇非但没有损失，在经济和政治上还大大赚了一笔。田弘正投桃报李，带头向朝廷缴纳赋税，率军参与战事，唐廷终于在河北三镇中撕开了一道口子。

史载田弘正"有勇力，颇读书，性恭逊"，把他归顺朝廷的原因总结为"颇读书"，所以懂礼节，才"性恭逊"。其实，在魏博军中威信不高的田弘正生怕自己强行被拥立成节度使后，成了骄兵的傀儡，或成了朝廷的靶子，才会选择借助朝廷的权威，给自己撑腰。明代王夫之一针见血地评论道："田弘正之输忱于王室，非忠贞之果挚也，畏众之不服，而倚朝廷以自固也。"

对于军阀来说，哪有什么仁义忠诚，有的只是利益。但不管怎么说，田弘正此举改变了河北及两河地区藩镇割据，他们不再是铁板一块的利益共同体，唐军在两河地区楔入了一枚钉子。

## 三、奇袭

元和九年（814），淮西节度使吴少阳病死，长子吴元济袭职未果，起兵谋反。此时，绝大部分藩镇已归顺朝廷，纷纷上书朝廷要求出战，剿灭贼子。

唐宪宗对淮西镇之恨，可谓咬牙切齿。当年"四镇之乱"时，淮西节度使李希烈在平叛中突然反叛，加入叛军，引得官军阵脚大乱，唐德宗的削藩大业因此付之东流，战火烧到整个关东地区。吴元济异想天开，向宪宗要淮西节度使的位子，无疑揭开了皇室的伤疤。

唐宪宗召集兵马共击叛军，但战事的艰难超出了他的预想。成德的王承宗和淄青的李师道与其暗中勾结，以图拖垮唐军。他们让自己的手下伪装成盗贼，烧毁唐军粮草，派人进京刺杀宰相等。为了避免矛盾公开化，宪宗对成德和淄青的小动作不加理会，集中力量攻打淮西。

元和十二年（817），唐邓节度使李愬领兵参战，彻底改变了战局。

李愬建议宪宗，应采取奇袭手段，直扑吴元济的老巢蔡州，一战而定乾坤。李愬在前线督战时，招降了不少淮西将领，对每个人他都亲自询问军情，对淮西军的兵力部署了如指掌。当得知"蔡之精兵皆在洄曲及四境距守，守州城者皆羸老之卒"时，一场大胆的奇袭计划在他胸中渐渐成形。

为了保证行动的突然性，李愬趁着雪夜召集了9000精兵，3000人为先锋，3000人为中军，3000人断后，队伍急行军60多里地。雪大风大，将士们苦不堪言，问李愬到底要去哪儿，李愬淡淡说了句"入蔡州取吴元济"。众人听完吓得面无表情：蔡州打了4年没打下来，这不是让我们去送死吗？但畏于李愬，众人不敢说话。

在雪夜行军异常艰难，有"旌旗裂""人马冻死者相望"的记载，又走了70多里后，他们终于抵达蔡州城下。城下有一野塘，李愬让士兵驱赶里面的鸭子，制造噪音，麻痹城中守夜的士兵。部将李祐在夜色的掩护下登城，守将还在睡梦中就被杀了。当吴元济从梦中醒来，听到唐军来袭的消息时，唐军已包围了他的衙署。大梦初醒，吴元济成了阶下囚，被斩首于长安。割据长达30多年的淮西地区归附朝廷。

在魏博、淮西一正一反两个教材的刺激下，节度使们纷纷向朝廷上书：淄青节度使李师道把儿子送入长安为质，奉还三州土地；成德节度使王承宗把两个儿子送到长安为质，奉还两州土地，并将征税和任免权交还中央；范阳节度使刘总上表，宣示效忠。

但李师道要把儿子送去当人质的消息，激怒了他老婆。老婆批评他说："我们占据了十二个州，有十几万军队，纵使要向朝廷示弱，也该拼死一战后再谈不迟，哪有打都不打就投降的？"于是李师道撕毁了"合约"，唐宪宗大怒，调集两河地区所有藩镇一起去打李师道。

此一时，彼一时，李师道万万没想到，曾经的盟友全都站到了朝廷一方，为了表忠心，他们个个奋勇杀敌，朝廷势如破竹，自己则毫无抵抗之力。不久，败局已定的李师道全家被手下将领杀害。

此战后，全国藩镇无不归顺朝廷。自安史之乱后，唐朝终于消灭了割据势力，恢复了中央政府的权威。唐宪宗执政时，注重人才选拔，继承了重用科举取士的传统，著名诗人元稹、韩愈、白居易都是在宪宗朝被发掘出来入朝为官的。他也能听从李绛、李愬、杜黄裳等能臣的建议，与士大夫实现共治天下的目标，所以朝廷内外呈现出一派稳定祥和的气氛，顺应了安史之乱后人心思定的大趋势。

唐宪宗可以说是唐朝中后期最有为的一名君主，他执政的岁月被歌颂为"元和中兴"。唐朝在安史之乱后，能支撑144年，唐宪宗的功绩是不容磨灭的。

# 三朝帝师李泌

贞元三年（787），"四起四落"的李泌终于接受了唐德宗的任命，出任中书侍郎同平章事一职，成为拥有实权的宰相之一。这一年他66岁，离生命的终点还有两年。

德宗之重用老人李泌，事出有因。当时，唐朝西边的强邻吐蕃不断入侵，给边境造成了极大的压力。德宗继位以来，吐蕃几乎每年都要兴兵进犯，有史可查的次数高达33次之多。经过"四镇之乱""泾原兵变"后，唐德宗变得小心翼翼，对吐蕃的无理要求一再满足，给钱给粮，"许每年与赞普彩绢一万段匹者",原本就不富裕的国库更显囊中羞涩。

当唐德宗决定把安西都护府、北庭都护府、泾州、灵州四地割让给吐蕃时,李泌坐不住了,他坚决反对,认为安西、北庭两镇将士困守孤城二十年,忠心不改,现国无褒奖,却弃之而去,天下何守?唐德宗何尝不知?可吐蕃之盛,远非如今的唐朝可以对抗,两害相权取其轻,无奈之下只能选择放弃。

李泌一生好黄老之学,名利如过眼云烟,多次辞任朝廷授予的官职,多以闲人身份陪伴皇帝左右出谋划策。这一次,为了维护国家的尊严,他决定不再推辞,出任宰职,拯救危若累卵的外交危机。

## 一、神童

李泌家世显赫,他姓李,却不是李唐皇室,而是隋朝的世家李弼一族后人,该家族在前朝的地位与李唐家族平起平坐,同为关陇贵族集团的核心成员,传到唐玄宗朝时已是六世高门。

在传统社会,贵族出身的人心中多多少少有一股傲气,是为风度,或我们今天讲的个性。李泌也不例外,青年时,他就开始研究黄老之学,对《道德经》中的"吾所以有大患,为吾有身。及吾无身,吾有何患"印象深刻。这段佶屈聱牙的文字大意是:人无论身处什么样的环境,保全自己身体安全是第一位的。这句话解释了李泌坚辞担任高官的缘由:朝堂凶险,不如做个白衣,落得自在。

李泌自小被人誉为神童,有次唐玄宗招他入宫,想考一考他的才学是否像别人说得那么神,便指着他和宰相张说正在下棋的棋盘说:"你二人以此赋诗一首吧!"

张说以文学才能拜相,是玄宗朝的文坛领袖,诗云:"方如棋局,圆如棋子。动如棋生,静如棋死。"诗中的"圆、方"暗指"天、地",把棋盘比作天地,把下棋喻为动静,富有哲学意味。

李泌闻后,在此基础上又进一步,诗云:"方如行义,圆如用智。动如逞才,静如遂意。"他把张说的天地大观之相,换成了人生命题,更容易使人感同身受,引得玄宗连连称赞,就连平时看不起世家高门的张说也称他为"小友"。

李泌成年后，玄宗便让其跟着太子，将他视作大唐朝堂的栋梁来培养。

李泌出身世族，有傲骨，在政治上与张说、张九龄等文学派宰相交好，对李林甫、杨国忠等吏治派技术官僚颇为不屑。玄宗朝文学派和吏治派的斗争公开化，初入朝堂的李泌瞧不上溜须拍马的杨国忠。杨国忠又是个嫉贤妒能的人，生怕未来太子掌权后李泌会取代他的位置，便找出了他写的一首诗歌，告他诽谤朝政。

事情本来不大，晚年的玄宗很烦党派倾轧，想大事化小。谁料李泌的贵族脾气上来了，加上黄老之学的影响，他直接递交了"辞职报告"，躲到山里做闲人去了。

## 二、权逾宰相

李泌这一走，直到安史之乱爆发，太子李亨在灵武自立为帝后，才被人想起。新立的唐肃宗孤立无援，需要建立自己的行政班子，老臣们大都随玄宗跑到四川去了，肃宗想起自己太子府的旧臣李泌，派人四下寻找。

山中无甲子，岁尽不知年。原本打算终老山林的李泌知道国家遭逢大变，儒家的士人精神占了上风，他决定出山，前往灵武拜见肃宗。

唐肃宗见到李泌高兴坏了，拉着他的手聊了一整夜。此时肃宗很为难，他在灵武登基，虽然有军队拥戴和部分大臣支持，但毕竟名不正言不顺，没有得到玄宗的首肯。他怕天下人不认可，被后世指责为乱臣贼子。

李泌不这么认为，他料定把天下搞成这副模样，玄宗内心肯定痛苦万分，悔之晚矣。知道肃宗登基的消息，他非但不会生气，反而会如释重负。当下，父子二人都在试探对方，玄宗不能确定肃宗对他的态度，故对登基一事不表态，给自己留后路。如果肃宗主动表态，写一封信给玄宗，不谈朝政，只谈父子亲情，玄宗一定会支持肃宗。

果然，玄宗接到信后，欣然接受了太上皇的身份，肃宗悬着的心落了下来。肃宗更加信任李泌，封他做宰相，李泌坚决推辞，说自己受不了朝堂的斗争，想平叛后再回山里。肃宗了解他的个性，不再坚持，让他以军师的身份辅佐自己。之后，李泌说谁堪大用，谁就能升迁。肃宗遇到难题，第一时间也会找他商量，别人说李泌"权逾宰相",地位比宰相还高。

道家说"不争是争",不与他人争宰相之位的李泌,反而在皇帝心目中的地位更高,李泌对道家智慧的运用炉火纯青。

## 三、平叛

在李泌的帮助下,肃宗有了一个属于自己的执政班子,可以专心平叛了。安禄山在洛阳称帝,肃宗对打败来势汹汹的叛军没有信心,李泌说:"据我观察,安史叛军胸无大志,他们把洗劫长安城的财物一箱箱运回自己的老巢河北,足可见没有问鼎天下的想法,只不过是一群盗贼而已。"

李泌看问题透彻,安禄山的谋反多半是被杨国忠等人逼出来的,他手下的一帮河北兵跟着他打仗是为了钱。当年项羽说"富贵不还乡,如锦衣夜行",叛军在长安、洛阳抢了个盆满钵满,掉头就把钱财运回老家,足见他们成不了气候,安禄山顶多是个"西楚霸王"。

李泌让大将郭子仪率军进攻河东地区,兵锋直指叛军老巢河北,又让李光弼坚守太原,做出一副准备收复关中的态势。叛军夹在关中和河北之间,东西难以相顾,只能疲于奔命,唐军正好乘虚而入,歼灭叛军小股部队,积小胜为大胜。

李泌陪着肃宗度过了最黑暗的时期,在名将郭子仪和李光弼的攻势下,叛军节节败退,唐军势如破竹,兵临关中。肃宗做梦也想早日回到长安,急令前线军队立刻攻城。李泌表示不可,他认为唐军应该合兵一处,斩草除根,先剿灭根据地河北的叛军,关中便成了关门打狗之势,可不战自定。

急躁的肃宗发火了:"今战必胜,攻必取,何暇千里先事范阳乎?"坚持先收复两京,李泌默然。结果,唐军打下两京后,没有乘胜追击,沉浸在胜利的喜悦中,给了河北叛军休整的时间,叛军迅速集结军队,又攻破了长安。

"权逾宰相"的李泌已引起肃宗身边其他近臣的嫉妒,加上长安之败,皇帝在他面前丢了面子。李泌知道自己的锋芒太盛,该急流勇退。唐肃宗不许他全隐,只许"半隐",在山间帮他修建了房屋,经常派人去请教政事,李泌成了顾问。肃宗这么做还有个说不出口的理由：李泌才智过人，如果投靠安禄山，后果不堪设想，必须监控起来。

## 四、吐蕃炽盛

唐代宗继位后，又把李泌召回朝廷，授予翰林学士一职。代宗做太子时，地位不保，肃宗一度想把天下兵马元帅一职授予三子建宁王。李泌力陈不可，劝说肃宗把这个实权官职交给太子，稳固了代宗储君的地位，这份恩情代宗一直记着。

第三次回朝后，代宗对李泌礼遇有佳，请其还俗，建了大宅子给他住。史书上没有记载李泌对还俗的看法，可能他根本没有抗拒，出家当道士，只是他自保的手段，借此告诉世人：我只是个没用的世外闲人。李泌的表演一半是演给皇帝看，一半是演给大臣看，这样可以左右逢源，谁也不得罪。但朝堂中总有聪明人，又找个茬把他外放了。地方上李泌政绩突出，在杭州任刺史期间引西湖水建造了六口水井，杭州人民得惠甚多。

直到德宗朝，吐蕃攻势越来越猛，无人能处理时，李泌临危受命，第四次回到中枢。

安史之乱爆发后，唐朝为了应对内乱，被迫调防于河陇地区的十几万军队增援关中，在名将哥舒翰的带领下驻守潼关，以备叛军。

河陇地区是唐朝西北部防守吐蕃的战略要地，范围大约相当于今天的甘肃省和青海省的一部分。自吐蕃兴起后，唐蕃双方几次大战，唐军多处于下风，被迫放弃了对吐谷浑和西域诸国的控制权，将战线内缩到河陇一线。

玄宗继位后，唐朝国势强盛，玄宗多次命人攻伐吐蕃控制下的吐谷浑，希望恢复对西域的控制。战力彪悍的吐蕃大军丝毫不处于下风，双方打得有来有回，吐谷浑几度易手。

安史之乱打破了平衡，河陇地区成了真空地带。时任吐蕃赞普的墀松德赞是一代雄主，如果说松赞干布让吐蕃崛起，那么墀松德赞则将吐蕃推上了鼎盛，创造了吐蕃版的"开元盛世"，他本人也被藏族同胞尊为"三法王"之一。唐蕃两国最繁华的岁月时间大抵相当，真是一时瑜亮，可惜唐朝的衰落要比吐蕃早了30多年，给了后者可乘之机。

安史之乱期间，墀松德赞率领20万大军进攻河陇之地，大获全胜，又联合云南的南诏国攻伐唐朝的西南，攻陷了军事重镇西昌。唐军对此毫无还手之力，还要派人假惺惺与吐蕃谈判，为平叛拖延时间。

墀松德赞的武功不仅于此，他曾率军进攻不肯臣服的印度各国，打得他们丢盔弃甲，一路攻打到恒河北岸，勒马提鞭，兴致盎然的吐蕃人在此竖立了一块石碑，纪念胜利。此后，土蕃又把枪头指向方兴未艾的阿拉伯帝国，势力侵入中亚地区。

## 五、困蕃大计

唐德宗请李泌出任宰相，做了一辈子"小官"的李泌终于登上了人臣的顶峰，虽然他20多年前就可以这么做。66岁的李泌自知时日无多，他见证过开元盛世的繁华，饱经安史之乱的颠沛流离，躲避过混乱的藩镇之祸，这一次，他要为大唐王朝贡献最后一次心力——困蕃！

炽盛的吐蕃不能硬碰，只能智取。李泌劝说德宗改变外交策略："西联大食，北和回纥，东结南诏。"让唐王朝与三方势力结盟，组成"四国同盟"携手困住吐蕃这头猛虎。

唐德宗却犹豫不决，西联大食和东结南诏他可以接受，大食是远在中亚的阿拉伯帝国，与唐朝没有利益冲突，和吐蕃多次大战，互有胜负；南诏本是唐朝附属国，因杨国忠愚蠢的外交政策而转投吐蕃，吐蕃对南诏态度蛮横，早已引起南诏不满，想重回唐朝怀抱。让德宗为难的是回纥。

回纥从太宗朝便与唐朝结盟，共同讨伐突厥，突厥衰落后，回纥俨然成了北方草原的新主人，势力强盛，"控弦者数十万"。安史之乱时，回纥配合唐军参与平叛，为此勒索了大量金钱，劫掠中原。战后，回纥可汗欺负唐朝软弱，不断勒索，动不动就派兵威胁边境，早有南下之谋，其威胁不在吐蕃之下。

唐德宗还是雍王时，曾出访回纥，回纥可汗说他和代宗是兄弟，自然就是德宗的叔叔，所以侄子见叔叔应该行回纥的"拜舞"大礼，相当于中原的三跪九叩了。对于以天可汗自居的唐天子来说，这无疑是奇耻大辱。德宗据理力争，坚决不拜，最后是可汗的母亲出面向德宗道歉，才了结此事，但回纥对唐朝的轻蔑已暴露无遗。

事情过去了25年，唐德宗仍耿耿于怀。李泌劝说他："当年侮辱陛下的登利可汗已被现任可汗杀了，回纥也有与大唐和平共处的意愿，多次遣使示好，陛下应该考虑重新修复关系。"

唐德宗反问："那朕是不是应该褒奖现任可汗？此事不用再议，等朕的子孙去恢复关系吧！"其实，德宗是在与吐蕃还是回纥结盟一事上摇摆不定。如果与回纥结盟激怒了吐蕃，那大唐损失的就不只是割让四州之地了。

李泌毫不气馁，先后次劝说德宗不下15次，为了大唐天下，放下个人恩怨，吐蕃狼子野心，占我大唐千里之地，屠杀我使者，是可忍孰不可忍？唐德宗态度渐渐发生了变化："容朕徐思之。"

为了给德宗找"台阶"，李泌向回纥提出：回纥可汗迎娶一名唐朝公主，从此两国变成亲家，唐德宗是可汗的岳父，女婿向岳父称臣。回纥可汗很高兴地答应了这门亲事，唐德宗也找回了面子，双方结盟水到渠成。

贞元四年（788），回纥可汗派出了千人使团前往长安迎娶咸安公主，主宾双方相谈甚欢。可汗递上了一封语气谦和的奏疏称："昔为兄弟，今为子婿，半子也。若吐蕃为患，子当为父除之！"德宗大悦，史称"贞元之盟"。

自此回纥骑兵不停骚扰吐蕃控制下的河陇和天山地区，冲突持续了半个世纪，极大减轻了唐朝边防压力。一年后，南诏上表归顺，南诏王为表忠心，与唐军合兵攻打吐蕃，连拔十六城，斩杀数万吐蕃军。西边的大食也不甘寂寞，勃然兴起的阿拉伯帝国挥师东进，与吐蕃展开大规模攻防战，吐蕃力不能支，把大量兵力抽调至中亚地区，才勉强抵挡住阿拉伯骑兵凌厉的攻势。

李泌的困蕃之策效果显著，不用一兵一卒，为大唐除去了心头大患。唐朝有了一个较为安定的外部环境，德宗、宪宗、武宗才有机会专心处理国内的问题，唐朝得以在安史之乱后又延续了144年的国运，李泌的困蕃之策居功至伟。

贞元五年（789），贞元之盟两年后，李泌与世长辞。他的一生先后服务过三位帝王，被尊为三朝帝师。李泌与朝堂若即若离，处江湖之远则忧其君，处庙堂之高则忧其民，他是中唐时期最出色的政治家、外交家。

## 拯救国运的灵州

唐代的灵州地处今天宁夏回族自治区的灵武市，由于特殊的战略位置，灵州素有"塞上江南"的美誉。这里水草丰美，土地肥沃，非常适合养马放牧。从汉代开始，中原王朝就把灵州作为重要的产马基地，用来武装骑兵，对抗草原游牧民族的攻势。

唐朝强盛时，军旅数出，东征西讨，疆域空前膨胀，"地连西域……万里相望"，成为名副其实的"巨唐"。灵州身居内陆，没有安全隐患，源源不断地为唐军提供优良的战马。

安史之乱后，唐朝外部环境急剧恶化，不但通往西域的河西走廊被吐蕃侵占，连河陇地区的十几个州也丢了，损失人口近50万户。地处河陇北面的灵州和东面的关中地区，直接暴露在吐蕃骑兵的射程之内。

尤其是关中地区，这里是唐王朝统治的核心地带，人口稠密，经济发达，唐王朝不能接受河陇被吐蕃控制的事实。所以平定安史之乱后，唐军积极寻求战机，意图光复河陇。

为了保住侵占的河陇地区，吐蕃人制定了一套针对灵州的战略——声东击西、围魏救赵。吐蕃准备派遣大军围攻灵州，变被动为主动，把战火燃烧到唐朝境内。如果攻下灵州，吐蕃军将控制住唐朝的产马基地，没有骑兵的唐军会彻底丧失进攻能力。如果攻不下灵州，唐军主力也会被牢牢牵制在此，无力进攻河陇。无论哪种结果，吐蕃人都处于不败之地。

如此完美的战略构想让唐王朝陷入了空前的危机之中，对于处于弱势的唐王朝来说，这是一场输不起的战争。

## 一、仆固怀恩

唐广德二年（764），驻守河陇的吐蕃大将尚结悉接到了一份从灵州寄出的求救信，寄信的人是在安史之乱中立下赫赫战功的唐军名将仆固怀恩。信中，仆固怀恩说自己已在灵州"起义"，现正被唐军围攻，希望吐蕃人出兵相助。

仆固怀恩在唐军中可不是一般人，他在军中威望极高，地位仅次于郭子仪和李光弼，这样的高级将领怎么会突然叛变？生性多疑的尚结悉害怕这是唐军的调虎离山之计，就派人去灵州秘密查访。

原来，安史之乱平定后，唐代宗回銮长安，对手下的功臣非常猜忌，对郭子仪、李光弼等大将明升暗降，解除了他们的兵权，还经常借一些小事诛杀不肯交出兵权的武将。仆固怀恩是平叛中的三号功臣，树大招风，他非常害怕遭到处罚，就主动交出兵权，闭门谢客。

有一次，回纥人突然率10万大军南下攻唐，由于仆固怀恩嫁了两个女儿给回纥可汗，唐代宗想派他去与回纥人和谈。仆固怀恩知道擅自结交外邦君主是人臣大忌，坚辞不出。唐代宗看出了他的担忧，赐了一张免死铁券，让他大胆去谈。果然，仆固怀恩老丈人的身份发挥了作用，在他的劝说下，回纥可汗撤军。

立下奇功后，仆固怀恩不但没有得到赞许，反而有很多人去告状，说他暗自与回纥人定下了盟约，准备反叛唐朝。仆固怀恩有口难辩，索性真的反叛了。

经过精密筹划，仆固怀恩决定北上灵州自立门户。安史之乱时，几个支持太子的判官曾一起谋划："灵武兵食完富，若北收诸城兵，西发河、陇劲骑，南向以定中原，此万世一时也。"灵州一地牵扯着河陇（吐蕃）、关中（唐朝）、回纥三方势力，仆固怀恩在此可以充分利用三方矛盾，扩大实力。

吐蕃大将尚结悉搞清情况后，认为这是一次千载难逢的好机会，答应了仆固怀恩的请求，第二年亲率大军进攻唐朝的奉天（今陕西乾县）城，策应灵州叛军，回纥大军在仆固怀恩的煽动下也趁机南下。唐朝瞬间陷入了空前危机之中，灵州必须收复，不然后果不堪设想。

## 二、免胄退敌

慌乱之下，唐代宗又想起了被夺权在家的郭子仪，如今吐蕃、回纥、灵州三方生变，只有郭子仪才有能力平叛。这位67岁的老将紧急出任灵州大都督，再次披挂上阵。

郭子仪对灵州、河陇的局势了如指掌。他说，安史之乱前，唐朝国力强盛，为了抵抗吐蕃进攻，在河陇地区驻扎了13万大军，"才敌一隅"，勉强守住。现在三方来攻，国内又刚刚经历过大乱，不能硬碰硬，要分而化之：对待吐蕃"诚合固守，不宜与战"，坚守奉天；对待灵州必须拿下，灵州若失，"曾无宁岁"，以后必须以武力征讨；对待前来搅和的回纥，郭子仪决定采取外交手段。对三方势力逐一击破。

郭子仪在回纥军营前扎下了唐军营地，他每天故意穿着战甲进进出出，引起回纥人的注意。回纥人内部产生了动摇：郭子仪在他们心中是"战神"的化身，仆固怀恩跟他们说郭子仪死了，他们才敢兴兵来犯，可这每天在唐军营地进进出出的好像就是郭子仪啊！

终于有一天，回纥人耐不住性子前来探问情况，唐军说："这次领兵的就是郭子仪大人！"回纥人吓出了一身冷汗，立刻请求约见郭子仪。

这时，郭子仪穿着便服，轻装简从走出军营。回纥将领看到真人后下跪表示尊敬，郭子仪下马上前拉着回纥将领的手嘘寒问暖。唐朝与回纥关系本来很好，长期和亲，安史之乱时，回纥也多次出兵相助，这次被仆固怀恩挑拨才出兵。郭子仪以他崇高的威望化解了双方误会，赢得了回纥人的尊敬，两国重归于好。郭子仪免胄退敌的故事由此流传天下。

之后，回纥军与唐军合兵一处，反攻吐蕃。吐蕃人万万没想到，昨天回纥人还是盟友，今天就变成敌人了！吐蕃军被打得措手不及，大败亏输。消息传到灵州，仆固怀恩知道大势已去，一病不起，带着冤屈离开了人世。郭子仪的将旗一路北上，沿途叛军纷纷来投，唐军兵不血刃收复了灵州。

这场危机暂时告一段落。郭子仪本是仆固怀恩的老上级，两人在安史之乱时配合紧密，亲密无间。战乱期间，仆固怀恩忠心不二，整个家族有46人为了平叛而牺牲，可谓满门忠烈。最艰苦的时日都过来了，为什么到了和平时期反而叛乱了？从逻辑上说不通，原因只有一个：仆固怀恩是被逼反的。

朝廷中，很多人心知肚明，却怕引火上身，没人敢说。只有名臣颜真卿向唐代宗挑明了缘由："今言怀恩反者，独辛云京、李抱玉、骆奉先、鱼朝恩四人耳，自外群臣，皆言其枉。"逼反仆固怀恩的四个小人就是辛云京、李抱玉、骆奉先、鱼朝恩，其中鱼朝恩是唐代宗最信任的宦官、宠臣，所以大臣们只敢私下说仆固怀恩是被冤枉的。

唐代宗长叹一声，有些悔恨地说："怀恩不反，为左右所误。"算是官方为仆固怀恩平反了，但冤枉他的小人没有得到任何惩罚。相比武将，皇帝更信任宦官。

## 三、激战灵州

吐蕃大军退回河陇后，主力未损，虎视眈眈，准备发动下一次进攻。反观灵州，光复之后，"百姓凋弊，戎落未安"。古代打仗，打的是人口，灵州经过一场大乱，人口锐减，税赋、粮草、兵源无所出，只能靠朝廷输血。

大历二年（767）春，吐蕃大臣出使长安，吐蕃方面希望与唐朝重新划定边界，迫使唐人承认吐蕃对河陇地区的主权。唐代宗拒绝了这条提议，战火遂起。

吐蕃临阵换将，尚赞摩领兵30万向灵州袭来，为了万无一失，尚赞摩分出一支偏军佯攻关中，主力直扑灵州城下。正直秋季，吐蕃大军在城外大肆掠夺人口，践踏庄稼，妄图困死灵州。一个月后，唐军各路主力相继抵达，尚赞摩退军。

第二年春，吐蕃使者再次出访长安，再次提出承认河陇是吐蕃领土的要求，唐代宗不许。8月，吐蕃大军又趁着农民收获时出击，战术和去年一模一样。唐军却派出一支5000人的精兵，绕到吐蕃大军身后，奇袭了囤积粮草的定秦堡，吐蕃大军粮草被断，被迫后撤。定秦堡是吐蕃人修建的一座军事要塞，关中地区也称"秦地"，从其名"定秦"可以看出，吐蕃人把它作为进攻长安的军事基地。

第三年9月，吐蕃大军吸取了教训，稳扎稳打，摆出了长蛇阵，行军部队"首尾四十里"，旌旗蔽空，军容壮盛，誓要拿下灵州。然而长蛇阵虽然能保护后方不失，但也无法集中优势兵力攻城，很快冬季一到，吐蕃大军被迫撤退。

三次交手后，唐蕃双方精疲力竭，唐军要源源不断给灵州输血，而吐蕃军旅数出，寸土未得，战略上虽不算失败，但经济上亏了。

第四年春，吐蕃使者要求和谈。由于河陇问题双方仍未达成共识，8月，吐蕃派出一支5000人精兵偷袭灵州，未果。

第五年8月，6万吐蕃骑兵冲入灵州外围，大肆毁坏庄稼。10月，吐蕃10万主力抵达灵州城下，冬季未克，撤军。

第六年，经过5年的连番大战，唐军发现吐蕃人每年都是趁着秋季收庄稼时候来，把灵州搞得颗粒无收，实际上灵州已承受不起接二连三的消耗。于是，唐军在吐蕃没有出动时，主动挑起战斗，攻入河陇地区，转移战场。

原本，吐蕃人以为只要年年进攻灵州，就能迫使唐朝承认河陇归属吐蕃的事实，然而他们现在发现自己错了，唐代宗不是个软弱之主，他性格强硬，一定要和吐蕃人死磕到底。接下来的5年时间里，唐蕃双方围绕灵州年年征战，前前后后一共打了11年，吐蕃主力未失，目的未达；唐朝状况更糟糕一些，"边土荒残，军费不给"，国家财政崩溃。

唐德宗继位后，介于国内节度使问题愈发严重，急于与吐蕃议和，改变了代宗时的强硬立场，采用了李泌的"困蕃大计"，与吐蕃人议和，定下清水之盟，承认了河陇归属吐蕃的事实。吐蕃人战略目标达成，双方正式息兵。

灵州之战如此激烈，说到底是因为其特殊的地理位置，灵州是中原农业文明和塞外游牧文明的交界处，是防守中原内地最后一道防线，如果灵州丢失，唐人只能像后来的北宋一样，用血肉之躯守护内地，毫无战略缓冲之余。灵州守住了，关中才能平稳，唐朝才有力量腾出手来处理国内藩镇问题，唐朝才能在安史之乱后，又延续了140多年的国祚。

# 惹不起的宦官

某日，唐文宗李昂突然问值班宰相周墀："你说如今的我能跟历史上哪位皇帝相比？"

周墀一时不知怎么回答，只能俯首回答说："陛下之英明可比尧舜。"尧舜是中国历史传说中的圣主，儒家知识分子理想中的君王，周墀将文宗比作尧舜难免有拍马屁之嫌。

文宗默然良久，感叹说："我可能连汉献帝也不如啊！"

汉献帝是东汉的亡国之君，周墀听完不免一惊，劝道："皇上何出此言！"

文宗流下了眼泪："汉献帝受制于诸侯，而我受制于家奴，当然比不上。"文宗口中的"家奴"就是当朝大太监仇士良，堂堂天子被一名太监控制，自然不是什么光彩的事，文宗怎么能不感到屈辱？周墀默然，与文宗一起痛哭起来。

## 一、神策军

唐朝自安史之乱后，飞扬跋扈的武官成了皇帝心中的大患，战乱虽平，割据已成。节度使称霸一方，不听朝廷号令，私自任命官员，传位于子，俨然一个独立王国。

从唐肃宗到唐宪宗，五代天子一直和藩镇掐架。唐代宗把哥舒翰遗留下的一支残兵"神策军"改造成了直属皇帝指挥的中央军，作为和藩镇对抗的资本。

起初，神策军驻守边疆，只有3000人，微不足道。安史之乱时，神策军奉命入关作战，打了几场小胜仗，战斗力可圈可点，但没有引起皇帝的重视，依旧作为一支普通军队活跃于战场上。命运的转折发生于安史之乱后，吐蕃大举入侵，攻占了长安。唐代宗仓皇出逃，跑到了陕西境内时，神策军护驾有功，得到了唐代宗的青睐。

唐朝想要从安史之乱的废墟中重新站起来，皇帝手中没有兵是不成的。于是，神策军调入京师，成为禁军，拱卫关中。唐代宗陆续把几个藩镇的降兵编入神策军，给予神策军最好的装备和待遇。史载，神策军的俸禄是普通军队的三倍，遇到重大节日，如皇帝生日、新帝登基、大赦天下时，还发额外的奖金。

重赏之下必有勇夫，神策军成为稳定帝国的压舱石，如猛虎在山，给"山下"不听话的节度使戴上了"紧箍咒"。

需要注意的是，肃宗、代宗时期，宦官对军队的干预能力有限。有些宦官仅仅是充当皇帝的耳目，任一些"使职"，如率领神策军在陕西迎驾的鱼朝恩。他当上了"观天下军容使"，名字听上去很威风，其实是"临时工"，没有正式编制，工作完成后，使职也会跟着撤销。

另一些权力比较大的宦官，如玄宗时期的高力士，在一定时期内获得了很高的政治地位，也是皇帝权威的延续。高力士为人谨慎机敏，对于军国大事从不主动发表议论，玄宗问时，他才开口，加上他能处理好内朝与外朝的关系，成为外臣与皇帝之间必不可少的润滑剂，所以一时间左右逢源，风头无两。可玄宗退位后，高力士随着失势，变得门可罗雀。

## 二、宦官掌兵

唐德宗时，神策军已扩编到十几万人，分左右两军，设两个大将军管理。德宗时期，唐朝最艰难的岁月已经过去，国家总体上进入了平稳时期，德宗想趁机一举解决藩镇问题。

谁料河北三镇皆反。河北三镇是指范阳、成德、魏博，他们是安禄山发动叛乱的资本，投降唐军后，一直处于独立状态，是所有藩镇中最为桀骜不驯的三家，而且战斗力很强。陈寅恪先生在《唐代政治史述论稿》中指出："一为其人之氏族本是胡类，而非汉人；一为其人之氏族虽为汉族，而久居河朔，渐染胡化，与胡人不异。唐代安史乱后之世局，凡河朔及其他藩镇与中央政府之问题，其核心实属种族文化之关系也。"

唐德宗哪里忍得下这口气，立刻派神策军主力前往平叛，并动员起其他节度使一起去打。事情坏就坏在节度使身上，泾原节度使的军队路过长安时，对朝廷没有封赏很不满，5000士兵哗变，攻入空虚的长安城，唐德宗出逃。虽然兵变很快平息，却给德宗留下了很大的心病——永远不能信任武将。

于是在神策军原有的军事系统之外，唐德宗设立了监察系统——护军中尉，由宦官窦文场、霍仙鸣出任，监视神策军的武将。等于把神策军军权交给了宦官，从此宦官专典中央军成了定制。唐后期，宦官的势力甚至延伸到节度使军中，"戍卒不隶于守臣，守臣不总于主帅，至有一城之将，一旅之兵，各降中使监临，皆承别诏委任"。唐朝中后期对武将的防范达到了巅峰，士兵不属于将军，将军不属于主帅，每个地方的守军都有朝廷派遣宦官监视。

军队归了宦官，文官中也出现了宦官势力。唐代宗时，设立了枢密使一职，由太监担任，原本负责秘书工作，向宰相们传达皇帝的指示。结果，随着宦官权势的膨胀，枢密使的权力水涨船高，公开参与起朝政来。每次，皇帝与宰相们开会，枢密使可以列席参加，发表不同意见，甚至封驳皇帝的命令。神策军的左右护军中尉、朝堂的左右枢密使，被时人称作"四贵"，宦官权势可见一斑。

宦官充当皇帝亲信监察百官不是什么新鲜事，汉代早已有之。毕竟，皇帝自称"孤家寡人"，生活在深宫之中，统御天下，外臣私下干什么根本不知道。只有身边的宦官与皇帝朝夕相伴，又没有传宗接代的能力，是制衡外臣的不二人选。历代宦官乱政的教训不少，而皇帝依旧我行我素使用宦官就是这个原因。

## 三、甘露之变

唐德宗重用宦官为的是制衡武将，可他没料到的是他死后宦官权势能膨胀到废立皇帝的地步。汉、唐、明是我国历史上宦官乱政最严重的三个朝代，汉代的十常侍、明代的魏忠贤，权势滔天，其败也只不过是皇帝的一纸诏书而已，唯独唐代的太监凭借神策军控制了中央政府，居然能废立皇帝。唐宪宗之后的7个皇帝，有6个是太监拥立。

可怜的唐文宗也是太监所立。宝历二年（826），太监刘克明趁着唐敬宗上厕所时，一刀解决了他，另立绛王为帝。刘克明在宦官中排名不高，仗着拥立新帝的功劳，想趁机控制神策军，引起了宦官内斗。枢密使王守澄和神策军中尉梁守谦立刻率军入宫杀了刘克明一党，拥立唐文宗为帝。

唐文宗与他的兄弟敬宗不同，不是个声色犬马之徒，唐文宗总体素质很高，阅读太宗的《贞观政要》经常热泪盈眶，很想有一番大的作为，重新振兴唐朝。

专权的宦官成了唐文宗最大的绊脚石。为了除掉宦官势力，唐文宗展现出高超的政治手腕。他知道宦官团体并不是铁板一块，当时以王守澄的实力最强，为了对付他，文宗重新提拔了另一个实力较弱的仇士良为神策军护军中尉，分走王守澄一部分权力，自己坐山观虎斗，坐收渔人之利。

果然，仇士良和王守澄斗起来了，在双方势均力敌的情况下，唐文宗的地位自然高了，他们都去寻求唐文宗的支持。唐文宗趁机解除了王守澄的职务，令其自尽。一个太监一旦失去了权力，原来得罪过的仇家全都找上门来，王守澄不死也得死，只能服从圣旨，换个全尸。

唐文宗很快又与心腹朝臣郑注、李训密谋除掉仇士良，来个连环计。原计划是以为王守澄发丧为名，要求文武官员和宦官前来送葬，郑注外放到凤翔担任节度使，引外军秘密入京，在送葬的现场杀光所有宦官。谁料郑注前脚刚走，李训翻脸了，他认为如果按照此计，自己的功劳小，于是又秘密劝说文宗采取第二套方案，利用保护皇帝独立于神策军之外的金吾卫诛杀宦官。

太和九年（835）十一月的一天，早朝时，金吾卫将军韩约报告：金吾卫后院天降祥瑞，石榴树上降下了甘露，希望皇上前去观看。中国古代皇帝非常重视祥瑞，这种东西说不清，道不明，属于超自然现象。

唐文宗依计而行。在金吾卫的后院，已经埋伏下了刀斧手。唐文宗带着文武百官和贴身宦官来到了金吾卫的办公处，先命令百官进去看看是否有甘露，百官看后报告说："臣等也没见过真甘露，不知道是不是。"

这时，唐文宗转头对仇士良一班宦官说："要不你们进去看看？"仇士良领命，带着几个人就进去了。

陪同仇士良的韩约是个不堪大用的人，身为武将，到了关键时刻掉链子，紧张得直流汗。仇士良瞟了他一眼问："将军很热吗？"韩约支支吾吾讲不出话来，一阵清风掠过，庭院中的幕帘被吹起，埋伏在后面的士兵露出了马脚，仇士良大喊一声："不好！"就往门外冲。韩约这时才想起让人关门，仇士良手下死死抓住门闩，逃了出来。

仇士良跑到皇帝跟前大叫道："快把皇上带回宫去！金吾卫谋反啦！"手底下的小宦官抬起皇上的御辇就往宫中走，李训见状一把抓住御辇不让走，后面的金吾卫杀了过来。

一幅奇妙的画面出现了：宦官们抬着皇帝往后宫赶，李训一路抓着御辇拖延他们前进的速度，金吾卫一路追赶，见宦官就杀，而唐文宗不知所措，坐在御辇上，看着这滑稽的一幕。

关键时刻，一个小太监一脚踹到李训胸口上，把他踢翻在地，总算甩了这个包袱，一路狂奔带着皇帝回到了后宫，紧闭上城门。李训眼见皇帝回到了后宫，知道败局已定，找了匹马，连家都没回，立刻开溜，一路上逢人就说："这些宦官凭什么罢免我！"让守将以为他是被宦官贬出了京城，活着回了老家。

倒霉的是当朝宰相们，根本不知道发生了什么，一头雾水，呆呆地站在政事堂里等皇帝回来。宦官头子仇士良躲过一劫后，立刻令500神策军入朝，见人就杀。宰相王涯闻讯，带着一千多官员向宫外跑，腿脚快的躲过一劫，腿脚慢的被乱刀砍死，有将近600多名朝官莫名其妙丢了性命，史称"甘露之变"。

## 四、陪葬

甘露之变后的某日深夜，仇士良命翰林学士崔慎入殿。崔慎到后，只见殿中烛光昏暗，帷幕重重，仇士良正端坐于殿中。

仇士良缓缓对崔慎说："如今圣上身体不好，自从继位以来，荒废朝政，皇太后要换皇帝，你赶快拟写诏书吧！"

崔慎是一个毫无实权的翰林学士，虽然不懂军国大事，但废立皇帝这种大事，他是万万不敢参与的，下跪拼命叩头说："皇上圣明，微臣不敢妄议。臣家中还有男女老少三百多口，怎敢写废立的诏书？"

仇士良一言不发，挑开帷幕，后面坐的正是唐文宗。仇士良指着崔慎说道："皇上，今天如果不是崔学士不肯草诏，这个皇位就不是你的了！"唐文宗低头不语。从此，唐文宗至死也没有任何实权，只能偷偷与宰相周墀抱头痛哭，唐朝中后期宦官的威风可见一斑。

但宦官也有忌惮的人，就是在各地割据称王的藩镇。这帮武将虽然不听朝廷号令，但也容不得宦官肆意妄为，比如唐文宗被架空后，昭义节度使刘从谏上书朝廷，为冤死的600多名大臣鸣冤，斥责仇士良胆大妄为。仇士良怕藩镇入京闹事，行事有所收敛。

唐文宗死后，武宗、宣宗、懿宗、僖宗、昭宗均由宦官拥立，直到唐末节度使朱温杀进长安，屠光了宦官，宦官专政的局面才结束。但此时，大唐王朝的大厦也随之轰然倒塌，宦官政治成了最后的陪葬品。

# 牛李党争

中唐政治的一大特点是党争泛滥。从唐宪宗开始，历经穆、敬、文、武、宣六朝，凡50多年，唐朝中央出现了以李德裕和牛僧孺为首的两大政治集团，他们党同伐异，在事关国家大政上的每个政策上针锋相对，事态发展到白热化时，甚至两派不论对错，只论党派，李党赞同，牛党就反对，反之亦然。"牛李党争"成为中唐史上无法忽视的乱象。

陈寅恪认为，牛李两党成员以出身划分，牛党成员大都出身科举寒门，李党则以世家大族为主，两党的斗争本质上是玄宗朝"文学派"和"吏治派"的延续。但李党骨干成员中的李绅、陈夷行等"复皆以进士擢第"；牛党的李宗闵、牛僧孺、李珏等，"俱是北朝以来旧门及当代之宗室"。政治斗争本来就是利益之争，人性又极其复杂，以出身为标准，搞一刀切，显然不适合我们正确认识"牛李党争"的实质。

## 一、悯农诗人

提到李党骨干李绅的名字，感到陌生的人很多，但如果提到他写的诗"锄禾日当午，汗滴禾下土。谁知盘中餐，粒粒皆辛苦"，相信没有几个人不知道。

科举出身的李绅，幼年丧父，母亲含辛茹苦地将其养育成人。青年时，他眼见国家经历安史之乱后的破败和农民生活之困苦，有感而发写下了千古名篇《悯农》诗两首，另一首是"春种一粒粟，秋收万颗子。四海无闲田，农夫犹饿死"，后人将其誉为"悯农诗人"。

就是这样一位眼里饱含民生多艰的大诗人，在史书上的形象却不怎么好，以至于我们今天有人把他归为表里不一的大奸之人。理由是李绅在调回中央为官后迅速投靠了李德裕，成为李党骨干，大肆攻击与他意见不合的牛党官员。

有次，有位姓崔的巡官来长安拜访李绅。他们两人关系不一般，是同年的进士。唐代中后期科举兴盛，刚刚踏入官场的新科进士们为了迅速站稳脚跟，往往会四处拉关系，比如他们会认主考官为"座师"，同一届考上的人为"同年"，方便日后相互照应。

此时，"同年"李绅在朝中为官，崔巡官自然要巴结，便趁着回京公干的机会在李府旁找了个旅馆住下，准备来日拜访。不巧的是，崔巡官的仆人在街上与人产生了矛盾，打了起来。李绅问那仆人是谁，仆人回答说："我是崔巡官的家奴。"本来以为靠着崔巡官与李绅的关系，能网开一面，谁料李绅直接把那仆人处死了，还让人去抓崔巡官。

崔巡官匍匐在地，请求原谅。李绅质问他说："我俩是故旧，你来这里为什么不来拜见我？"崔巡官百般辩解，李绅不听，重打了他二十大棒，流放外地。时人都指责李绅，居然把朋友流放了，真是个坏人。

此案可疑。表面上看，李绅的做法的确存在党同伐异的嫌疑，因为他投靠了反对科举的李党而飞黄腾达，所以对科举出身的同学百般折辱，一副小人献媚的嘴脸。传统观点认为，科举是寒门子弟进入统治集团的阶梯，是进步的标志，反对科举的李党，自然是腐朽的反动力量。

其实不然，李党成员虽然标榜"门第出身"，但不排斥科举中真正有才华的人才，如李绅。李党厌恶的是靠科举漏洞得以做官的权贵。中晚唐时，科举制度百弊丛生，寒门子弟很难通过科举显贵，史书称"贡举猥滥，势门子弟，交相酬酢，寒门俊造，十弃六七"。由于制度上的不完善，唐代科举已经成为权贵子弟能快速做官的通道，真正有才华的寒门子弟录取者不足三成。

李党的郑覃跟唐文宗说："南北朝多用文华，所以不治。士以才堪用，何必文辞？"可以说，李党是实用主义者，继承了"吏治派"的传统，看中个人能力，而不是诗词歌赋。

牛党中以科举出身的官员鱼龙混杂，相互攀附关系，他们依靠关系和公权力，阻拦了寒门子弟的出路。或许，李绅正是看不上崔巡官以"同年"自诩，攀附关系，才故意折辱于他。

李党领袖李德裕在斗争中失败后，被牛党贬到了南方为官。很多由他提拔起来的寒门子弟一直把他送到了长安城外，垂泪不已，诗云："八百孤寒齐泪下，一时南望李崖州。"李德裕讨厌的是科举中的"浮华子弟"，不是寒门子弟。

以门阀、科举出身划界只是"牛李党争"的表面原因，实际上双方最大的分歧还是在政治上。

## 二、藩镇是个大问题

安史之乱后，唐朝中央围绕如何处理藩镇问题出现了两种声音：李党主张打击藩镇，原因很简单，藩镇威胁了中央权威，对大一统的帝国来说，分裂行为是不被允许的；牛党主张姑息藩镇，理由是藩镇只是小问题，收回藩镇的自治权需要花费大量的财力，收益远不如从藩镇征收的税款。唐太和五年（831），幽州镇反，唐文宗问计，牛僧孺答："此不足烦圣虑。且范阳得失，不系国家休戚……朝廷耗费百万，终不得范阳尺帛斗粟入于天府。"

李党算的是政治账，牛党算的是经济账。

牛李两党的兴衰荣辱与皇帝对藩镇的态度密切相关。从德宗到宪宗，朝廷对藩镇态度日益严厉，党争便始于此，"宪宗朝公卿子孙多擢用之"，宪宗朝对藩镇的决定性胜利，使牛党失势。宪宗以后，穆、敬、文三朝，朝廷与藩镇战争时断时续，双方互有胜负，党争在这一时期恰恰最为激烈，牛李两党交替执政。穆宗时，河北三镇再次反叛，朝廷用兵失败，"国威不振"，牛党大佬李逢吉得势，驱赶李党，独霸朝纲。唐武宗上台后，积极对藩镇用兵，李党重返中枢，李德裕反攻倒算，驱逐牛党。

混乱的朝局让唐文宗感叹说："去河北贼易，去朝中朋党难。"

直到宣宗朝，国势日衰，藩镇割据彻底无法收拾后，牛党取得了决定性胜利，一家独大，李党永远离开了中枢。绵延50多年的"牛李党争"才宣告结束。由此可以看出，藩镇问题在唐朝不仅仅是个地方问题，更直接影响了中央政局。

两党对藩镇不同的态度，与他们所在的阶级又紧密地捆绑在一起。标榜世家大族和门阀的李党成员世代为官，家风中积累了丰富的行政经验，李德裕得意地对武宗说："然朝廷显官，须是公卿子弟。何者？自小便习举业，自熟朝廷间事，台阁仪范、班行准则，不教而自成。寒士纵有出人之才，登第之后，始得一班一级，固不能熟习也。"他们的家族长居中央，早已与朝廷结为一体，对于威胁朝廷的割据势力自然无法容忍，必须摧毁。

牛党的科举成员不少是从地方豪族中选拔出来的，这批人在地方上势力强劲，树大根深，一旦来到中央做官，就显得势单力薄。所以跟李党相比，地方来的科举官员有更强的结党意愿。如果顺着李党打击藩镇的政策，他们在老家的利益必然受损，与其要一个强大的中央，不如维持地方半独立状态。

前面提到的李绅，算是地方中小地主的代表，中小地主在地方往往被豪强欺负，希望有个强大的中央来抗衡地方豪强，保护他们的利益。于是，以中小地主身份入朝的官员自然心理上与李党更近，双方很容易结成政治同盟。

## 三、胜利者

牛李两党最有代表性的冲突是"维州事件"。

唐文宗太和年间，李德裕被罢相，出任西川节度使，朝局被牛党控制。当时西川地处唐蕃交界处，属于战争前线。李德裕到任后，整顿边防，积极收集吐蕃情报，做好了战争准备。

机会说来就来，吐蕃控制的维州是通往西川的要塞，其守将不满吐蕃人的欺凌，决意投靠唐朝。李德裕得知后非常高兴，一边派守将协防维州，一边派人向长安奏报情况。

谁料，牛僧孺闻讯后满不在乎地说："我们和吐蕃好不容易才有了和平局面，现在李德裕居然为了一个小小的维州不惜搞坏两国关系。吐蕃的骑兵三天就能抵达长安城下，这样的大祸一百个维州也弥补不了！"他建议文宗"守信为上"，文宗应许。李德裕只能把维州还给吐蕃，投降的将领也因此被吐蕃人灭族。

18年后，吐蕃治下的7个州又来投靠，牛僧孺急令前线接收，丝毫不见当年阻拦李德裕的"守信为上""维州缓而关中急"的说辞。

50多年的牛李党争耗尽了大唐王朝最后一丝气血。唐宣宗之后，朝廷已无力控制全国，藩镇割据一发不可收拾。李德裕被不喜欢打仗的宣宗贬到了万里之外的海南崖州，客死异乡。牛党成了最后的胜利者，而大唐王朝的国运也进入了倒计时。

## 广州通世界

唐肃宗乾元元年（758），安史之乱的第四年。这年6月，唐军收复长安；10月，收复洛阳。收复两京前，肃宗向回纥借兵15万，向阿拉伯借兵1万，因无力支付钱款，肃宗与回纥约定："克城之日，土地、士庶归唐，金帛、子女皆归回纥。"

这是一项十分无耻的协议。收复洛阳后，回纥人烧杀抢夺、奸淫掳掠，繁华的洛阳变成废墟；出兵较少的阿拉伯人尽管没捞到什么油水，但他们看到了大唐的孱弱。于是次年回国时，这1万阿拉伯兵没有选择走河西走廊，而是从广州出发，走水路。

灾难降临广州城。阿拉伯兵先和城内的阿拉伯人、波斯人联系，让他们故意制造暴乱，一万大军再以平定叛乱为由攻城，没有防备的广州城一攻即破，"刺史韦利见弃城而遁"。阿拉伯兵和当初进入洛阳的回纥人一样，"掠仓库，焚庐舍，浮海而去"。繁华的广州遭到洗劫，几为一座空城。

# 一、海上丝绸之路

为什么选择广州城？答案很简单：这里富有。

自秦汉以来，广州就是海外贸易港口。《史记》载："番禺（广州）亦其一都会也，珠玑、犀、瑇瑁、果、布之凑。"《汉书》载："中国往商贾者，多取富焉，番禺其一都会也。"

广州之所以在秦汉时期就如此繁华，在于它优越的地理位置。广州地处珠江三角洲北端，东、北、西三江在此汇流，形成四通八达的水路交通网络，这里向北可至长安、洛阳，向西可至川、黔、岭西，向东可至江浙，出海则远及日本、朝鲜乃至印度、波斯湾、北非。出入广州的大多是珠、香、象、玳瑁这样的稀世珍品，自然吸引来无数巨贾富商。

乾元元年的这次灾难只是广州城繁盛历史中的一段小插曲而已，广州城非但没有被摧毁，反而在商船的往来交织中愈加繁盛。天宝十四年（755），安史之乱爆发，此后唐军忙于平定内乱、镇压藩镇势力，无暇西顾，逐渐对西域、中亚失去掌控。因此，陆上丝绸之路受阻，海上丝绸之路随之兴起。特别是进入唐朝中晚期，由于远离中原地区，广州没有卷入大规模的藩镇混战，难得的安定环境让广州的海外贸易进入鼎盛阶段。

与此同时，广州也加强了和中央政府的联系。初唐时期，从广州去长安有两条路：水路是溯流而上从西江入桂江、从灵渠入长江，再从长江水系入长安，绕一个大圈子；陆路则经过韶州，翻越大庾岭，进入江西、扬州，由运河抵达洛阳、长安，这条路不用绕圈子，但大庾岭地势险要、环境恶劣，是陆路上的最大障碍。玄宗朝名相、韶州人张九龄曾评价大庾岭："以载则曾不容轨，以运则负之以背。"开元四年（716），张九龄开通大庾岭，"坦坦而方五轨，阗阗而走四通"。从此，大庾岭成为广州进入中原的主要通道。

## 二、诱人的贸易政策

怛罗斯之战中，有唐军被阿拉伯人俘虏，其中有一人叫杜环，是唐军随军书记官。他被俘虏后，游历中亚、地中海十余年，最后登上从阿拉伯驶往广州的商船回到大唐。可见，当时阿拉伯至广州的海道已成为日常交通线。

海外番人之所以乐意来广州经商，原因在于朝廷制定的一系列优惠政策。第一是舶脚，中央政府从海外贸易中获得的特定商税称为舶脚。起初，这部分税由岭南节度使征收，后改派宦官担任市舶使，一方面征收商税，一方面"收市进奉"，为皇家采购海外奢侈品。

第二是收市进奉。海外商船被征收舶脚后，还不能立即在民间做生意，必须先和市舶使交易，而市舶使代表皇帝的利益，征收的宝货由大庾岭入长安，归皇室所有，因此这项交易叫收市进奉。

毫无疑问，收市进奉是"散国财，市蛮宝"，用国家的钱买宝货进入皇室的口袋，是为了满足皇帝私欲而设。市舶使一般都出现钱，以市场最高价购买，以示天朝富有。

因此，收市进奉是一项很烧钱的政策，这些买进来的宝货只有在特定时期才发挥作用。元和中兴时期，宪宗为了和藩镇对抗，曾卖家当以供军需，"出内库罗绮、犀玉、金带之具，送度支估计供军"。

第三是民间交易无须交税。和市舶使交易后，商队开始"列肆而市"。唐玄宗曾有对这部分贸易收税的念头，但被谏阻："彼市舶与商贾争利，殆非王者之体。"后来的皇帝也屡屡下旨严禁地方官贪财征税，德宗曾下旨："除舶脚、收市进奉外，任其来往，自为交易，不得重加率税。"

第四是设置番坊。番坊供外国侨民居住，他们在这里生活、传教、做生意，成为聚居群。乾符五年（878），黄巢攻陷广州，屠杀异教徒十多万人，可见广州城内的番人之多。

第五是人性化政策。商船到达广州后，货物可以寄存在货栈内，市舶使代为保管6个月；商人意外死亡时，官府代为管理财货，3个月内妻子来认领则予之，过期则没入官府。后因期限太短，改为"苟有验者，不为限"；番人可以和当地人杂居、通婚，"多占田畴，广营地舍"。

诸多优惠政策下，广州城被打造成内联京师、外通世界的国际化大都市，这才有了韦应物笔下"百国共臻奏，珍奇献京师"的盛况。

### 三、唐人开放的胸襟

在朝廷的保驾护航之下，广州城不再是蛮夷之地，而是文人笔下的"雄藩夷之宝货，冠吴越之繁华""蛮声喧夜市，海邑润朝台""常闻岛夷俗，犀象满城邑"。但也因为富有，广州城被很多人盯上，比如前面说的血洗广州城的阿拉伯人和黄巢。

和平时期天高皇帝远，虽然皇帝三番五次下旨宽待海外商人，但广州城的财富过于诱人，不少地方官借机敛财。

唐朝名臣王锷擅长理财、精通商贸，他担任岭南节度使时除了收市进奉，另外敛来的财产都放进个人腰包，再拿搜刮的钱做生意，大赚一笔。甚至"西南大海中诸国舶至，则尽没其利，由是锷家财富于公藏"。王锷也用钱贿赂朝廷官员，8年之内，"京师权门多富锷之财"。王锷一生官运亨通，生前广聚钱财，死后还混了个"魏公"的荣衔。

有像王锷这种"生财有道"的，也有不按常理出牌的。代宗朝宦官吕太一任市舶使时，直接驱逐岭南节度使张休，"纵下大掠广州"，简单粗暴。

宪宗朝的岭南节度使孔戣是正面教材。他为官清廉，到任就一改原先"犀珠磊落，贿及仆隶"的状况，他把去世番人的财产没收期限从3个月变为"不为限"，为番人经商提供了很大便利。

唐朝中后期，中央政府需要广州城的舶脚，海外贸易更需要朝廷的监控，一旦地方官所任非人，可能就会祸及数十万人。而像孔戣这样的官员能够保障一方平安，"舶人安焉，商贾以饶"，更多钱财进入国库，而不是个人腰包。

唐人于邵在散文《送刘协律序》说，广州是"北方之东西，中土之士庶，鲸连毂击,合会于其间者,日千百焉",阿拉伯人也记载广州是"阿拉伯商人荟萃之地""尸罗夫商人聚集之地"。毫无疑问,这样的广州城需要官府的支持。

除了史籍记载,文物也证明了广州城的繁盛。1997年,考古人员在雅加达以北的海域打捞出一艘10世纪的海船——黑石号。黑石号体型庞大,装饰华丽,上面还有陶瓷、银锭、钱币等货物,这是一艘进行海外贸易后返回广州的商船。

可以想象,唐朝中后期定有无数如黑石号般的商船络绎不绝,往来交织,穿梭于广州城和印度洋、波斯湾的各个角落,把东、西方两个世界串联在一起,打造出比苏杭更繁盛、更国际化的城市。

此外,唐朝《永徽律》律法还规定:"诸化外人,同类自相犯者,各依本俗法,异类相犯者,以法律论。"

即若是番人之间犯法,则依番人律法判决;若唐人与番人冲突,则依唐律判决。对于番人享有的优待,很多西方人士都忍不住惊叹:"居然在一定程度上享有治外法权。"

无论在经济、政策还是法律上,唐朝廷都给予海外商人最大优惠,或许只有始终秉持兼容并蓄的开放态度的唐人才能做到这一点。以博大的胸襟海纳百川,才孕育出通向世界的广州城。

# 八千孤寒齐下泪

船行驶在惊涛骇浪中,前面就是无数失意人的最后归宿——崖州。乘船的李德裕突然想起一个僧人和他讲的宿命论。

宣宗即位后，李党领袖李德裕被一贬再贬。一个僧人和他说：你马上就会被贬到南方蛮夷之地。但是"相国平生当食万羊，今食九千五百矣"，你还能再吃五百只羊，还有机会再回北方。

李德裕大惊："大师真是高人。我以前做过一个梦，梦到漫山遍野的羊，十几个牧羊人告诉我这是'侍御平生所食羊'，别人都不知道这个梦。"此次，虽然被贬南蛮之地，李德裕心里毫不慌张，根据僧人的预言，他很快会再回长安，吃完剩下的五百只羊。

几天后，振武节度使突然给他送来五百只羊。李德裕很慌："我不吃这五百只羊就能免祸了吧？"僧人叹了口气："羊至此，已为相国所有。"你的就是你的，这就是你的宿命。

李德裕再也没有回到长安，一代李党领袖老死崖州。

## 一、良臣？奸臣？

李德裕出生于官宦世家，从小就是神童。因父亲任宰相，为了避嫌，他从地方文官做起，32岁才入朝任职。年轻时，李德裕很讨厌结党营私。当时有个驸马经常出入朝廷高官的私宅，李德裕直言上书："驸马诸亲，请不令诣私第。"当时的李德裕恐怕不会想到，曾经厌恶结党营私的自己下半辈子会一直忙于党争，成为当初自己最讨厌的人。

党争起源于其父李吉甫。某年科举考试时，考生牛僧孺、李宗闵大谈政治过失，把矛头指向当时的宰相李吉甫，李吉甫立即到宪宗面前告状：牛、李二人贿赂考官。宪宗因此没有录用牛、李，但在舆论压力下也把李吉甫罢相，各打五十大板。

这件事成了党争的开始。李吉甫死后，牛僧孺一派和李德裕一派斗得热火朝天。李德裕的一生，也因党争而难以评定，是誉是谤后人争论不休。

长庆二年（822），李逢吉任宰相。李逢吉和李吉甫有私仇，他推荐牛僧孺任相，李德裕被排挤出朝，任浙西观察使。在浙西，李德裕政绩斐然：财政不足,他就从自身做起,躬行节俭,使手下军吏没有怨言;政治方面,他变风易俗。例如,浙西有巫女用鬼怪吓唬老百姓,家里兄弟姐妹得了重病,就全部搬走,把孤零零的病人留下。李德裕该教导的教导,该判刑的判刑,"数年之间,弊风顿革"。

之所以说李德裕有宰相之才,在于他的政治智慧,这种智慧体现在劝谏上。李德裕在浙西待了8年,一直没有内调,但他始终关心国事。唐敬宗亲小人、远贤臣,李德裕委婉劝谏,专门上《丹扆六箴》给皇帝。敬宗不用其言,但还是派大臣"殷勤答诏",表示慰问。

敬宗信奉神仙之说,多次派人到地方寻访"异人"。李德裕反对神仙之说,但面对皇帝派来的使者,他没有公开抗命,而是"给公乘遣之",好吃好喝打发走,再上书暗示:陛下要是真心实意地问神仙治国之术,而不是专门去求药,这于国于家都是好事。敬宗屡次下达求访异人的命令,李德裕一次都没执行过,但一次也没被责罚过。

这就是他的政治智慧:既没有说一句批评皇帝的话,又能达到劝谏的目的。李德裕的劝谏原则是:主张"辞婉",反对"辞讦"。在《近世良相论》中,他明确提出"非社稷大计,不可以强谏"。

强谏的臣子只不过是博"忠臣"美名罢了,想真正达到劝谏的目的还得"辞婉",帮助皇帝把事情做成,才是一名政治家应有的素质。

## 二、维州事件

太和四年(830),李德裕任剑南西川节度使,治理蜀地。蜀地靠近吐蕃、南诏、蛮人,李德裕首先要考虑的是军事驻防问题。一上任,他先用一个月时间考察山川、城郭、关隘、道路,绘制与吐蕃、南诏交界地段的军事地图。同时,李德裕派人到南诏接回4000多俘虏,这些俘虏多是工匠,回来就帮他修葺城墙,完善防守。

次年,因"维州受降"一事,牛李党争形势陡然逆转。维州是蜀地进入吐蕃的咽喉要地，南有岷山，北有陇山，东望成都"若在井底"，是兵家必争之地。当年吐蕃为了攻进维州可谓费尽心血：他们把一个吐蕃女子嫁给守城门的士兵，20年后该女子的两个儿子长大成人，吐蕃率军来攻，二子作为内应打开城门，维州沦陷。

一个计策谋划20年，可见攻陷维州之不易。名将韦皋一度想夺回维州，但"万计取之不获"。

李德裕上任不久，维州守将悉怛谋派人来联络："请以城降。"天上掉馅饼，李德裕将信将疑，既没接受，也没拒绝，让悉怛谋先等着。但悉怛谋等不及，直接率三百军民来成都拜见，李德裕大喜，接收维州城。

但是，宰相牛僧孺提出反对意见：我们刚和吐蕃交好，怎么能毁约呢？于是，文宗下旨让悉怛谋回去，李德裕也撤出维州，回到成都。悉怛谋及其三百军民成了牺牲品。文宗下令"体披桎梏，舁于竹畚"，把这些人绑了送还给吐蕃，连吐蕃将领都嘲笑："既已降彼，何须送来？"直接把这三百多人"戮于汉界之上，恣行残害"，相当嚣张。

李德裕只能仰天大呼："绝忠款之路，快凶虐之情，从古以来，未有此事。"文宗得知悉怛谋的遭遇后相当后悔，于是罢免牛僧孺、李宗闵，重用李德裕。

## 三、名相

太和七年（833），李德裕第一次拜相。这一次，他只当了一年宰相。朝堂上满是牛党之人，他们处处和李德裕作对，很快把他赶下了台。

开成四年（839），唐武宗即位，李德裕第二次拜相。这一次，他迎来人生中最辉煌的时刻。武宗即位不久，回纥内乱，乌介可汗夺得穆宗时期去回纥和亲的太和公主，并以此要挟唐朝出兵出粮帮他统一回纥。

在李德裕的建议下，武宗给了粮草，但后来"不与之米，其众饥乏"。乌介率军掠夺边境，突入朔州、云州，纵兵大掠。李德裕献策：漠北地势有利于回纥骑兵作战，我们不能和他硬拼。乌介之所以这么嚣张，就是仗着手上有太和公主,"如令勇将出奇夺得公主,虏自败矣"。武宗依计而行,一面让李德裕统率代北诸军,"固关防";一面派猛将石雄突袭乌介,迎回太和公主,彻底了解决乌介之乱。

第二年,泽潞又出乱子:节度使刘从谏病死,其侄子刘稹请求继任。唐朝后期,藩镇势力强大,前任节度使死后,其后代、亲信往往没有经过朝廷册封就自立为主,朝廷也不敢发兵征讨。因此,当刘稹请求自立时,很多朝臣是赞同的。

不过,李德裕是主战派,他坚决反对,"若不加讨伐,何以号令四方",并向武宗提出平定泽潞战略:联河朔、攻泽潞。河朔三镇(范阳、成德、魏博)实力强大,我们索性承认他们的自主继承权,让他们去攻取泽潞,这样禁军就可以不出山东而平定刘稹。

同时,李德裕保证"如师出无功,臣请自当罪戾"。武宗听从计策,三镇出兵屡败刘稹,刘稹最后被手下所杀,朝廷不废一兵一卒而平定泽潞之乱。"运筹策帷幄之中,决胜千里之外",李德裕当得起"名相"二字。

但是,李德裕任相专权,积极参与党争,"其筹度机宜,选用将帅,军中书诏,奏请云合,起草指踪,皆独决于德裕,诸相无预焉",没有把其他宰相放在眼里。由此,他和武宗产生嫌隙。武宗一度任命牛党成员崔铉、杜悰为相,制衡李德裕。李德裕只能感叹"四海之内,孤独一身"。

当武宗驾崩、宣宗继位后,早已受猜忌的李德裕被一贬再贬,客死崖州。人生大起大落,莫过于此。

党争中,为了壮大己方势力,李德裕经常提拔出身寒微的读书人。因此,他死后很多读书人为之悲痛,"八千孤寒齐下泪,一时难忘李崖州"。可见,李德裕具备极强的人格魅力,梁启超甚至把他和管仲、商鞅、诸葛亮、王安石、张居正并列,称其为中国六大政治家之一。

史学家们对李德裕从不吝惜赞美之词。但是,李德裕积极参与党争,牛、李双方"楚则失矣,齐亦未为得也",两败俱伤,只是在互斗中加速了唐朝灭亡而已。一生陷于党争、宦海沉浮,这就是李德裕的宿命,或许从他父亲李吉甫中伤牛僧孺、李宗闵那一刻起就注定了。

## 山寨版贞观之治

会昌六年(846),唐武宗驾崩,以马元贽为首的宦官拥立光王李怡为帝,是为唐宣宗。之所以选中他,原因居然是"宫中皆以为不慧",李怡外表愚笨,容易控制。

其实不然,险恶的深宫中,李怡无依无靠,既然别人都以为自己不聪明,他干脆韬光养晦,装成呆子的样子。皇子聚会时,别人总喜欢拿他开玩笑,唐文宗"好诱其言以为戏笑",武宗"尤不为礼",把他"沉于宫侧",尽情欺辱。

因此,宦官们也以为他好欺负、好控制。但是,即位当天,宣宗的表现就惊掉了所有宦官和朝臣的下巴,宣宗处理起国家政务,头头是道,井井有条,毫无"不慧"的样子。

谁也没想到,这位曾经"不慧"的少年竟然创造了大唐最后的荣光——大中之治。

### 一、整顿朝纲

宣宗上任的第一件事就是贬黜李德裕。李德裕是武宗朝宰相,也是李党领袖。他极具宰相才,但热衷于党争,行事又独断专行,这是一心想加强皇权的宣宗不能容忍的。宣宗以雷霆手段贬谪李德裕,朝臣"闻之莫不惊骇",给百官来了个下马威。

宣宗又大量起用牛党成员。牛僧孺等五人同日北迁,他的两个儿子官至节度使,李宗闵二子也加官晋爵。牛党在对外事务中属于"鸽派",主张用和平手段息事宁人,不轻言开战。牛党得势标志着外交转为保守,节省开支,改善民生。

同时,为了取得百姓支持,宣宗恢复了佛教地位。武宗时期大举灭佛,灭佛释放了寺院占据的大量土地和劳动人口,为朝廷带来巨大的经济利益,但宣宗选择牺牲这部分利益，取信于民。

上任伊始就一举推翻武宗时代的人事、政策，建立自己的执政团队，宣宗向所有人表明自己励精图治、放手干一番事业的决心。从宣宗的为人处世来看，他的确具备成为一代明君的潜质。

宣宗勤于政务，"虽左右近习，未尝见怠惰之容"，和百官谈论朝政，"终日忘倦"。他也很节俭，"衣浣濯之衣，常膳不过数器"。宣宗是个很有原则的人，他宠信一个叫祝汉贞的优人，此人思维敏捷，常常讲一些笑话逗宣宗开心，一次说着说着就说到了政事，宣宗大怒："我养汝辈供戏乐耳，敢干预朝政耶？"将其逐出宫廷。还有个备受宠信的乐工罗程因小事杀人，宣宗直接把他交给京兆尹，毫不留情。有人替他求情，宣宗说："汝辈所惜罗程艺耳，我所重者高祖、太宗法也。"

这种出色的个人素质和宣宗的童年有关：他虽是皇子，但在文宗、武宗眼里，他可能连一个宫中杂役都不如。因此，司马光赞其"少历艰难，长年践位，人之情伪，靡不周知"，其经历与汉宣帝有些类似：见惯民间疾苦，个人素质远比长于深宫之中的皇子要高。

## 二、收复河陇

宣宗人送外号"小太宗"，他的"大中之治"也被称作小"贞观之治"。

安史之乱时，朝廷将防御吐蕃的西北军队调回内地平定叛乱，吐蕃趁机蚕食西域、河西、陇右等地，大唐在持续了半个多世纪的唐、吐之战中落入下风。公元842年，吐蕃赞普达磨遇害，吐蕃陷入内乱，唐朝迎来收复失地的大好时机。大中三年（849），秦州、原州、安乐和萧关等三州七关的百姓趁乱起义归唐。宣宗以太仆卿陆耽为宣谕使，令泾原、凤翔、邠宁节度使出兵接应，收复三州七关。

大中五年（851），沙州人张议潮也趁吐蕃内乱发动起义，攻取瓜州、甘州、肃州、兰州等十州之地，张议潮之兄张义泽入长安，带着十一州户籍地图献给宣宗，河陇之地尽归大唐。宣宗封张议潮为归义军节度使，其瓜州军就是历史上赫赫有名的归义军。

"河、湟归地，朔漠消氛"，宣宗做到了安史之乱后历任皇帝想做却做不成的事。没废一兵一卒，节省了大量军费，河陇归附，人口增加，唐朝外部安全大为改善。

宣宗执政初期，藩镇又变得不安分起来，兵变事件频发：公元848年，徐州军暴乱，节度使李廓被逐；一年后，河东节度使李业无故侵略杂虏、擅杀降卒，引起北方边境扰动；856年，容州军暴乱，经略使王球被逐；858年，岭南、湖南、江西相继兵变……

朝廷储存了足够的钱粮，拥有平叛的实力，藩镇在宣宗一朝并未掀起大的波澜。但也从侧面说明，宣宗统治下的大唐王朝并不稳定，特别是湖南、江西等南方富饶地区的战乱，严重影响了朝廷的财政收入，以至于后来面对黄巢之乱时，朝廷已经拿不出足够的钱粮平叛。

## 三、操弄权术

那么，究竟该如何评价唐宣宗和大中之治呢？称赞他的人，如司马光说他是"小太宗"；贬低他的人，如范祖禹说他"特一县令之才耳，岂人君之德哉"。后代史学家对宣宗的评价两极分化，原因在于宣宗好操弄权术。

表面上，唐宣宗"好儒术"，但这种儒术是建立在法家权术之下的。宣宗刚愎自用，从未真正信任过大臣，"每命相，尽出睿旨，人无知者"。周墀担任宰相时曾问前任："你有什么教导我的？"前任回答："愿相公无权。"宣宗不需要能干的宰相，只需要听话的宰相，宰相尸位素餐、得过且过就是最好的表现。曾任宰相的令狐绹对此深有体会："吾十年秉政，最承恩遇，然每延英奏事，未尝不汗沾衣也。"

朝臣奏事时，宣宗威严不可仰视。奏事完毕，他一般会和朝臣聊坊间琐事，宫中宴会唠家常，一副君臣相得、其乐融融的样子，但聊着聊着，他会突然来一句："卿等好自为之，朕常担心卿等负朕，日后难以相见。"以权术驾驭群臣，宣宗根本不相信文臣，导致上下离心，为后世混乱的朝局埋下了隐患。

大中年间宦官的势力并不庞大，宣宗凭借高超的权术有能力驾驭权宦。宣宗故意询问朝臣如何对付宦官，但从来不实行朝臣的建议，客观上造成朝臣和宦官对立，"南北司如水火矣"。这样宣宗可以让双方相互牵制，自己稳坐皇位。

从上面可以看出，宣宗权力欲极强，不容任何人染指皇权，连亲儿子都不行。朝臣劝他立太子时，他回答："若建太子，则朕遂为闲人。"此话一出，再也没人敢劝谏。储君位置空悬，给宦官可乘之机，大中十四五年（859），宣宗吃丹药中毒而死，宦官拥立唐懿宗即位，宦官势力死灰复燃。

史载，宣宗的偶像是唐太宗。他常常以太宗自律，曾经"以太宗所撰《金镜》授绚，使读之"，"又书《贞观政要》于屏风，每正色拱手而读之"，甚至特地找来魏徵的后人魏谟当谏官，想再现贞观之治时的君臣佳话。但是，魏谟最后却因谏诤而贬官，这对"小太宗"而言简直是莫大的讽刺。得贞观之治之形式，却学不来其精髓。

正如蔡东藩所说："大中政治，亦不过粉饰承平，瑜不掩瑕，功难补过。"宣宗的"大中之治"终究只是镜花水月，他死之后，潜藏的危机全面爆发，大唐王朝进入倒计时。

## 孤胆英雄张议潮

公元848年，正值唐宣宗大中二年，远在河西走廊的沙州爆发了一场反抗吐蕃统治的起义。趁着黑夜，义军以迅雷不及掩耳之势攻克了沙州城的南门，杀死了还在睡梦中的吐蕃守军。义军首领体格硕壮，身手矫捷，丝毫看不出是位年近半百的老人，此人就是沙州城中的首富——张议潮。

张议潮是土生土长的沙州人，出生时，沙州已沦陷在吐蕃人的铁蹄下。祖国已多年未亲近，心依旧是唐朝心。张议潮率人攻下南门后，登上城楼，振臂高呼，城下义军欢声雷动。数支火箭点亮了漆黑的夜空，这是义军约定的信号，潜伏在城中其他地方的义军见到信号，同时动手袭击吐蕃守军的驻点，城中百姓纷纷响应。

"汉人造反啦！"吐蕃军在慌乱中大喊。义军手起刀落，杀了他们一个措手不及，节节败退。第二天天刚蒙蒙亮时，沙州城宣告光复，这一年距离沙州沦陷整整过去了67年。

## 一、吐蕃内乱

当年，吐蕃人趁着安史之乱，唐朝自顾不暇之际，攻占了河陇地区，掐死了唐朝前往西域的通路。唐代宗、唐德宗虽数次与吐蕃展开攻防战，意图光复河陇，无奈吐蕃正值炽盛时期，兵强马壮，纵横天下无敌手，俨然成为唐朝衰落后，亚洲最强势力。"西戎之地，吐蕃是强，蚕食邻国，鹰扬汉疆"。

打不过吐蕃人，唐朝在李泌的策划下，一边与吐蕃停战，一边结交回纥、南诏、大食三国，运用外交手腕围困吐蕃，打造"反吐蕃同盟圈"，这套组合拳为唐朝争取了五十多年和平的外部环境，唐朝得以腾出手处理国内藩镇，这才有了宪宗时的"元和中兴"。

就在唐朝理平内政时，吐蕃国内爆发了激烈的宗教冲突。一代法王赤松德赞去世后，留下了一个疆域空前辽阔的吐蕃王国：东临唐土，西至中亚，勒马恒河，剑指印度。王国扩张能力接近极限，吐蕃人缓缓停下了前进的马蹄。

在河西走廊的沙州，吐蕃人用残酷的手段镇压汉人的反抗。"每得华人，其无所能者，使充所在役使，辄黥其面；粗有文艺者，则涅其右臂，以候赞普之命"，诸如此类，把当地汉人当作奴隶驱使。各地反抗此起彼伏，由于对外扩张停滞，维护如此庞大的疆域耗费巨大，吐蕃人财富锐减，国内矛盾日盛。

赤松德赞选择兴佛法，建佛寺，用佛教思想稳固统治，选派僧人进入吐蕃朝廷任职，参与决策。吐蕃传统政治势力被称作"三尚一论"，史书上吐蕃人名字中有"尚"或"论"的都是贵族身份的象征，比如出使唐朝的禄东赞又叫论东赞。大论相当于宰相，由与赞普没有血缘关系的大臣豪族出任，"三尚"则由赞普的外戚充任，这个制度由松赞干布创立，已经实行了一百多年。赤松德赞又把僧人引入朝廷，分走了一部分权力，引来传统势力的不满。

公元9世纪，佛教势力进一步膨胀，吐蕃传统贵族不惜刺杀支持佛教的赞普来阻止佛教传播。大臣同样分化成两派，一派支持佛教，一派反对佛教，一场宗教风暴正在酝酿。

开成三年（838），朗达玛继任赞普，朗达玛自幼对佛教不感兴趣，长大后在反佛官员的簇拥下登上了王位。他继位第一件事就是在全国掀起法难，关闭寺院，勒令僧人还俗，烧毁佛经，砸烂佛像。朗达玛原名叫"达玛"，因为毁佛吐蕃僧人说他是"牛魔王转世"，所以在他名字前加了个"朗"字，意为"牛"。

不久，朗达玛被僧人刺杀，国内彻底失控。支持佛教和反对佛教的大臣各自拥立了一位新赞普，长达半个世纪的内战爆发，吐蕃从此一蹶不振，给张议潮光复河西走廊创造了条件。

## 二、归义军

张议潮家族是沙州当地的首富，家境殷实，从小就接受了良好的教育。他喜欢阅读兵法，论起兵道来，头头是道，"虽生长虏中，而心系本朝"。他暗中培养自己的实力，结交各路英雄好汉，寻找机会，驱逐吐蕃守军，终于等到了吐蕃内乱、自顾不暇的机会，一夜光复了沙州。

沙州又称敦煌，是河西走廊地区最大的一个州，也是丝绸之路上重要的商贸枢纽，人员流动密集。沙州起义成功的消息迅速传遍了河西地区，但头脑清醒的张议潮明白，胜利只是暂时的，吐蕃人随时可能前来平叛，当下最重要的事情是与唐朝取得联系，争取援军。

由于道路险阻，中途有不少地方仍然处于吐蕃控制之下，张议潮派出了十队人马同时向长安出发，向朝廷奏捷。果然只有一队人马顺利抵达了长安，队长是一名叫悟真的僧人，他手持文书，请求朝廷接见。唐宣宗听闻此事大为感动，没想到67年过去了，沙州百姓依旧心系大唐，请求内附。

唐宣宗大大褒奖了张议潮的义举，"抗忠臣之丹心，折昆夷之长角"，封他做沙州防御使，全权负责河西经略。"全权负责"的潜台词是朝廷无力派兵援助，只能给一些荣誉性鼓励，具体的战事还要靠河西百姓。

张议潮没有气馁，立刻在沙州组织起生产，士兵们平日耕地，战时出征，加上"沙州首富"的财力支持，张议潮很快就建立起了一支正规军。依靠这支军队，张议潮四面出击，先后攻占了瓜州、伊州、西州、甘州、肃州、兰州、鄯州、河州、岷州、廓州等十州，打通了前往唐朝的道路。

一年后，张议潮派遣其兄带着河西十一州的地图来到长安，奉版还籍，把土地和人口献给了唐宣宗。唐宣宗做梦也没想到，整个河西竟会如此光复，激动之余，赐名"归义军"，张议潮担任归义军首任节度使。

7年后，依附于吐蕃的吐谷浑王趁着秋收时节突然来袭，他算准归义军正忙于收麦，无力迎战。张议潮只能率领少数精兵突击，吐谷浑王见状心生疑虑，迟疑了一下，不敢贸然进攻。张议潮抓住战机，一阵掩杀。吐谷浑王急令撤军，谁料突然起风，黄沙弥漫，看不清人影。归义军犹如神助，吐谷浑军士气崩溃，撤退变成了溃退。张议潮一战抓住了吐谷浑三个宰相，斩首于军中，大胜而还，威震西北。

咸通八年（867），年近七旬的张议潮萌生了去长安看看的想法。沙州沦陷时，长安还是盛唐时的模样，他小时候听家人说起长安的繁华，心驰神往。

经朝廷特许，张议潮把归义军节度使之位传给了儿子，自己则前往长安，受到宣宗高规格招待。长安百姓第一次有机会近距离看到这位传说中的河西英雄，入城当天，万人空巷，百姓争相冲到朱雀大街两旁迎迓。张议潮潸然泪下，皇帝赐他司徒荣衔，赏良田美宅。5年后，张议潮病逝于长安，终年74岁，在古代算是高寿。

# 藩镇崛起

唐朝的藩镇问题始于玄宗朝。唐朝本无藩镇，从某种意义上说，藩镇是唐朝社会繁荣的副产品。高祖建国，延续了北朝的府兵制，在全国范围内广布折冲府，折冲府下辖自由农。战事爆发，朝廷临时指派大将前往折冲府聚兵，"兵不知将，将不知兵"，府兵制是一种成本低、安全性高、效率还不错的军事制度。唐朝初期能迅速扭转隋代颓势，开疆拓土，府兵制功不可没。

府兵制衰落于武则天时代。国家经济繁荣，疆域辽阔，频繁的对外征战，让府兵苦不堪言，安西都护府、北庭都护府等地远离内地，府兵一走数年，生死未卜，有钱人纷纷花钱找穷人顶替自己服兵役。更糟糕的是均田制实行不下去了，人口激增，田地不够，国家不能给农民班田，农民自然没有当兵的义务。武则天时代，对外战争败多胜少，有府兵制衰落的部分原因。

玄宗朝，开元盛世，中国进入了历史上少有的全盛时期，人口持续激增，任何行政手段都无法挽救府兵制的崩溃，府兵制已经不适用于这个盛世。玄宗采取了募兵制，花钱雇人当兵，反正盛世有钱，不怕没人卖命。

但盛世同样缺钱，玄宗朝单单军事上就要养80万士兵，加上文武百官、王侯将相、皇室成员，财政收入完全不够用，所以玄宗才会大力培养"奸臣"宇文融理财，充盈国库。藩镇便在这种情况下应运而生。

## 一、饮鸩止渴

藩镇，从字面上理解，"藩"为屏障，"镇"为军事单位，藩镇即是朝廷设立在边疆地区作为屏障的军事机构。

唐朝疆域过于辽阔，古代通讯不便，前线的消息很难及时反馈到朝中，战场形势瞬息万变，如果前线大将完全听朝廷指令，就施展不开。为了保证军事上胜利,唐廷给了大将一定的自主权,仅仅会在大的战略目标上干预,战争细节完全由前线将领指挥。

将领和士兵在前线朝夕相处,形成联盟关系,这支军队就有脱离朝廷控制的风险。但这其中还缺少最重要的一环:养兵。将领只管打仗,没有财权,养兵的钱粮完全依赖朝廷拨发,"无粮不聚兵",没有钱粮的将领依旧是光杆司令。

玄宗好大喜功,仗着唐朝国力强盛对外扩张,在青海与吐蕃连番大战,造成士兵数量、军费开支激增,"边庭流血成海水,武皇开边意未已"。国家财政不堪重负,为了减轻军费开支,玄宗给了藩镇财权,允许他们就地筹钱筹粮。

此例一开,藩镇独立条件成熟。客观上看,集兵权、财权于一身的藩镇大大提升了军事效率,前线将领可以根据实际情况选择作战时间、地点和规模,士兵又是职业兵,战斗力强。玄宗朝对外征战总体胜率高,与藩镇改革不无关系。

藩镇节度使拥有财权、兵权,后期又加了行政权,如果长期在某一地任职,完全就是当地的"土皇帝"。纵使朝廷向藩镇派遣监察官员,也是杯水车薪,如果节度使铁了心要造反,只需一个亲信便可杀了朝廷的观察使。安禄山能闹出那么大的动静,就因为他掌握了河北地区的大权,拥兵18万,杀了朝廷一个措手不及。

## 二、藩镇变脸

安禄山给全国藩镇做了个"表率",原先对朝廷忠心耿耿的节度使发现:原来我们有这么大的能量,能把整个国家搅得天翻地覆。加上唐廷中央权力削弱,安史之乱后,出现了一大批独立或半独立状态的藩镇。

唐朝共有40多个藩镇,可以根据地域分为以下五个类型:

西北防务型,如凤翔、邠宁、振武等,主要负责防御吐蕃、回纥;西南防务型,如川东、川西等,主要负责防御吐蕃和南诏;中原守备型,如宣武、河东、河中等,主要负责拱卫京师,防御突厥;东南财源型,如浙东、浙西等,主要负责为朝廷提供钱粮;河北割据型,魏博、卢龙、成德等,安史之乱遗留问题。

五种藩镇中，只有河北割据型一直不服从朝廷命令，史称"河朔三叛"；中原守备型、西北防务型、西南防务型有部分藩镇在代宗、德宗朝抗拒朝廷命令，后被宪宗解决；东南财源型的节度使大都是文官，一直对朝廷忠心耿耿。

从安史之乱平定（公元763年）到黄巢起义爆发（公元878年）的一百多年间，唐朝藩镇割据问题并不严重，尤其是唐宪宗后，除了河朔三叛外，朝廷基本控制了全国藩镇。唐宪宗大力启用文官出任节度使，据统计，到黄巢起义前期，全国80%的节度使为文官。

不少历史读物说，安史之乱后，藩镇割据导致唐王朝灭亡，其实并不准确，大规模的藩镇割据是黄巢起义后的情况。黄巢起义时，各地节度使在朝廷命令下参与镇压，结果不尽如人意，文官行政尚可，打仗的确不如武将，以至于起义波及范围越来越大，闹得不可收拾。

各地藩镇相继发生兵变，文官被手下武官驱逐或杀害，藩镇又重新落到武将手中。例如，忠武军节度使薛能被大将周岌驱逐，凤翔节度使郑畋被大将李昌言驱逐，荆南三任文官节度使被武将驱逐。唐廷要依靠武将平叛，只好承认他们的合法性，"天下诸侯，半出群盗……国法莫能治"。

## 三、强藩崛起

安史之乱后，支撑起唐朝的三股势力是：文臣、宦官和武将。宦官手握神策军，控制中央；武将手握部分藩镇，控制地方；文臣在朝为宰相，外放为节度使。这三股势力相互制衡、牵制，保证了大唐王朝一百多年的稳定。

黄巢之乱后，中央神策军被灭，藩镇文官被驱逐，三股势力中的两股衰退，出现了武将一家独大的局面，平衡被打破，唐王朝走向灭亡。武将间也有矛盾，他们都想成为唐王朝政治遗产的合法继承人。藩镇间解决问题没有那么文质彬彬，刀刀见血，大混战不可避免，五代十国乱世降临。

后梁开国皇帝朱温本为宣武节度使，经过一段时间发展，他兼并了周围几个小藩，成为河南地区最强的藩镇。河东节度使李克用不甘寂寞，东征西讨，成为河北地区最强的藩镇。神策军覆亡后，王建带着一部分人去了四川，割据蜀中。南方藩镇见北方大乱，更是纷纷自立，相继蜕变为十国。

藩镇问题始于玄宗，终结于北宋，影响中国历史长达两百年。这一时期，武将强横，拥兵自重，加剧了国家动荡。唐宪宗励精图治，暂时消弭了藩镇之祸，但制度上未做变革，致使死灰复燃。北宋吸取了唐朝教训，以文制武，提高文官地位，贬低武将，才将藩镇制度的祸端消除。

中国的历史从此走向上了另外一个拐点。汉唐时代的中国血气方刚，骁勇善战，开国万里；宋明时代的中国文质彬彬，孔武不再，对外战争处于消极防御姿态。让不懂军事的文官掌兵，国家内部固然安全，对外战争却一败涂地。如果玄宗不把财权、行政权交给节度使，只让节度使专心战事，藩镇则可能成为帝国真正的屏障。

## 一个盐贩子的惊人一击

要说黄巢在起义前是个走南闯北的盐贩子并不准确，他从小文学天赋极高，8岁时能诗，是山东菏泽附近有名的小神童。《全唐诗》中收录了他两首作品，其中一首是黄巢屡次去长安考科举落第后愤懑所作，诗云：

> 待到秋来九月八，
> 我花开后百花杀。
> 冲天香阵透长安，
> 满城尽带黄金甲。

诗中，黄巢以菊花为喻，抒发自己的才华不能得到朝廷认可的不满之情。用"百花"借喻表面堂皇夺目，实际早已变得腐朽不堪的中央朝廷，而他解决"百花"的方式是"杀"，用菊花的香气净化这个污浊的世界，开创一个新时代。全诗读来朗朗上口，豪情四射，透着一股英雄之气。

太宗皇帝曾说："天下英雄尽入吾彀中矣！"一语道破了科举制度秘密：设立科举制度是为了笼络天下读书人，把他们的才智消耗在考卷上，有才华的人都到朝廷做官了，哪儿还有人造反？而黄巢成了科举中的一条"漏网之鱼"。

黄巢在长安写完这首《不第后赋菊》后，踏上了另一条人生道路。朝堂上少了一名能臣，江湖上多了一条好汉，这条好汉即将成为大唐王朝的掘墓人。

## 一、盐贩子

黄巢家里世代贩盐。贩盐在唐代本是官营，盐税是朝廷重要的财政收入之一，所以朝廷对这些贩私盐的打击力度很大，轻则发配充军，重则人头落地。畸形的市场使得贩私盐利润丰厚，不少人为了讨生活铤而走险，在刀口上谋生。为了保证贩盐安全，黄巢家拉起了一支队伍，平时秘密卖盐，官府来抓时，武力对抗，在菏泽当地算是一霸，家中积累了不少财富。

到了黄巢这一代，家里希望把他培养成读书人，未来好参加科举，走上仕途，洗掉家族的黑历史。在古代，光有钱没用，地方士绅依旧瞧不起黄家，把他们当成泥腿子，富而不贵是黄家最大的痛苦。无奈科举这条通向权贵的道路被重重封死，黄巢回到老家继承了祖业，干起了贩盐的买卖。

此刻的唐王朝已病入膏肓，各地节度使死灰复燃，尾大不掉，他们明面上听从朝廷号令，暗地里扩张自身实力。中央的神策军依旧操控在宦官手中，文官又忙于内斗，国库空虚，苛捐杂税不断累积到百姓头上，民不聊生。

翰林学士刘允章把国家面临的严重局面总结为"国有九破"，"九破"即九大危机："终年聚兵、蛮夷炽兴、权豪奢僭、大将不朝、广兴佛寺、行贿公行、长吏残暴、赋役不等、食禄人多。"唐僖宗治下的大唐王朝如同一堆干柴，只需一个微小的火星就能迸发出骇人的火焰。

这个火星出现在了河南。史载，乾符年间，河南连续几年遭受大灾，"仍岁凶荒，人饥为盗，河南尤甚"。朝廷根本拿不出赈灾的钱粮，老百姓不能等着饿死，只好铤而走险，落草为寇，打劫当地的富户为生。社会一乱，盐贩子也没了生意，他们亦商亦匪，如果商人做不成了，只剩下一种选择——做土匪。

盐贩子常年游走在灰色地带，要造反他们有两点先天优势：现成的队伍和积累的财富。几百名刀头舔血的弟兄，放下刀是民，拿起刀是兵，战斗力比流民强很多；贩盐赚的钱可以打造兵器购买粮食，迅速扩充队伍，攻城略地自然不在话下。

灾荒之年，河南地区突然流传起一句谶语："金色蛤蟆争努眼，翻却曹州天下反。"预示着一场风暴即将席卷整个王朝。

## 二、招安

第一个跳出来造反的是河南盐贩子王仙芝，他扯起一支流民队伍，在河南攻城，曹、濮、郓三州沦陷，被洗劫一空。临近的黄巢听闻后，信心大增，立刻散尽家财武装起了一支5000人的队伍，前来投靠王仙芝。

王、黄二人实力相当，但王仙芝起义早、"辈分"高，黄巢次之。两支队伍合兵一处，实力大增，又攻占了河南四个州。这时，起义部队还处于流寇阶段，武器简陋，训练不足，没有与朝廷正规军对抗的实力，只能采取洗劫模式，即攻占一个地方后把城中财物抢劫一空，然后带着所有百姓继续去下一个地方，绝不停留守城。

朝廷听闻河南起义后，令平卢节度使宋威为诏讨使，全权负责镇压起义。正规军出手果然不凡，在沂州大败起义军，王仙芝于乱军中逃跑，不知下落。宋威上书僖宗说王仙芝已死，率军回到青州驻地。谁料，几个月后，王仙芝又出现了，率军一口气攻下八座县城，兵逼洛阳，举国震惊。

朝廷责令宋威再次出兵征讨。宋威怕兔死狗烹，私下对幕僚说："吾属虽成功，其免祸乎？不如留贼，不幸为天子，我不失作功臣。"于是，战场上出现了颇为荒谬的一幕："故蹑贼一舍，完军顾望"。官军与起义军始终保持30里的距离，跟在他们后面，义军攻城他们不管，走了后才大摇大摆进城善后。

前线将军如此行径，唐僖宗无可奈何，只能派遣更多节度使参与镇压，但在宋威的"启发"下，节度使的心思大都一样，出工不出力。

黄巢趁着官军相互观望之际，直接冲出河南，打到了江淮一带。江淮是朝廷赋税重地，这里的财富关系到国家财政安全。江淮有失，朝局不稳，思来想去，朝廷做出了招安的决定。黄巢自不必说，他年轻时就想通过科举做官，这下机会来了，怎能放弃？王仙芝也跃跃欲试，宣布即刻罢兵，等待朝廷旨意。

朝廷宣慰使抵达军营，王仙芝、黄巢带着众兄弟跪下听封，可诏书读完，只听到封王仙芝为"左神策军押衙"，对其他人没有任何安排。黄巢军顿时炸开了锅，黄巢跳起来对着王仙芝喊道："搞来搞去，我们义军这么多人投降，只有你王仙芝一人做官，我带来的五千人怎么算？"（"君降，独得官，五千众且奈何？"）

得了便宜的王仙芝劝黄巢冷静，黄巢感觉自己被卖了，越说越激动，最后两人动起手来。黄巢打得王仙芝头破血流仍不解气地说："给我兵，我走！"（"丐我兵，无留！"）

没得到好处的不是黄巢一人，而是整个队伍。王仙芝眼看局势要失控，被迫拒绝了朝廷的任命，杀了前来宣诏的宦官，表示要继续带着队伍起义。黄巢不干了，带着一部分军队独自行动，前去攻打山东一带，起义军正式分裂。

### 三、冲天大将军

失去黄巢的帮助，王仙芝军陷入了被动，朝廷重兵云集河南，成合围之势。眼看局势不妙，王仙芝向宋威请降，向朝廷讨要节度使的官职。节度使自主权大，可以割据一方。宋威假装答应，派人杀了前来谈判的义军头领。王仙芝大怒，出兵决战，被官军打败，身首异处。

王仙芝的残部投靠了黄巢，两军合兵一处，声势大振，众人推选黄巢为"冲天大将军"。此时,中原地区官军众多,义军寸步难行,黄巢转战多处,接连碰壁。黄巢在与官军作战的3年时间里,悟出了一个道理:官军实力强大,硬碰硬打不过,但帝国如此辽阔的疆域中,总有官军覆盖不到的地方。义军见缝插针,官军顾此失彼,定能杀出一条生路来。

于是,黄巢率军跨过长江,南下攻掠。江南地区,没有强敌,防守薄弱,非常适合义军流窜作战。一时间,江苏、浙江、福建等地区相继沦陷,黄巢大军无人可挡,实力日强,不久攻破广州,举朝震惊。

广州是唐朝海上丝绸之路的重要城市,这里聚集了大量从东南亚、阿拉伯前来做生意的商人,非常富有。黄巢一来立刻爱上了这里,"欲据南海之地,永为窠穴",他向朝廷上书表示希望能当广州节度使。朝廷只肯封他做太子的侍从官,双方谈判再次破裂。

从黄巢请求当广州节度使来看,他野心仅限于称霸一方,当个土皇帝。天下那么多不听话的节度使,又不少黄巢一个,但朝廷内部意见不一,仍把义军当成乌合之众。殊不知有了广州的财富,他们早已蜕变成一支正规军,有实力与官军一较高下。

义军在广州待了一年,第二年开春,由于军中大都是北方士兵,无法适应岭南气候,爆发了瘟疫,"死者十有三四"。广州是待不下去了,黄巢被迫离开。据说,撤退时,义军狠狠抢了一把,把富裕的广州城洗劫成了一座空城,不肯跟义军北上的居民被屠杀,外国商人也未能逃脱。

义军在桂林打造了几千张竹筏,沿江而上,如入无人之境,直接打到湖北荆州城下,朝廷才组织起像样的抵抗。唐僖宗接到的报告上称,此次贼寇北上,声势浩大,初步估算有50万人!满朝哗然,宰相王铎请求亲赴前线指挥战斗。

黄巢见宰相都出动了,为了避其锋芒,从湖北一带转战江西,进入浙江,攻破扬州。扬州是东南最大的都会,繁花似锦,唐人诗云"天下三分明月夜,无奈二分是扬州"。扬州也被洗劫一空,义军势力膨胀到60万人。

## 四、攻陷两京

黄巢大军犹如一个失控的癌细胞，蚕食着唐王朝这具行将就木的躯体。他们最初从河南起事，掠夺临近的山东，遭遇唐廷包围网后，又渡过淮河，寇掠江南，兵锋直达广东，再折路北返。攻破扬州时，这支队伍已转战万里，流动性之强，史上罕见。

这次他们又回到了北方，河南各地官员纷纷弃城逃跑，东都洛阳危急！唐僖宗哭着问策于群臣，宰相们建议征召长安地区15万神策军据守潼关，保卫京师。消息传出，长安城内一片哀号，此时的神策军早已不复当年之勇，军中士兵皆是挂名领俸之辈，毫无战斗经验，让他们上战场，无异于送死。有钱人家找来穷人冒名顶替，结果只征召到数千人而已。

唐僖宗亲自去神策军中阅兵，问先锋张承范有没有信心在潼关挡住贼军，张承范实话实说："禄山率兵五万陷东都，今贼众六十万，过禄山远甚，恐不足守。"山穷水尽的僖宗无奈，硬着头皮让张承范率神策军出征。

黄巢大军攻陷洛阳后，呈现出不同的精神面貌，义军不再烧杀抢掠，转而张贴安民通知，告诉洛阳居民不用担心，义军是来解救他们的。占据东都的黄巢不再满足于金榜题名或者当个节度使，他现在要当皇帝了！

60万大军围攻潼关，张承范抱着必死的决心坚守。他拿出家里的黄金分给众将士说道："诸君勉报国，救且至！"他贡献出了自己最后一点儿能力，众将士感激涕零，士气大振，爆发出最后一丝勇气据守关口。弓箭射完了，用飞石砸，但终究寡不敌众，第二天潼关失守，唐僖宗与文武百官在500神策军的护卫下逃往咸阳。

黄巢大军军纪肃然进入长安，见到穷人居然还施舍钱粮，争取民心，完全没了贼军的恶习。可惜，好景不长，没过几天，贼军露出了本来面目，又大肆抢劫富人，"富家皆跣而驱，贼酋阅甲第以处，争取人妻女乱之，捕得官吏悉斩之，火庐舍不可赀，宗室侯王屠之无类矣"。

黄巢在百官的簇拥下，在含元殿登基称帝，建国"大齐"，但沉迷在两京温柔乡中的黄巢很快迎来了覆亡的结局。

义军实际控制的区域只有两京和关中地区，全国90%以上的地区仍然效忠唐室，义军之所以能攻克两京依靠的是流动性作战，抢完就走，没有守城的后顾之忧。如今，长安、洛阳如同两座"水晶棺材"把义军牢牢定死在城中，官军终于找到了突破口，有机会一举歼之。

唐僖宗在咸阳号令全国节度使勤王，收复两京。各地节度使纷纷率军来攻，黄巢不能敌，接连吃了好几场败仗，在长安没待一年，就被赶了出去。第二年，义军大将朱温见势不妙，投降了官军，唐僖宗大喜，将他改名"全忠"，鼓励他忠心为朝廷剿灭贼寇。河东节度使沙陀人李克用，率领沙陀骑兵横扫关中，百战百胜。黄巢义军陷入崩溃境地，狼狈撤出了长安、洛阳。他们还想故技重施，继续流动作战，可惜，此一时彼一时，各路勤王大军把河南围死，朱全忠跟黄巢军中大将说，只要投降，可保荣华富贵。义军彻底崩溃。

一代枭雄黄巢收拾了最后5000残兵，撤入了狼虎谷，被内奸所杀，首级为李克用所得，传首京师。轰轰烈烈的唐末黄巢起义至此画上了句号。也有人说黄巢没死，他隐姓埋名，当和尚去了，有诗为证："记得当年草上飞，铁衣著尽著僧衣。天津桥上无人识，独倚栏干看落晖。"这些大抵是小说家言，即便黄巢没死，他的事业也化为乌有，影响不了历史的进程。

真正终结唐王朝的是黄巢的大将朱温。此人历史上争议颇大，有人说他集昏、庸、暴于一身，但也有人说他有曹操之才，而又狡猾过之，那么朱温其人的真实历史面目究竟是怎样的？

## 掏空的帝国

黄巢大军攻陷洛阳的消息传到长安,在城中引起了骚乱,满朝文武束手无策。唐僖宗问计于秉政的大宦官田令孜:"贼寇猖狂,为之奈何?"

田令孜知道神策军是一个空架子,无法击退黄巢军,便建议僖宗做好"巡幸"的准备,仿照玄宗跑路四川,暂避锋芒,再图光复。僖宗深以为然,让田令孜不要惊动其他人,秘密准备撤退事宜。

过了几日,长安城中举办了一场荒唐的马球赛。朝臣皆知僖宗酷爱马球,但黄巢大军迫在眉睫,国家危亡时还在搞比赛,实在令人不齿,朝臣们纷纷上书批评僖宗荒唐。可他们哪里知道,这场比赛的背后暗藏着深刻的政治斗争。

田令孜找来神策军四大将领,向他们透露了皇帝即将弃守长安、避乱四川的消息。为了保障皇帝安全,四大将领中有三人将出任节度使,谁都知道节度使是肥差,四人中没人肯放弃。田令孜只好请僖宗举办一场马球赛,先进球的三个人可以出任节度使,僖宗赞同,才有了这场荒唐的马球赛,史称"击球赌三川"。

堂堂大唐王朝的节度使要靠这种方式任命,可见武将骄横已无法节制,用听天由命来形容晚唐的政局再合适不过了。

### 一、争利

中唐时期,自宪宗对藩镇采取严厉的打击措施后,除了河北藩镇时叛时顺外,全国其他三十多个藩镇尚属恭顺。宪宗朝开始大量启用文官出任节度使,进一步巩固了统一的局面,直到黄巢起义。黄巢大军所到之处,文官节度使不是投降就是逃亡,根本不是义军的对手,朝廷被迫启用了大量武将出任节度使,饮鸩止渴。黄巢虽亡,藩镇割据再次形成,唐王朝地方行政体系崩溃。史载:"天下诸侯，半出群盗，强弱相噬，怙众邀宠，国法莫能制。"

黄巢起义之后，朝廷回銮长安，面对空荡荡的长安，僖宗一筹莫展：百官要领俸，军队要赏赐，百姓要安抚，诸藩要弹压，帝国行政没一项能离开钱。而黄巢大军如同蝗虫过境，把半壁江山洗劫一空，朝廷实在是一分钱拿不出来了。僖宗把搞钱的任务抛给了"大内总管"田令孜。

田令孜作为晚唐倒数第二个权宦，在历史上名声很臭。一些史书中，把僖宗不理朝政、沉迷享乐，以致国家大乱的责任全推到了他身上，是失实的。如果田令孜一点儿本事没有，只会逢迎皇上，他如何能压制百官，让神策军俯首听命？真实的田令孜颇有胆识，如僖宗刚逃到四川时，田令孜拿出自己的家产赏赐神策军和川军，稳定了军心；临死前，他对前来行刑的士兵说："吾尝位十军容，杀我庸有礼！"至死，面不改色，尽显枭雄之气。

僖宗把搞钱这么个烫手山芋抛给自己，田令孜有苦说不出，他盯上了河中节度使王重荣的盐税。王重荣治下有两个大盐矿，每年除了向朝廷供奉一定的食盐外，其余收入皆归藩镇。田令孜令他交出其中一个，襄助朝廷。王重荣立刻翻脸，拒绝配合，田令孜联合凤翔节度使李昌符和邠宁节度使朱玫前去讨伐。

王重荣也不是吃素的，他联合了河东节度使李克用迎战，大败王师，攻入长安，田令孜带着僖宗落荒而逃。王李二军在长安大肆破坏，焚烧宫室，"火宫室、舍庐十七"，三百年国都毁于一旦，军阀骄横如此。

这时，邠宁节度使朱玫投靠了王重荣，亲自带兵追击田令孜。情况危急，田令孜请求僖宗去汉中躲避，僖宗说："祸都是你惹出来的，要去你去。"田令孜为了给朝廷搞钱，才落得如此下场，现在皇帝把责任归到他身上，怎能不气？夜里，田令孜率军冲入僖宗房中，绑架皇帝西行。第二天天亮，百官发现皇帝不见了，才知道大事不妙，宰相只好跑去找朱玫，充当"带路党"，一同去救僖宗。

军阀、宦官、文臣、中央军乱成了一锅粥，唐王朝真是气数将尽。

田令孜带着僖宗跌跌撞撞逃到了汉中，焚烧栈道，利用川中险峻的地势据守。朱玫无可奈何，被迫还军。国不可一日无君，朱玫和百官擅作主张又立了个新皇帝,与汉中分庭抗礼,导致天下再乱。王重荣、李克用率军围攻朱玫,杀了新皇帝,传首汉中,整场动乱才告一段落。田令孜被废,躲在成都不敢回朝,长安几乎变成空城。一切的导火索竟是个小小的盐矿,唐王朝的虚弱可见一斑。

## 二、思潮

宦官、朝臣、藩镇是支持晚唐朝局的三根支柱。朝臣"有志而无权",希望国家统一,但手中无兵无粮,只能干着急;藩镇"有权而无志",只想保全自己的势力范围不受侵犯;宦官更糟,他们必须依附于皇权,借用皇帝的身份发号施令,很多皇帝的过错都被归结到他们身上。

黑暗混乱的社会现实,激发了士大夫阶层普遍的忧虑:到底应该怎么做这个国家才有出路?终结乱世,重建太平。这个命题促使一些有识之士对唐朝的行政和文化做出反思。这股思潮一直延续到宋代才结束,中国走上了一条儒学复兴的道路。韩愈是其中的杰出代表。

韩愈极力拥护儒家学说,他推动"古文运动",提倡朴实、准确、实用的文风,抵制单纯追求形式、文辞浮夸的骈文。古文运动的本质是儒学复兴,韩愈想用儒学来统一唐朝混乱的思想,使国家重归正道。

唐朝立国之初,包容并蓄,海纳百川,各国商人穿梭于长安街道上,异域文化与中原文化并盛,甚至连李世民的太子也在宫中扮作突厥人模样,"开放"奠定了唐朝强盛、百姓富足的基础。安史之乱结束了盛世,国家动荡不安,统治阶级和百姓中普遍弥漫着一股重归平静生活的渴望。开放意味着打破宁静,中唐之后,开放的唐朝变得保守,最终合流成了一股强大的复古思潮。

韩愈的"古文运动"迎合了复古思潮,赢得了士大夫阶层的普遍认可。韩愈怒斥佛教是外来蛮夷宗教,不符合中华圣贤之道,他反对迎逢佛骨,批评皇帝不务正业,以至于他被皇帝罢黜,流放到了岭南,"一封朝奏九重天,夕贬潮阳路八千"。中晚唐,国势衰落,佛教却依旧昌盛,严重影响了朝廷收入。韩愈对这种局面忧心忡忡，他死后20年，朝廷意识到佛教产生的负面影响，唐武宗掀起了"会昌法难"，拆除佛寺，勒令还俗，为国家新增了近百万人口。

儒家思想，行王道，讲世俗，最符合皇权政治需要。晚唐之后的宋、明、清三朝坚决走儒家道路，国祚绵延，再未出现长久分裂的局面。当然，儒学占据绝对优势地位是宋以后，但中晚唐复古思潮是不容忽视的滥觞。

## 白马驿的血腥绝唱

唐僖宗回銮长安后不久就病死了，留下个被掏空的帝国，千疮百孔。河东有李克用，河南有朱全忠，河北有"三叛"，京畿周围有李茂贞、王行瑜、王重盈、李思孝、李思谏……群雄割据，龟缩在长安的唐王朝只相当于一个中等藩镇的规模。

新登基的唐昭宗不愿像哥哥僖宗一样坐以待毙，眼睁睁看着帝国走向灭亡，他痛心疾首地说："王室日卑，号令不出国门……朕不能甘心为屡弱之主，惛惛度日，坐视陵夷。"昭宗要求宰相们为神策军筹措钱粮，用武力解决藩镇割据。宰相们自知唐王朝已无药可救，推托说："陛下所欲行者，宪宗之志也！顾时有所未可，势有所不能尔！"国事蜩螗如此。

纵然昭宗有"宪宗之志"，想借一己之力中兴大唐，但"势有所不能尔"。历史的走向不以个人意志为转移，天下大势注定了昭宗的奋斗终以悲剧收场。

## 一、以藩制藩

昭宗继位当年，河东节度使李克用为了扩张势力，向北讨伐赫连铎。此时的李克用兵强马壮，雄踞山西，实乃"天下第一藩"。赫连铎实力弱小，不能独当，求援于卢龙节度使李匡威。赫连铎的云州恰巧夹在河东与卢龙两藩的中间，如果被李克用吞并，两藩再无战略缓冲。唇亡齿寒，李匡威引军3万来援，击败河东军，李克用退兵。与此同时，李克用派去河南打朱全忠的军队，也被全歼。

趁着河东实力受损之际，朱全忠、李匡威、赫连铎联合上书朝廷，愿助昭宗讨伐李克用。昭宗大喜，如果能一举打平河东，天下藩镇必然大骇，不敢再轻视朝廷。

昭宗号召天下藩镇共同举兵，收拾逆臣李克用。九大藩镇响应，各藩军队相继开赴长安与王师会合，昭宗赌上了全部家当，神策军倾巢出动，联军浩浩荡荡奔河东杀去。

联军表面实力强大，其实各怀鬼胎，九个藩镇中除了镇国节度使韩建奋勇杀敌外，其他八个都是"混子"，有便宜就占，吃了亏就跑。韩建夜里精选了300敢死队偷袭河东军，谁料反被河东军埋伏，初战不利，一旁助战的凤翔军、静难军、神策军见状，毫不犹豫地撤退。第二天，神策军主力出战，又败，所有藩镇军队皆"先渡河西归"，仗打到这个地步，岂有不败之理？

藩镇军散后，李克用来劲了，写了一封信给唐昭宗，宣称"已集蕃、汉兵五十万，欲直抵蒲、潼"，赤裸裸地威胁皇帝。昭宗感觉自己被藩镇耍了，说好一起剿灭李克用，结果所有人都跑了，留自己一个光杆司令。

昭宗无奈，将朝中主张讨伐李克用的大臣悉数罢免，又给李克用道歉，"赐克用诏，悉复其官爵"。看昭宗认怂了，李克用才气呼呼地撤回河东。昭宗"以藩制藩"的策略彻底破产。

## 二、诸王被屠

藩镇跋扈，中央朝廷也突然生变。昭宗不满太监杨复恭掌控朝政的局面，找个借口废了他。被迫辞官的杨复恭非常不满，天天宅在家里给干儿子们写信，煽动他们造反。这些干儿子是被他早年派往外地做节度使的神策军将领。

干儿子们一看干爹玩完了，纷纷独立，尤其是凤翔节度使李茂贞趁机兼并了天威军，实力大增，长安以西皆为所控。耗子腰里别杆枪，李茂贞起了打"猫"的心思，准备率军占领长安，挟天子以令诸侯！

消息传到长安，昭宗强打精神召见了宰相，让他筹措兵粮，准备与这帮逆臣做最后一搏。此时的昭宗谁也不相信了，宦官、武将、文臣统统背叛了皇室，唯一能依靠的只剩下皇亲国戚了："朕自委诸王用兵，成败不以责卿！"李家的江山，还得李家人保。昭宗孤独如此，令人唏嘘。

临时征召的军队毫无战斗力，"禁军皆新募市井少年"，他们还没看见李茂贞的将旗，就"望风而溃"。李茂贞兵临城下，"士民奔散"。李茂贞质问昭宗为何不信任他，居然率军抵抗？昭宗默然，杀了募兵的宰相请罪。

河东的李克用见李茂贞占领了长安心怀不满，打着"勤王"旗号向长安杀来。李茂贞自知不敌，乖乖撤军，李克用没了借口，罢兵东归。

没多久，昭宗又让诸王担任神策军将领，秘密招兵买马。李茂贞知道后大怒，再次起兵。这次昭宗没有坐以待毙，一溜烟跑到了镇国节度使韩建处躲了起来。韩建是上次讨伐李克用时唯一出力的节度使，昭宗原以为他是个忠臣，没想到韩建比李茂贞、李克用等人还狠毒。

韩建上书昭宗说："（神策军）皆坊市无赖奸猾之徒，平居犹思祸变，临难必不为用。"他要昭宗解散神策军。昭宗不肯，韩建发动兵谏，率军围住行宫。迫不得已，昭宗解除了诸王的兵权，神策军尽归韩建。十几日后，韩建围困诸王住所，纵兵屠杀，十一名王爷死于乱兵刀下，大唐王朝最后一丝气数已尽。

韩建致书李茂贞说：陛下的兵我帮你解散了，请你罢兵，让陛下回銮。就这样昭宗又回到了空荡荡的长安城，王室被屠，武将跋扈，文臣避祸，陪伴在昭宗身边的只剩下宦官。这时，连宦官也瞧不上这位落魄天子了。宦官暗自勾结李茂贞、韩建，把昭宗反锁在房间里，派兵看守，任何人不得接近。昭宗沦为囚徒，"上求钱帛俱不得，求纸笔亦不与"。

## 三、朱温灭唐

宦官如此猖狂，文臣不干了，有个叫崔胤的宰相积极联系宣武节度使朱温。朱温本为黄巢降将，在藩镇中根基不深，但他为人狡猾，能征善战，很快趁着李克用、李茂贞、韩建等人混战的机会，迅速扩张了实力，拥有河南、安徽北部、山东西部的控制权，与李克用呈二雄并立的局面。

朱温收到崔胤的邀请，心中大喜，河南兵马终于有机会名正言顺进入长安"帮助"昭宗整顿朝纲了。朱温亲率大军进京，闻讯后，昭宗一点儿想法没有，听天由命，连番打击已让他彻底失去了斗志，"上但愀然忧沮而已"，一个人偷偷哭泣。宦官们倒是非常紧张，这次朱温受崔胤邀请来者不善，讨论之后，宦官决定带着昭宗去投靠李茂贞避难。

李茂贞如此跋扈，昭宗不肯走，"上独坐思政殿……庭无群臣，旁无侍者"，宦官见软的不成就来硬的，一把火点了思政殿。昭宗被人架着登上了马车，皇后、嫔妃、诸王百余人骑马跟在后面。众人回望皇宫，但见熊熊烈火，悲从心来，皆失声痛哭。

朱温扑了个空，勒马北上，把李茂贞团团围在凤翔。李茂贞攻击不行，守城有余，坚守城池长达一年多。守到最后城中无粮，昭宗找了个小石磨，天天磨豆浆喝，浑身无力，瘫在床上。老百姓最惨，发生了人吃人的惨剧，"市中卖人肉，斤直钱百"，公开叫卖人肉，凤翔被战争摧残成了人间地狱。

李茂贞实在撑不下去了，与朱温和谈，同意交出昭宗和皇室随从。回到长安后，宦官的末日到了！朱温毫不客气地举起屠刀，诛杀了一百多名权宦。天复三年（903），唐代宦官正式退出历史舞台。

第二年，朱温逼朝廷迁都洛阳，文官抗命，纷纷咒骂崔胤引狼入室。昭宗车驾路过华州时，路两边的百姓纷纷下跪，山呼万岁，昭宗流泪对百姓说道："勿呼万岁，朕不复为汝主矣！"这一幕都被朱温看在眼里。唐朝虽然实质上已经灭亡，但在老百姓心里依然是正统，昭宗不死，民心在唐！

6月，朱温命人把三十多名反对他的朝臣带到白马驿，一并斩杀；8月，朱温派心腹大将夜闯寝宫，弑杀昭宗，立12岁的李柷为帝。朝廷政务咸决于温，4年后，废李柷，朱温建国称帝，历史进入了五代十国时期。